生活因阅读而精彩

生活因阅读而精彩

在世界尽头拈花微笑

李叔同与苏曼殊

墨清 著

中国华侨出版社

图书在版编目(CIP)数据

在世界尽头拈花微笑:李叔同与苏曼殊 / 墨清著.—北京:
中国华侨出版社,2014.7

ISBN 978-7-5113-4783-1

Ⅰ.①在… Ⅱ.①墨… Ⅲ.①李叔同(1880~1942)-生平事迹
②苏曼殊(1884~1918)-生平事迹 Ⅳ.①B949.92 ②K825.6

中国版本图书馆 CIP 数据核字(2014)第161141 号

在世界尽头拈花微笑:李叔同与苏曼殊

著　　者 / 墨　清
责任编辑 / 荼　蘼
责任校对 / 孙　丽
经　　销 / 新华书店
开　　本 / 787 毫米×1092 毫米　1/16　印张/20　字数/288 千字
印　　刷 / 北京军迪印刷有限责任公司
版　　次 / 2014 年 9 月第 1 版　2020 年 5 月第 2 次印刷
书　　号 / ISBN 978-7-5113-4783-1
定　　价 / 48.00 元

中国华侨出版社　北京市朝阳区静安里 26 号通成达大厦 3 层　邮编:100028
法律顾问:陈鹰律师事务所
编辑部:(010)64443056　　64443979
发行部:(010)64443051　　传真:(010)64439708
网址:www.oveaschin.com
E-mail:oveaschin@sina.com

前言

　　李叔同是红尘俗世里的风华才子，禅门佛院里的一代宗师，是一个孤独却能至灵魂丰满的禅者，一位让林语堂、张爱玲、朱光潜、丰子恺、赵朴初、夏丏尊都感动的宗师。他的文，他的人，极致脱俗，傲然亦慈悲。张爱玲曾评价李叔同说："不要认为我是个高傲的人，我从来不是的，至少，在弘一法师寺院的围墙外面，我是如此的谦卑。"

　　苏曼殊是风流倜傥的才子，是历尽情劫的僧人，亦是红尘中的孤独旅人。他以情入禅，成为情禅的开山宗师，是民国最特立独行、最受追捧的佛学大师。

　　李叔同与苏曼殊有许多相同的地方。都是民国时期盛名的僧人，一个是一代天才，琴棋书画样样精通；一个是有名的情僧，十里洋场，一朝春梦。

他们都是潇洒偏偏的情郎，都在繁华满身时放弃喧嚣，逃出名利，舍弃红尘，遁入空门，长伴青灯古刹。他们的生命就是一场绚烂花事，最灿烂时骤归平凡，成为天地间孤寂的僧侣，袈裟披肩风雨一生。

　　历尽荣、辱、悲、欢后大彻大悟，尽管际遇疾苦、痛楚，仍满怀美好希望，想必这是生活在繁华时代的我们所应该学习的一种精神吧。

　　一本好书，一段相遇，在最深的红尘与最美的情郎邂逅。本书以翔实的史料、细腻的文字梳理了李叔同和苏曼殊传奇而绚丽的一生，文字慧丽，情深意长。人间草木太匆匆，爱如禅，你如佛。作者倾情演绎最唯美、最灵性、最禅意的李叔同与苏曼殊，完美解读其佛禅、情爱。

目 录
CONTENTS

上篇
人间有味是清欢
——李叔同的禅意人生

下篇
你若安好我便晴天
——苏曼殊的红尘游历

上篇 / 人间有味是清欢

——李叔同的禅意人生

如霜的富贵

> 人生犹似西山日，
>
> 富贵犹如草上霜。
>
> ——李叔同

百年一梦，留下多少故事烟雨中。时代的幕布下，行走着时代的棋子，每个棋局，都有几颗走出非凡路数的棋子，让人在散场后念念不忘，成为谈资。可他们内心最珍视的心灵游记，往往有着不一样的起承转合。

将历史的坐标画到清朝末年，点出一段故事。故事的大背景色调灰暗，此时民不聊生，街上的行人多带有困苦的神情，到处都弥漫着颓废与落魄的味道。乱世末期，大清帝国摇摇欲坠，民族正在水深火热中饱受煎熬。

每个人到这个世界上来，都是一个过客，有些是为了重逢，因为前世的约定；有些是为了寻找，因为今生的困惑。在这个飘摇动荡的年代，他来了。

1880年10月，天气秋高气爽，尤其在天津这样的城市，更会感觉到空旷和闲散。农历九月二十日清晨，城市还没有睁开惺忪的睡眼，却被天津河北区李家大宅里一阵初生儿的啼哭打破了睡梦。

多年后，这个婴儿身披袈裟，成为一代旷世奇才，一代得道高僧。他是李叔同，李世珍的第三子。他是幸运的，虽生在乱世，却长在富贵之家。

李家祖籍浙江，经营盐业钱庄。到了李叔同父亲这一代，转居天津，被人称为津门旺族。他们住在天津老三岔河口，这里是南北运河与海河交汇之处，水陆交通便利，曾是天津最早的居民点，也是最早的水旱码头和商品集散地。

李世珍曾经中举过进士，和李鸿章、吴汝纶三人被称为清朝三大才子，颇具文人情怀。中举后，他也曾出仕做过吏部主事，可是身体里流淌着的终究不是政客的血，几经波折后，选择了辞官回家经商。

李世珍一生风流倜傥，前后娶了一妻三妾，除了正室姜氏，还纳有张氏、郭氏和王氏三位侧室。大户人家最注重的就是"人丁兴旺"四个字，长子文锦是正妻姜氏所生，可惜不幸夭折，次子也是体弱多病。李世珍千万家财，生怕自己断了香火，于是在67岁时候娶了叔同的生母王氏。

王氏不但知书达理，而且心性恬淡，是一个喜欢安静的女人，她喜爱佛教，是一个与世无争的人。名门望族，豪宅深深，这样的心性倒是很好地保护了自己。

李叔同出生这年，他的父亲已经68岁，从官场到商场，李世珍摇身一变，成为津门第一大盐商，富甲一方。为了救济穷人，李世珍曾经开办了一家"备济社"，施舍钱粮，还给没钱的子弟开办学校，所以在津门素有"李大善人"的美誉。

或许是善有善报，他不但生意如鱼得水，老天更是怜悯他，在晚年赐给他一个儿子。将近古稀之年的李世珍有了这个宝贝儿子，真是非常兴奋。

按照传奇故事的惯常规律，传奇人物出生时候都会伴有异象。不可免俗，关于李叔同的出生，家族里也遗留下了几段传说。一则说他出生时候出现了玉色蝴蝶，十月微寒，竟有蝴蝶落在了李家院子里，迟迟不肯离去；一则说他呱呱坠地时候，有一对喜鹊衔着一根松枝飞进来，将松枝端正安放在产妇床头，然后欢叫离去。真实与否暂且不去追究，可见李叔同的家庭地位之重。

到了李叔同能跑能跳的年纪，李世珍又买了一个更大的宅院，在老宅附近的山西会馆南路。整座宅院沿街而建，坐西面东，大门为"虎座"门楼，门楣上有精致的百兽图镂刻砖雕，迎面为刻砖照壁；门楼左侧为厅房，门楼和过道正上方分别悬挂着"进士第"和"文元"两方匾额。

此时的李家宅第，宽敞而气派，彰显着主家的富贵与名望。院落很大，正房厢房十几间，连仓房和走廊都装饰得非常华丽。那个时候流行西洋建筑，所以李家也装修了一个洋书房，里面摆设着当时少见的钢琴，是奥国驻津领事赠送的。在中国传统的大宅院里，弄一点洋书房之类的西式建筑，是当时大户人家的时尚，大概是为了显示主人的阔气和文明。

在天津这样一个中西文化交汇的开放城市，美丽的院落里，一个小孩在弹着钢琴，池塘的鱼儿在欢快地游着，花瓣飘落在池子里，别是一番动人的景象。

成人世界的快乐有很多标准，孩童却不然，他们心里的花朵总是开得格外容易，又格外纯洁。每次想李叔同，就会情不自禁地想起贾宝玉，他们有很多相似的地方，都是出生时家里富贵，经历繁华，最后遁入空门。李叔同出生的时候，虽然父亲年事已高，但那时也是家里的鼎盛时期。

据李叔同的次子李端回忆说："我家曾多次来过'镖'，这应该是我家干盐务的收入，通过镖行从引地押运到津的。""来'镖'的时候，前门打开，成箱的财物卸在前边的柜房里，人出人进，热闹极了。"李家钱庄的生意也做得很大，宫北大街有专做门市生意的桐兴茂钱铺，家里还有做内局生意的桐达钱铺。桐达钱铺"柜房门前廊柱上，有木制的抱柱对联，红底黑字，上下联的第一字分别是'桐'、'达'两字"。因此，人称李世珍家为"桐达李家"。

当镖局把成箱的财物运进时，车马声喧，人进人出，由此看来，这一时期的李家，已是津门有名的巨富之一了。在这种环境中成长的李叔同，却不了解什么是物质，什么是财富，小小的他只是和大人进进出出，觉得好玩而已。

豆蔻年华，逍遥而生。李叔同拥有像贾宝玉一样的成长环境，除了家里没有那些姐姐妹妹，权力和财富对他来说早已习以为常。李家所处位置是奥租界，父亲结交的不是达官贵要，就是外国领事，李鸿章也是家里的常客。

如此富贵家境，李叔同却并未在其中滋生纨绔，他却反而生出一种洞若观火的智慧，并凝练成诗。

人生犹似西山日，

富贵犹如草上霜。

这是李叔同 10 岁左右所做的诗，从这首诗中，我们也许窥见李叔同的聪慧。虽然他还未曾入世，却能一语道破俗世道理，他的所说所感，带着一种凄凉的而苍茫的忧伤。

《桃花扇传奇》里的《哀江南》中说："'俺曾见金陵玉胭莺啼晓，秦淮水榭花开早，谁知道容易冰消。眼见他，起朱楼；眼见他，宴宾客；眼见他，楼塌了。这青苔碧瓦堆，俺曾睡风流觉，将五十年兴亡看饱。乌衣巷，不姓王，莫愁湖，鬼夜哭，凤凰台，栖枭鸟，不信这舆图换稿……诌一套哀江南，放悲歌，唱到老。"这一段弹词也正和了李叔同诗中之意。

纵然，这诗词基调苦凉。世间之事的确如此，人生短暂，犹如那白云苍狗，朝露易晞。富贵之极，也不过如秋草上霜，终不能长久。

世事万物变化无常，当繁华退却，人心经历的凄苦和寂寥，要比那草上冰霜还要凄凉。

这是一个极尽简单的道理，没有永远的衰荣，唯一不变的，只有改变。可人们却偏偏总是在有权有势的时候，贪婪地靠自己的权力，以利刃武力去制伏他人。却不曾预见性地考虑到，当未来衰败之时的命运。

也或许，正因为这种通透的懂得，李叔同才会在后来的人生中，勇敢地放下俗世的荣辱，常伴青灯古佛。

1884 年 9 月，李世珍患了痢疾，病势越来越重，多方求医，却不见好转，这时候的李叔同还不到 5 岁。

知道自己可能命不久矣，李世珍索性不再寻医问药。他和妻子都信佛，生病后经常请高僧到家里来，在病榻之前诵念《金刚经》。李世珍静静地聆听着和缓悠远的梵音，最后安详而逝，卒年 72 岁。

李世珍去世后，在家停灵 7 天，请了很多僧人来做法事，诵经不绝。那时的李叔同不懂生死，看见那些僧人们天天诵经，只知道这是一件很重要的事。李世珍进士出身，且做过吏部主事，又是津门巨富，因此丧礼的场面十分气派。可是叔同却不知道父亲从此将会和他永远分离，也许看着安详死去的父亲，他只是觉得那是一场长眠。

父亲在世时，他与母亲都生活得很幸福。老夫少妻的组合，母以子贵的年代，让他这个小少爷地位高高在上。与其说父亲是权威和严厉的化身，对他而言，父亲更像是天空悬挂着的太阳，或是深深大海呈现的宽广。

少年时光最难忘，是因为世界毫不吝啬地将明媚洒向了他。儿时的记忆握在手心里，被暖得发热。晨曦也不急不缓地慢慢爬上枝头，翻开下一页故事篇章。

美好如斯

【村居】

草长莺飞二月天，拂堤杨柳醉春烟。

儿童散学归来早，忙趁东风放纸鸢。

——高鼎

一方大的庭院，一个小小的稚嫩人儿，一段少不谙事的时光。我们都有这样美好的记忆，那时年少，天马行空，温暖慈爱的母亲细心呵护，天真烂漫的心没有负累，一颦一笑间都是脱不掉的幸福颜色，总以为围绕在身边的是整个世界，俨然不知愁为何物。

高枝啼鸟，小川游鱼。生在富庶之家，长于书香门第，虽然疼爱自己的老父在自己 5 岁时撒手人寰，但美丽温柔的母亲承担下所有的苦难。李叔同仍是无忧无虑的少年，玩耍嬉戏，读词赋曲，只知父亲去了西方极乐世界，那里没有忧伤，没有眼泪，有的是救苦救难的观世音菩萨，有的是慈眉善目的如来佛祖。

经年光景，在母亲的悉心呵护和教育下，小叔同一天天长大，挺拔了身姿，换了一件又一件衣衫，读了一本又一本书籍，背了一篇又一篇诗文，每一天，书桌前都有他摇头晃脑背诵古诗的身影，那一本正经的模样，宛如一个小大人，母亲王氏见到总是倍感欣慰。

只是他仍是少年的光景，脑子里总也挣不脱玩乐的诱惑。那一日，阳光明媚，草长莺飞，他在书房温习诗书，思绪却随着午后的阳光，飞到窗外，爬过屋檐，探进院子里的大金鱼缸。那里波光涟漪，鱼儿嬉戏。

门外传来细微的脚步声，李叔同知道是母亲来看望自己了，聪明伶俐的孩童赶紧收回思绪，扬声吟出诗句"草长莺飞二月天，拂堤杨柳醉春烟。儿童散学归来早，忙趁东风放纸鸢"，声音未落，母亲王氏已然来到自己身边，他如好学先生般请教母亲："纸鸢就是风筝吧?"

他明知故问的请教之语，母亲如何听不懂其中的弦外之音，窗外正是草长莺飞的二月天气，正值爱玩年纪的孩童，一心只想早早结束课业，随着和煦的东风把风筝来放。

看着儿子亮如星辰的眼睛，王氏含笑点了点头，得到母亲允许的小叔同，连蹦带跳地跑到院子里，吵着嚷着，翻出新扎的风筝玩耍去了。

此时，他已经 7 岁，浅显易懂的诗词已经朗朗上口，母亲和二哥文熙知道这些诗词俨然满足不了他。于是，二哥寻出了《百孝图》、《百姓篇》、《格言联璧》、《格言》等，亲自教他日课，那一篇篇脍炙人口的长文，聪明伶俐的李叔同读得津津有味，如海绵吸水般迅速吸收着新鲜的知识，文熙对弟弟的聪明很是喜欢，更视他为重振儒士家门的至宝，索性寻出《昭明文选》，逐篇讲解。

李叔同日诵百万，过目不忘，8岁开始跟着常云庄学习《文选》，9岁开始读《四书》、《诗经》、《孝经》等，并开始跟着著名书法家唐敬岩先生学习书法篆刻，到了12岁的时候，他便开始攻读《史记》、《汉书》……曾有同窗好友更是毫不吝啬地为他作诗："聪明匹冰雪，同侪逊不如。少即试金石，古篆书虫鱼。"

母亲也对他抱着很大的期望，庇护自己的丈夫死后，他是她唯一的希望，是她活下去的最大勇气。她把自己所有的精力完完整整地交给他，把自己所有的爱和柔情完完整整地放在他的身上，他是她的光，是她的暖，是她人间的四月天。

母亲爱他，但并没有溺爱，对他的教育也没有丝毫松懈，在日常生活中也是处处以儒家规范教化他，她谨遵"不离姜食，不多食"的论语古训，特意在每天的餐桌上摆一碟生姜，给叔同耳濡目染的印象，她义正词严地教育叔同"席不正不坐"，她时时不忘传授"万般皆下品，唯有读书高"的思想，以知礼、守孝、诚信、尽忠、舍生取义的儒学礼仪要求他，这些潜移默化的影响，造就了长大后温文尔雅的李叔同，造就了弘一法师。

日后，当李叔同已是受人景仰的弘一法师，也曾对传贯法师说："我儿童时，桌不正欲就食，母辄止曰：'孔子云，不正不食。'即将桌改移令正，然后许食。自后所有一切安排，须观端正而后已。"

只是那时他仍然没有脱去稚气，七八岁的年纪，李叔同正是爱玩的年纪，虽然他有极高的读书天分，虽然他每一堂日课都仔细聆听，虽然他每一篇长文都背诵得滚瓜烂熟，但是毕竟他只是一个小孩子，无论他多么地懂事，多么地温顺，他还是想在和煦的阳光下像风一样奔跑，像鸟儿一样欢乐地嬉戏。

在很久以后，当李叔同已经成为了受人尊敬的弘一法师，当他回忆这段乍暖还寒的时光时，自叙说："七八岁时，即有无常苦空之感，乳母每诫之，以为非童年所宜。及慈亲早丧，益感无常，悟我无理。"

严师出高徒，慈母多败儿，李叔同之母虽然也是名副其实的温柔慈爱，但在对他的教育上却丝毫都没有松懈，他的乳母刘氏，也略知学问，能够背诵《名贤集》，在闲暇时候，总是会教他诵习："人贫志短，马瘦毛长"、"高头白马万两金，不是亲来强求亲，一朝马死黄金尽，亲者如同陌路人"……

世间变幻，斗转星移，小叔同从生命起始的第一声啼哭，就注定了拥有不平凡的闪光，那光活泼灵动。

一日，吃过晚饭后，母亲王氏与乳母刘氏在院内乘凉，叔同蹦蹦跳跳地走出屋门，急匆匆向母亲行礼，便要出门玩耍，外面园子里伙伴们正在等他，连乳母让他接两句诗的呼唤都没有听到，直朝门口奔去。

他仍是活泼的孩童，书桌上的一摞摞书籍没有锁住他爱玩的天性，那段时光，仍然是美好的可以滴出水，读书并没有想象中的乏味，下学后的玩耍也很是尽兴，还有疼爱他、视他为宝的母亲，有养育他、慈眉善目的乳母，有陪他玩耍的伙伴，还有温顺可人的猫儿。

他在园中追逐，那花、那蝶，在夏日的阳光下肆意盎然，他陶醉在花香里，那翩翩起舞的蝴蝶刹那间使前生今世叠映交辉，一切孰真孰幻，不知是前世的记忆，还是梦中的场景。

在欢喜处，总会在不经意间发现别样的惊喜，当他行到西北角的假山处时，一声细细的猫叫使他顿住了脚步，闻声看去，一只瘦骨嶙峋的小虎斑猫半蹲在假山洞里，用一双圆溜溜的大眼睛似羞非羞地看着他，小叔同被它可爱的模样倾倒，禁不住向它走近，猫儿也喜欢他，竟也蹒跚着向他走来。

他抱起小虎斑猫，怜爱得看着它瘦弱的模样，心知它肯定饿坏了，赶紧抱着它一溜烟地去找母亲，细心伶俐的他只顾着小虎斑猫了，直到兴冲冲地向母亲述说完自己捡到小猫的经过后，才发现母亲一脸憔悴的模样，连说话都没有力气，下床更是十分吃力，这时候，他再也顾不上小虎斑猫了，心里满满的被母亲占满，紧紧拉住母亲的手不愿放开。

但凡真心信佛之人，必有一颗慈爱之心，他是孝顺的孩子，对母亲更是十分地依赖，他陪在母亲的病床前，尚显稚气的脸上写满郑重，大有衣不解带之势，直到母亲病愈。

但那次假山处与小虎斑猫的邂逅，使他与猫咪们结下了不解之缘。家里的猫一天天多了起来，有他捡回来的，有亲戚送的，还有在树林子里乖乖向他走来的流浪小野猫。

美好如斯，照竹灯和雪，看松月到衣，他的童年，在幽静美丽的大宅中一日日度过，与书为伴，与友共玩，与母相守，与猫相交，阳光洒满庭院，一切都简单纯粹。

身不动，心不痛

【菩萨蛮·忆杨翠喜】

燕支山上花如雪，燕支山下人如月。额发翠云铺，眉弯淡欲无。夕阳微雨后，叶底秋痕瘦，生小怕言愁，言愁不耐羞。

晓风无力垂杨懒，情长忘却游丝短。酒醒月痕低，江南杜宇啼。痴魂销一捻，愿化穿花蝶，帘外隔花阴，朝朝香梦沉。

——李叔同

谁也挡不住，青春的悸动。时光如梭，转眼李叔同已到 17 岁的年纪，大好的韶华挡不住熠熠风采，他温润如玉的容颜，风度翩翩的姿态，使正值妙龄的二八少女怦然心动，而他那颗青涩的少年心，也开始有了隐含的心事，为那个嗓音婉转的女子清心、倾心。

那一年，他跟随天津的名士赵幼梅学习诗词，他沉浸在唐五代的诗词韵味中，尤对王维的诗词深深着迷，"大漠孤烟直，长河落日圆"的大漠寂寥风光深深印在脑海，"渭城朝雨浥轻尘，客舍青青柳色新"的惜别之意也让他欲罢不能。

他深深喜欢着这位摩诘居士，纵观两人的一生，竟然有惊人的相似之处：他们的晚年都过着清心寡欲的僧侣生活，王维死后被称为一代"诗佛"，李叔同也成了受人景仰的弘一法师，并且两位都善诗词，爱书画，在诗情画意间得以人生升华。

有人说："人生在世如身在荆棘之中，心不动，人不妄动，不动则不伤；如心动则人不妄动，伤其身痛其骨，于是体会到人世间诸般痛苦。"心不动，则不痛，只是若是不痛，何以知道痛的滋味，何以珍惜幸福的香醇，痛过后，才懂得爱，才可以把红尘看破。

这一年，更值一提的是对戏剧的迷恋，台上的婀娜身段，袅袅唱腔，都让他着迷，因为戏剧，他结识了孙处、杨小楼、刘永奎等红极一时的角儿，因为戏剧，他结识了最爱的梆子坤伶杨翠喜，因为她，他的心开始跳动，这可能不是爱情，但却是情窦初开的甜蜜与苦涩，是抹不去的青春悸动。

才下眉头，却上心头，美人美，隔云端，犹在眼，情深深，殷难忘。

她是眉眼如丝，面若满月的美丽女子，第一次见她，她在台上，他在台下，但他的心被她整个填满，眼里看得都是她恰如其分的身段眼神，耳里听得都是她余音绕梁的缥缈唱腔，他深深沉醉其中，喜乐牵动，难以自拔，刹那间，一切都成了背景，她是这一场唯一的主角，待到曲终人散时，他仍痴在其中，久久回味。

不知不觉，他去后台寻了她，她刚卸了妆，穿着居家的衣衫，面容清丽，他拱拱手，叫声小姐，她羞涩一笑，唤声公子，世界仿佛定格在这一刻，一种相见恨晚的感觉油然而生，我遇到你，正值华年，但多么希望，在我少年的岁月里，你就是熟稔的存在。

他开始隔三岔五去捧她的场，他坐在台下，痴痴地看，她如同挂在天上的一轮明月，皎洁的光照亮了他的心房，散场后，他在戏园子外头等她，提着灯笼送她回家，他是翩跹少年，她是妙龄少女，一路上，他们谈天说地，从诗歌戏曲一直谈到人生造诣，她的笑靥如花，洒满一路，也深深烙进了他的心底。

但你情我愿并不意味着圆满，尤其是在世俗的老宅大院，中意的媳妇应是门当户对的大家小姐，而不是在风月场里抛头露面搔首弄姿的戏子，当母亲王氏和二哥李文熙得知他与一个唱戏的女子走得很近时，很是震惊，保守的大家庭，不需要女子的才华和性情，不需要懂两情相悦的美好，只需要门当户对的举案齐眉。

母亲开始苦口婆心地劝说，二哥更是义正词严地命令语气，只是，他和她之间，不只是一点点情窦初开的青涩爱意，更多的是对戏曲的痴和嗔，他放不下那段日子，那段他们边走边聊戏曲，他指点她来演的日子，还有，他在台下她在台上的日子，他放不下，她的一个眼神，一个动作，还有一点点不经意间的眉目传情。

他和母亲静静地坐着，面对母亲的犹豫，他沉默着，他知道母亲要劝说的话，只是他舍不得那戏、那人，但当母亲说出"涛儿，不要再去了……"这句话时，那沉痛的语气让他的心像被揪起来一样痛，母亲是自己这辈子看得最重的女人，是第一个想要给她幸福的女人，想要对她说一个"不"字，何止一个难字了得。

命运给他出了第一道艰难的选择题，谁能懂得，他的挣扎？

终于，他哑着嗓子说："可是……母亲，她今儿唱的那可叫一个好啊。"他知母亲也是极爱看戏的，他想，就算因为这个原因，母亲站在自己这边，也是好的。

"你二哥说了，再要容你去瞧她，就要喊你叔公他们过来训你话了……"

一句话，他知让母亲站在自己这边的愿望成了奢望。奢望，曾经以为对自己来说是一个遥不可及的词语，但现在它就在自己的身边，多么讽刺！

他走出母亲的房间，轻轻掩上房门，轻轻叹了口气，七月整个城都笼罩在升腾的热气里，他的心情恹恹地，坐在书桌旁无精打采地发着呆，突然门吱呀一声开了，一脸严肃表情的二哥文熙摇着折扇，走了进来。

他赶紧站了起来，毕恭毕敬地叫了一声二哥，李文熙哼了一声，直接坐到座位上，哑着嗓子质问他："不是说不再去了吗?"

他没有搭话，沉默着，李文熙仿佛不需要他的回答，自顾自地开始例行的训话，什么"第一重乃修身之仁，第二重便是齐家之仁，最终方能达到平天下之仁"，可是这一次，他竟然说到了"宜尔室家，乐尔妻帑"。

一瞬间，他明白了二哥的意思，当即有些发愣，后面的话再也听不清了，直到二哥站起身要走，他站起来拱手行礼时依然恍恍惚惚，只觉暑气包裹，心慌意乱，这一刻，他是多么想念母亲亲手做的凉粉。

思绪未落，门再次应声而开，端着大漆托盘的母亲走了进来，上面放的碗碟里俨然就是自己想吃的凉粉，知子莫若母，他拿着勺子小口吃着，纷乱的思绪开始慢慢沉淀，可是母亲却假装不经意地提及："今天约好了去拜访俞家，你原定的一应课业就停修一日吧。"

他愣了一下，口里的凉粉变得难以下咽，他不想与母亲纠缠这样的话题，起身推说自己要换身衣服，恭请母亲回避一下，可是抬头看到母亲头顶的几根明显的白发和额头浅浅的抬头纹，心里一阵泛酸，再也说不出到口的说辞，他垂下了眼帘，低声说："母亲，我听你们的就是了。"

无可奈何的话语，他一字一句说得清晰，父母之命，媒妁之言，他突然觉得很是悲哀，为什么连要与自己共度一生的女子都不能娶自己中意的，既然如此，那就随母亲吧，至少有一个是欢喜的。

佛说：想、爱同结，爱不能离，则诸世间父母子孙，相生不断。那时候的李叔同，多想同一个相爱的女子，执子之手，与子偕老，但当一切都成了奢望，那就放手吧，成全一个对自己最重要的女人。

晓风无力垂杨懒，情长忘却游丝短，这首《菩萨蛮》，是他写给她的，这个叫作杨翠喜的女子，这个寄托了他对戏曲的整个眷恋的女子，姑且不说这份眷恋之意，爱情的成分到底有几分，但"酒醒月痕低，江南杜宇啼。痴魂销一捻，愿化穿花蝶，帘外隔花阴，朝朝香梦沉"，这字里行间寄托的一往情深，是多么无可奈何的缠绵情意。

从俞家回来后，整个家呈现出一种喜气洋洋的姿态，母亲满心欢喜地为婚事忙碌着，只是从不在他面前提起，整个家族也很有默契地在他面前统一口径，但他却无时无刻感受到那种仿佛与己无关却又息息相关的忙碌气氛。

俞家是天津有名的茶商，名门望族，家道殷实，这段婚姻是让母亲喜欢的门当户对，俞家的小姐是长在大宅深闺中的女子，母亲亦是十分满意。

两年前，叔同陪母亲逛娘娘庙的皇会时，曾经见过俞家母女，那时她并不十分美丽，如今他已记不清她的模样，只隐约觉得是一副端庄的闺秀风范，只是现在，他已麻木，再也提不起任何兴趣去打探即将成为自己的妻，比自己年长的妻的容颜喜好。

娶亲那日，天飘起了细碎的雪花，一夜无眠，他强打起精神，穿上床边叠得整齐的新郎服，刺目的颜色刺痛了眼睛，他突然有一种想要流泪的错觉，只得勉强牵动一下嘴角，踏步走了出去，母亲迎上来，执着他的手细细打量，眉眼间是藏也藏不住的笑意，他知道母亲是发自心底的高兴，那就这样吧，只能这样吧。

他跨上高头大马，在声声唢呐下，把俞家小姐迎了回来，夫妻对拜，他乖乖低了头，对着被喜帕盖住容颜的俞家小姐拜了下去，只是他的表情，结了一层厚厚的霜，可这霜，冻不住整个婚宴的团团喜气，这一刻，她便是他明媒正娶的妻。

洞房花烛夜，她仍盖着喜帕，从大袖中探出的纤纤玉手，一手端住茶碗，一手翘着兰花指去揭盖子，动作艰难，一块喜帕从袖口滑落在地，鸳鸯戏水的花样绣得精细，叔同捡了起来，却不知如何还给她，终于他忍不住，挑了她的喜帕，她像受惊一般的鹿，黑亮的眼睛闪着灵动的光，紧紧盯住他，却又慢慢红了脸颊。

原来，自己的妻是如此可爱的女子，四目相对时，他入了戏，人生本来就是一出戏，只是谁也不知后面的剧情，前一秒还在为媒妁之言所苦的李叔同，后一秒就有了怦然心动的感觉，她不再是两年前印象模糊的女子，时间使她出落得十分水灵，不止有端庄大方的闺秀风采，还带着可爱小女人的风韵，刹那间，他一见倾心。

原来，爱上一个人，只需要一秒钟，母亲是对的，他的妻温温婉婉，是雪中静静绽放的一株红梅，清清冷冷却芳香扑鼻，不辜负大好韶华，媒妁之言之苦，苦的只是一时而已。

母亲还是懂他的，他确实需要一个这样的妻子，美丽得不招摇，一生只为他，他们一起度过了一段美丽的日子，姑且不管这段日子有多长，但夫妻相敬，举案齐眉的美好，是真真切切不容忽视的。

光景不负

【和宋贞题城南草堂图原韵】

门外风花各自春，空中楼阁画中身。

而今得结烟霞客，休管人生幻与真。

——李叔同

家有娇妻，外有知己，李叔同的日子颇为自得，只是热血男儿，当心怀天下，邦国兴危，匹夫有责。

1895年，李叔同16岁，他凭借聪明的才智和幼时的教育，考进了在津门鼎鼎大名的辅仁学院，"相辅以仁"，学院以教授功利性极强的八股文为主，致力于栽培天津的书香子弟，以造就国家之栋梁为己任。

八股文是考取功名必学的课程，想要功成名就，金榜题名，就必须进行严格刻苦的训练和学习，有时候，精华和糟粕只在一念之间，那些关于八股禁锢了人思想的言论，只能说是一时风气，"骈"得过了头，至少从李叔同身上，八股文的高压训练，为他以后的写词作赋打下了坚实的基础，一切事在人为。

正如王国维所言，散文易学而难工，骈文难学而易工，在写文章时，想要达到形神兼备、出神入化的地步，必须胸有点墨，正所谓，工欲善其事，必先利其器。

那时科举还兴在一时，科举入仕是出人头地的必经之路，天资聪颖的李叔同也胸怀报国之志，在这条路上心无旁骛地前行，四书五经，八股骈文，一刻都没有耽误，只等功成名就时大展拳脚。

他家世名望，得天独厚，风流倜傥，才华横溢，在天津同辈名士中备受关注，他是天才，是锦缎上的繁花，是繁花中的彩凤，天津名士曹幼占曾作诗曰："高贤自昔月为邻，早羡才华迈等伦。驰骋词章根史汉，瑰琦刻画本周秦。"

每当夜深人静时，李叔同独自一人挑灯夜读，内心却汹涌澎湃，喧哗的海潮声，隐隐的枪炮声以及在海战中壮烈牺牲的英烈们的怒吼声在他耳边经久不息，大敌当前，国恨家仇，可他却空有一腔救国抱负，无施展之地，面对外面翻天覆地的世界，他的恨、他的气、他的血性，在胸腔无声地咆哮，却只能做一只困在井底的猛虎，偶尔嗅一下花香馥郁的蔷薇。

他只是小有名气的文人，还未金榜题名，他只是手无缚鸡之力的柔弱书生，无法金戈铁马上阵杀敌，他气国破悲欢，却只能等待，等待长大成人的那一天，他定当纵天一越，飞出樊笼，败敌寇，救国于危难之际！

当天津开始出现削减各书院奖赏银归洋务书院之议时，他说："照此情形，文章虽好，亦不足制胜。"当天津海关道的盛宣怀请旨设立天津西学学堂时，他虽因旧时知识体系的颠覆彷徨无措，却义无反顾地加入了习新学的行列，洋文、算术、化学、矿务学……因他知，知己知彼，才能百战不殆。

天子重红毛，洋文教尔曹。

万般皆上品，唯有读书糟。

这是他的朋友朱莲溪所作的诗，但他却喜欢得紧，在写信的时候都不忘抄写给自己景仰的书法启蒙老师徐耀廷（他还是李府的管家及账房先生），可谓对此津津乐道，这只因他已领略到了新学的独到魅力，也慢慢厌倦了旧学枯燥乏味。

本就是好学之人，求知欲极强，当觉察到旧学的无味，他对书院的学习越发提不起兴趣来，终于，他决定告诉二哥，自己不去辅仁书院读书了，不管母亲多么苦口婆心地劝阻，更无视二哥板起脸孔的训斥，他已打定主意。

耐他不过，二哥文熙只好安排他进了姚氏家馆，在那里，他以颇负盛名的赵幼梅先生为师，赵先生是李叔同很是崇仰的一代宗师，以他为师自觉三生有幸，在学问方面尤为用心，这段师生情谊使叔同受益匪浅，尤其是古体诗词上面。

乱世书生，正值年轻气盛，血气方刚，虽心系天下，但言及国事，只觉千头万绪，心中的线纠乱成团，他需要一个人帮他理顺心头压着的线团，需要有人解一解繁杂的思绪，给他觅一个出口。

赵幼梅先生就是这么一个人，他教他填词，使他在新学和旧学交替之际，没有完全摒弃旧时传统义学，而是取其精华，为己所用，先生对他来说，可谓良师益友，在浮浮沉沉的乱世之中，在当代学子不知何去何从之时，先生为他亮起了一盏明灯，使他步步向前，顺水顺舟。

他们谈论学界热议的"诗界革命"，赵幼梅先生很是赞扬梁启超的言论，"能以旧风格含新意境，斯可以举革命之实矣"，诗词，意境也，文不达意的辞藻堆积，无论对仗多么工整，多么无可挑剔，也只是一首无心之作，雕虫小技而已。

他们谈论新学，什么才算人才，什么才算本事，什么才能救中国，李叔同渐渐明白，闭关锁国只会使腐朽的王朝更加腐朽，如今的清王朝需要的不仅是旧时的八股文人，而是像康有为和梁启超先生那样，精通西方的知识和语言，"师夷长技以制夷"，拿起思想的武器，唤醒愚昧的政府，救治国人，走出愚昧的阴霾。

李叔同这个名字是赵幼梅先生所起，对待爱徒，先生自是毫不吝啬，他希望他望眼世界，胸怀壮志，而李叔同，也没有辜负一片大好光景，日后，他将传统文化和西洋文化融会贯通，自成体系，李叔同这个名字，更是家喻户晓。

1897 年，李叔同 18 岁，及笄而立的年纪，他遵母命迎娶新妻，开始了成年后的岁月，长大这个字眼儿，有时候只是一闪的念头，日子继续，一切和往昔没有什么不同，但只觉一切都不一样了，因为心里存了这样的念头：我已成年。

这一年，李叔同以文涛之名参加了天津的儒学考试，他把一腔热血和才思注入其中，《致知格物论》、《非静无以成学论》、《论废八股兴学论》，洋洋洒洒，一挥而就。他是这样的人，拿起笔便很难放下，不纵横满纸必不罢休，曾经他因构思的文章太长纸张不够而在一格的空间写下双行的文字，同窗佩服之，尊称他为"李双行"。

1898 年，19 岁的他又参加了天津儒学考试，面对题目《行己有耻使于四方不辱君命论》，李叔同把矛头直接指向当朝权臣，慷慨激昂，侃侃而谈，他说："我国之大臣，其少也不读一书，不知一物，以受搜检。抱八股八韵，谓极宇宙之文；诵高头讲章，谓穷天人之奥，是其在家时已忝然无耳也。即其仕也，不学军旅而敢于掌兵；不请会计而敢于理财；不学法律而敢于司李……"

或许他激昂的言谈惹怒了一干保守权臣，或许是清高的他不喜投考官所好，他两次考试皆不中，那时的科举考试，所谓的公平、公正、公开，只是一纸空文而已。

同年6月11日，光绪帝采纳康有为和梁启超的维新主张，下旨颁布"明定国是诏"，起用维新人士，这便是名噪一时的戊戌变法，消息传来，李叔同满腔的热血顷刻间点燃，感叹说："老大中华，非变法无以自存"，更是镌印"南海康君是吾师"的印章以明己志。

只是腐朽的清王朝，顽固的守旧势力根深蒂固，光绪帝是慈禧太后一手扶持的傀儡皇帝，她怎么会任凭他羽翼丰满损伤自己的利益，在慈禧太后眼里，自家利益面前，国家都可以舍弃，更何况只是小小的亲情？

9月21日，慈禧太后囚禁了光绪帝，重新开始垂帘听政，她当即下诏追捕维新派人士，刹那间整个王朝大地人心惶惶，康有为、梁启超逃亡海外，谭嗣同、林旭、刘光第、康广仁、杨深秀、杨锐等"六君子"高喊"有心杀贼，无力回天，死得其所，快哉快哉！"英勇就义。

浩浩荡荡的戊戌变法仅有百日便失败了，就如同午夜里绽放的烟花，昙花一现便隐于黑暗中，天空一片阴霾。

当变法失败的风声沸沸扬扬传遍神州大地时，李叔同觉得心中刚刚燃烧起的火焰瞬间熄灭，仿佛被当头浇了一盆凉水，他疯了般地跑出家门，去打探消息，只希望这只是一个玩笑，可是大街小巷挡也挡不住的谈论声让他很是绝望，身心俱疲。

马嘶残月堕，茄鼓万军营，他气，国破悲欢，他悲，国之希望被无情打压，曾经繁盛的清王朝，还有明天吗？顶天立地的泱泱大国，还能挽回自己的尊严吗？堂堂七尺男儿，一腔报国之情又该置于何地？

第二辑
离·风景江南独好

月到天心是清明

【津门清明】

一杯浊酒过清明，筋断樽前百感生。

辜负江南好风景，杏花时节在边城。

——李叔同

　　掌灯时分，他迈着沉重的步伐回到家，神情沮丧，一直奉为尊师的康有为先生逃亡海外，刚刚萌芽的变法失败……一切的一切，他只觉五雷轰顶，刚刚打通的壬戍二脉混沌一片，当一个人的信仰被无情推翻时，当自己的追求被残酷质疑时，除了撕心裂肺的疼痛外，心脏已然麻木，如果只是一场梦，梦醒后，国家繁荣昌盛，生机勃勃那该多好。

可惜，赤裸裸的疼痛与现实相对，他只觉浑身冰冷，连呼吸都变得沉重，母亲和妻子早已迎了出来，因为变法整个局势纷乱，整个天津城闹哄哄的，长在深闺的女子，不关心政治，不关心变法，只关心他，当敏锐的嗅觉嗅出不寻常的气味，天还大亮已然开始担忧未归的儿子、丈夫，她们一次一次瞧向大开的院门，十指并拢求佛祖保佑，直到看到那熟悉的身影，一颗心总算落了地。

　　面朝大海，春暖花开，日子平淡或闪耀，贫穷或富裕，只要安稳就好，他是她们的天，是她们的地，是她们所有的企盼，功成名就也好，金榜题名也罢，这一生一世，你若安好，便是晴天，她们只愿他现世安好，只愿一家人和和睦睦，安度一生。

　　千里宝驹，自要驰骋千里，万年盔甲，自要与浴血沙场的将士共进退，血性男儿，自要心怀天下，以报效祖国为己任，可是当朝廷不需要你的广大胸怀时，甚至因此降罪于你，那该如何，叔同仍然沉浸在自己的思绪中，执迷不知返，更不知自己身在何处。

　　树有叶，木有枝，肉体与灵魂，生生相依，只是这一刻，他的魂，飘浮在空中，向那个菜市口而去，他想看一眼，六君子热血挥洒的地方，他想亲自看一下那英勇就义的场面，否则，他如何相信，那一个个鲜活年轻的生命，惨死在刽子手的刀下？

　　他看到了，"我自横刀向天笑，去留肝胆两昆仑"，六君子跪得笔直，跪得顶天立地，他们怒吼着，却又含着笑，视死如归大抵如此吧，问苍天，不求此生无过，只求无愧于心。

　　此心昭昭，天地可鉴，刽子手们举起明亮亮的大刀，喷洒出口中的烈酒，李叔同捂住眼睛，不想再看，只是下一秒，天地变色，街道刮起阵阵乱风，天空疾驰着如万马奔腾般的昏暗云团，六君子的头颅落了地，看过太多生死的刽子手，已然麻木，杀人成了使命，一定要完成的使命。

瓢泼大雨席卷大地，为六君子哭泣，为朝廷而悲，先生们的血，染红了整条街，触目惊心的颜色刺痛了一颗颗爱国之心，"你还知道回来啊！"二哥的一声厉问惊起千波浪，他魂魄归位，原来自己已在家中，那些只不过是自己的想象。

二哥文熙这两日感了风寒，听到动静也闻声赶来，他看着弟弟一副失魂落魄的模样，心里五味杂陈，又气又急又心疼，他对自己这个非一母同胞的三弟很是疼爱，他聪颖伶俐，胜过自己当年，他一直把他当作李家再振家门的希望，可是时下局势不明，天津的天瞬息万变，这一次，如果弟弟牵扯其中，他的人生便完了，李家的希望也完了。

叹一句生不逢时，他翻出弟弟这几年的诗作文章，《论废八股兴学论》、《行己有耻使于四方不辱君命论》、《乾始能以美利利于天下论》……他正是意气风发的年纪，才华横溢，无所顾忌，不懂得祸从口出的道理，他记得，在政要宾朋面前，他逸兴遄飞地说："老大中华，非变法不能兴邦！"

一幕幕，一篇篇，文熙心惊肉跳，这次变法，弟弟多多少少牵涉其中，如果被奸人拿来大做文章，下一个上断头台的，就是自己的弟弟，是李家老小。

兄弟二人在书房相对而坐，沉默使黑夜绵长，终于，文熙有些无奈地说，文涛，出去躲躲吧，去上海吧，正好那里有点家业需要人打点。

他知道自己总是要离开的，只是不知道这一天来得如此快如此匆忙，十里洋场的上海滩，那里是怎样一副天地他不晓得，只是这从出生便从未离开过的津门，承载了自己十九年生命记忆的天津卫，他不舍得。他不舍得，那月，那风，那水，清凉月，月到天心，清凉风，凉风解愠，清凉水，清水一渠，清凉清凉，天上真常！

他懂得，二哥的思量，这一次，他是真的要走了，奉母携眷。

走在园中小径，他思绪飞扬，花草、山石、屋瓦……目光触及的地方都有过自己的身影，那幽婉的小路，乳母刘氏曾拉着自己的手走过一遍遍，抓蝴蝶、放风筝，他童年的欢声笑语，洒满了园中的每一个角落。

转个弯，他看到乱石堆砌的假山，在那里，他曾发现了自己的第一只小虎斑猫，他还记得小猫咪我见犹怜的瘦弱模样，他还记得自己小心翼翼抱回屋给它准备吃食的认真表情……不知不觉，他走进了专门辟作猫室的房间，知是他，一只只猫咪亲昵地凑了过来，他怜爱地抚摸着它们，看着它们呜咽的模样，"我要离开了"，一双双明亮澄澈的眼睛望着他。

它们活在单纯的世界，不懂离合悲欢的苦涩滋味，不懂这位很是宠溺自己的主人突然的忧伤，"再见"，他匆忙离开，害怕它们看穿自己的眷恋之意，惜别之情。

他轻轻推开书房的大门，那古旧的书桌、层层的书籍、四方的砚台……掩不住的熟悉，闭上眼睛他都能知道一切的物什，嗅一口都能品尝出家的味道，他曾经在这里度过了十几个年头，从稚嫩的童声一直到沉稳的诵读，这里，承载了他十九年的足迹，记录了他成长的点点滴滴。

看得越多，越是舍不得，他失落地回了房间，善解人意的妻端来刚刚泡好的清茶，他小口地啜着，等心情慢慢沉淀后，他起身去母亲房间，告诉她南去上海的事。

她自是不乐意的，她的丈夫在这里，她的回忆在这里，她舍不得那段甜蜜的时光，舍不得那熟悉的一花一世界，一叶一菩提。

上海，对她来说，只是一个道听途说的地名而已，她从来没有想过，有一日，那里和自己扯上关系，那里怎么样，拥有怎样的风景，会是怎样的生活，在那里，他们会如何，风生水起还是碌碌而为，这些纷繁的思绪，她看不清，理还乱。

可是她忽然想起，维新、变法、流血、革命，这一个个让她心惊肉跳的名词曾经从意气风发的儿子嘴里喷涌而出，她不懂政治，只记挂自己的儿子，如果如今的天津卫人心惶惶的氛围牵连到他，如果那杀头的法场、游街的囚车与儿子有关联，如果那一幅幅血糊糊的场景中有自己的儿子，那该如何是好？

抉择，总夹杂着矛盾和痛苦，可是那些她珍惜异常的回忆，那些她不愿放下的熟悉，与亲爱的儿子相比，都黯然失色，天平自然而然地倾斜了，只要儿子还活着，生龙活虎地伴在自己左右，家自是无所不在，只要儿子还活着，孝顺恭敬地承欢膝下，多少美好的回忆都能再创造。

只要他在，浪迹天涯也好，风餐露宿也罢，她都要紧紧跟随，更何况只是上海滩？

10月的天津卫，暑气渐渐消散，呈现出清凉的姿态，秋风扫落叶，风夹着淡淡的海腥味扑鼻而来，又是一年海味时，迎着天津城的第一缕曙光，出海的渔船满载而归，各路海鲜也涌上了各家餐桌。

那一日，李叔同特意吩咐厨房，为母亲烹制最爱的梭鱼炖豆腐，梭鱼，细腻绵软，鲜美异常，明日就要走了，到了上海，归期难觅，去寻这咸淡水之间的鱼也难了吧。

渭城朝雨浥轻尘，客舍青青柳色新，劝君更尽一杯酒，西出阳关无故人，这一次，他的终点，虽然不是荒凉的阳关之地，但那时候的上海对他来说，也并无知己，那片未知的天地白茫茫一片，全靠他慢慢去经营，那就再喝一杯吧，再看一眼故乡的风景，故乡的人。

他走了，携家带眷，一路向南，在杨柳笛声中，踏上了开往上海的船只，他站在船尾，久久凝望渐渐远去的天津城，别了，天津，他挥动衣袖，带不走一片云彩。

一颗脱凡的新星

【清平乐·赠许幻园】

城南小住。情适闲居赋。文采风流合倾慕。闭户著书自足。

阳春常驻山家。金樽酒进胡麻。篱畔菊花未老，岭头又放梅花。

——李叔同

十里洋场，春风沪上，这里弥漫着深深的繁华与奢靡，"大上海，你是个不夜城"，在循环播放的歌曲旋律中，一对对红男绿女或两两依偎翩翩起舞，或三五成群把酒言欢，仿佛不懂人情悲欢。

这里天际辽阔，疏星几点，这里霓虹华灯，高楼湮灭，这里街道林立，川流不息，他站在马路边，软塌塌的长袍马褂掩不住周身飘逸的气质，无论在哪里，他的清俊和儒雅，总给人清爽之感，他就是这样的翩翩公子，是洁白无瑕的和田羊脂美玉。

随便坐上一辆空晃着的黄包车，他放空身体，随着黄包车的频率左右轻轻晃动，目光放逐天际，对一切若有所思，秋日的上海，透露着微微的凉意，黄浦江上的风吹过，带来一地潮湿气息，街边油绿的树木慢慢后退，这是一个新鲜的城市，他能感受到不一样的呼吸，不一样的脉搏和频率。

这里不见了司空见惯的青砖高墙，不见了深掩的红漆门楼和守护石狮，望眼处，平整的街道比比皆是，电力街灯次第排列，还有那尚未成荫的行道树，琳琅满目的店铺，看着周边景色，他心中跌宕起伏，有对过去种种的留恋，更多的是对眼前别样风景的欢喜之意，在这里，他要用自己的满腹经纶，换一方天地。

他把家暂时安在了租界内的一栋二层小楼里，那二层小楼，自不能与李家的宅院相提并论，但这里完完全全属于他们，没有大家庭的诸多规矩，没有闲言碎语的侵扰，他们忙里忙外，搬箱倒柜，东摆西放，几日下来，小小的阁楼已颇有家的味道，一种沉甸甸的幸福感慢慢升腾着……

李叔同的次子李端在《家事琐记》中写道："据我家的老保姆王妈说，我父亲当时南下，是想从此脱离开天津这个大家庭，去南方扎根立业。因当时我们家资富有，上海也有我家钱铺的柜房，可照顾我们一家的生活。"

李叔同一直知道，自己终要离开的，只是那时他不知什么时候去往何方，他把父亲死后母亲的尴尬身份看在眼里，这份尴尬只有携母离开自立门户才能终结，这一次时局的动荡恰好成全了他，除了些许不舍，上海成了他独立的转折站。

他去了钱铺，二哥一向待他不薄，这一次远行也是为他打点好了一切，柜房的收入足够支付他们一家在上海的全部开销，他仍是无须为五斗米折腰的大少爷，不用为一家人的生计去劳神费力，他有全部的资本去经营自己的抱负，用满腹经纶去造就遗世独立的旷世天才。

上海滩的天空，时而明媚，时而阴沉，与天津城没有什么不同，只是这方天空，即将升起一颗来自天津城的新星，一颗璀璨夺目的新星，一颗纯净的不沾凡尘俗气的新星。

他穿梭在上海的文人场合，书院、文社、学堂……他流连于戏子的袅袅云烟，茶楼、戏园……化蝶飞过，这里的一切，都有着一股不一样的新鲜气息，有着仅属于旧上海的别样繁华和世间百态，他看着、感受着，用眼、用心。

这里有各路不同的社团，志同道合的文人们凑在一起，作诗赋词，舞文弄墨，一日，闲来无事的李叔同随意翻阅报纸，一则小小的悬赏征文启事吸引了他的注意，那是一个叫作城南文社的私人社团，那时他只知这是一个崭露头角的绝佳机会，不知道冥冥之中他与这个叫作城南文社的地方有多么深厚的不解之缘。

他目光炯炯如星，当即铺开稿子细细研磨，这一次，他才思依旧如泉涌，洋洋洒洒便成了一纸长文，他放下笔轻轻闭上眼，雕花老虎窗外声声汽笛声不绝于耳，巡捕的清亮哨子声也随声附和着，这一刻，他是多么清晰地意识到，李家大院早已远在千里之外，这里是属于他的、一片自由自在的新天地。

古人不见今日月，今月曾经照古人，皎洁的月光曾经见证，旧上海的逦迤多情，曾经见证，城南草堂的旖旎风光，只是百年后，那草堂，早已隐没在高楼大厦中，早已湮没在时间洪流里。

城南文社是 1897 年的秋天成立的，宝山名士袁希濂组织发起，旨在切磋诗词文章技艺，文社的活动地便是位于沪南青龙桥的城南草堂、诗人许幻园的家，只是那时的李叔同还身在天津城的旧事之中。

李叔同交了稿子，意料之外却情理之中，在那次会课中，他以"写作俱佳"得了第一，那一日，他出现在城南草堂的门口，那颇具乡村朴实之气的院落，那小桥流水的绮丽风光，他只觉如沐清风，跨进院门，步入高雅明亮的厅堂……

见他来，许幻园几步走到他面前，拉住他的手，邀他入座，那里早已高朋满座，氛围热烈，坐在左上首椅子上的张孝廉，神色激昂，他举着李叔同的文章，一边声情并茂地诵读，一边满脸赞许地评说，俨然一副钦佩有加的模样。

许幻园细细瞧他，旧时衣冠掩不住周身的华贵雅致，发辫如缎，额头高耸，小小的圆帽遮不住一世繁华，他坐在那里，礼貌地笑着，一副气定神闲的模样，那一双细长眼目，宛如幽潭般光彩琉璃，神采飞扬，他是那么干干净净的一个人，那么的磊磊落落，仿佛一切的喧嚣都侵扰不了那颗纯净的心。

不知不觉，许幻园含笑邀请他入社，并盛情邀他来城南草堂同住，他便是这样的人，一言一行间给人心旷神怡之感，一颦一笑间便让人不知不觉想要亲近。

许幻园邀他同来，只因他倾慕着他，倾慕着他的翩翩风逸和诗文才华，倾慕着他身上那份皎如月皓如雪的气息，那份清凉磊落的气质。

冥冥中，一切皆有天意，他欣然应邀，成了城南文社的最后一角，圆满了整个戏台子，这出戏便咚咚锵锵地开场了。

1899 年 2 月，春意满园，他携全家搬入了城南草堂，许幻园亲自迎接，并为他所居之处所题名"李庐"，同月，李叔同在草堂的阳光下写下了《二十自叙诗》的序云：

堕地苦晚，又撄尘劳。木替花容，驹隙一瞬。俯仰之间，岁已弱冠。回思曩事，恍如昨晨。欣戚无端，抑郁谁语？爰托毫素，取志遗踪。旅邸寒灯，光仅如豆，成之一夕，不事雕。言属心声，乃多哀怨。江关庾信，花鸟徐陵。为溯前贤，益增惭！凡属知我，庶几谅予。

庚子正月

有人说，城南草堂是他的宝地，在那里，他知己相伴，心旷神怡，在大上海气象万千的锦绣底子上，镀上了鎏金的光彩，而他也迅速成了十里洋场的一颗新星，在草堂编印的《李庐诗钟》和《辛丑北征泪墨》，更是成了上海文坛不可多得的墨宝。

"城南小住，情适闲居赋"，那是一段宁静又充满诗意的时光，那里一派田园风光，小桥流水，草木扶疏，"篱畔菊花未老，岭头又放梅花"，在曲水流觞间，他与友人雅集酬唱，"文采风流合倾慕，闭户著书自足，阳春常驻山家，金樽酒进胡麻"。

他作的这首《清平乐·赠许幻园》，实实在在，真真切切，他是风流倜傥的才子，是神采飘逸的隐士，徜徉在江南之美景，闲淡之情溢于言表，李叔同居于城南草堂的这段时光，承载着少有的闲适与欢乐。

1925年，那已是20年以后了，那时他已出家，成为了一代弘一法师，他曾对弟子丰子恺说："我从20岁到26岁之间的五六年，是平生最幸福的时候，此后就是不断的悲哀与忧愁，一直到出家。"

20岁到26岁之间的五六年，正是在城南草堂的那段时光，那段时光里，母亲健在，妻子相伴，知己同游，一切自由自在，这段日子，他一直铭记在心，珍藏一辈子。

因为懂得，所以慈悲

> 【天涯五友图】之李叔同
>
> 李也文名大如斗，等身著作脍人口。
>
> 酒酣诗思涌如泉，只把杜陵呼小友。
>
> ——宋贞

千金难买韶华好，20 岁的光景，他正值华年，逸兴遄飞，风华绝代，在城南草堂的那段日子，他结识了同样意气风发的烟霞客，从此休管人世百态，幻假幻真。

如果城南文社是一个美轮美奂的戏台，每个月的集会就是一场盛大的戏曲，宝山的名士袁希濂、江阴的书法家张小楼、江湾的儒医蔡小香、华亭的诗人许幻园，还有他，天津的才子李叔同，他们是意气风发的"天涯五友"，他们是那戏台子的五根不可或缺的顶梁柱。

因为懂得，所以慈悲，这五个年龄相仿志趣相投的年轻人，自以为懂得彼此，懂得世间的离合悲欢，于是，这份溢于言表的懂得，化作了浓浓的慈悲之情，化作了一腔潮水般的热血，化作了摧枯拉朽般的强大劲力，使他们走近彼此，点燃彼此，他们义结金兰，不求同年同月同日生，不求同年同月同日死，只求同在一起的日子共诗文。

结为金兰之义的那一日，他们特意合影留念，在那张合影照片上，李叔同以"成蹊"之名题写了"天涯五友图"的字样，"天涯五友"的名号便由此得来。

这里是适宜他的水，这里的布景与他如此地和洽，有时竟恍惚的以为，这一切的一切，都是因他而生，为爱而活，他立在乌木廊下，与天涯四友比肩而立，看世间变幻，任云卷云舒。

花开花落几人知，云卷云舒自在天，世间的喧嚣，阵阵的浮尘，与他们无关，亦不入他们法眼，他们，只为那个文学梦而活。

人间处处即天涯，许幻园的夫人宋贞，乃一位才思敏捷的女子，她能诗擅作，工画自如，她曾经分别为"天涯五友"作了五首诗，名为《天涯五友图》，其中颂咏李叔同的那首写道：李也文名大如斗，等身著作脍人口。酒酣诗思涌如泉，只把杜陵呼小友。

狂妄不羁，是需要资本的，当资本匮乏时，便是年少轻狂不知天高地厚，当拥有资本时，便是个性十足理所当然，所以或褒或贬，自在人心，而在友人眼里他是这样的人，狂妄十足，也个性十足。他是金子，便总会发光，他是种子，在肥沃的土壤中，便会长成参天大树。

他是有资本的，在文社的课卷上，他的文作屡屡被评为卷首，另外，他也曾参加格致书院的征文比赛，并在七年时间里获奖十二次。1904年末，他还参加了上海商务印书馆的征文，他的两篇文章皆获得了二等奖，共获奖金六十元，那时的六十元，与今日的六十元自非同日而语，那是一笔不菲的数额，自是优秀之人可得。

李也文名大如斗，在宋贞眼里，他就是这样的存在，她与李叔同的母亲相谈甚欢，同为女子，更易心灵相通，平日里，李叔同总是亲切地唤她一声大姐，她对他也是像自家小弟，亲切有加。

1914年，当李叔同再回到城南草堂时，那时天涯五友早已知交零落，旧时风光早已不复存在，物是人非，满目疮痍，那时他唤为大姐的女子已逝世三年，想起昔日唱和之雅，只觉恍然隔世，悲声叹出：恸逝者之不作，悲生者之多艰，聊赋短什，以志哀思。

人间有味是清欢，一切都是后话，当时越繁花如锦，之后越是荒凉寂寥，对比是最刺目的反差。

镜头再次回到那段城南草堂的岁月，回到"天涯五友"之中，宝山名士袁希濂，是五个年轻人中最为年长的一位，他是原民国教育部长袁希涛的弟弟，他还有一个名为袁希洛的兄长，三人皆为宝山名士，更被世人称为"宝山三袁"。

他与李叔同很是志同道合，常常一起把酒言欢，畅谈诗文，更是与他一起赴日留学，他们行迹暗合，李叔同出家后，袁希濂因叔同的一句"前世是佛"开始亲近佛法，最后终得其中真味，皈依佛门，相传他死后遗骨白如珂雪，头骨呈莲瓣状，也算应了李叔同的箴言。

儒医蔡小香医术高明，是眉目清俊，拥有如李叔同般令女子着迷的清秀外表和儒雅气质，也是如潘安般美妙的人儿，只是他是一位风流浪子，李叔同与他一起，总少不了在声色场上流连。

落尽杨华红板路，无计留春住。独立玉阑干，欲诉离愁，生怕笼鹦鹉。

楼头又见斜阳暮，怎奈归期误。相忆梦难成，芳草无涯，极目人何处？

这是李叔同曾在上海的《消闲报》上发表的艳诗,闺怨女子,在孤独寂寞中,盼着爱人归来,只是杨花落尽,夕阳斜暮,归期误了又误,独倚栏杆,极目远眺,爱人啊,你人在何处?

前溪芳草经年绿,只风情,辜负良宵。这是旧时闺怨诗的一贯格调,他写得情情切切,他忘不了,对戏曲的热爱,忘不了因戏缭乱心情的第一个女子,那些交往过的声色女子,李苹香、谢秋云、朱慧百、语心楼主人、老妓高翠娥……有几人,让他想起那个挑灯夜送的女子,那个言笑间皆是风情的女子。

子女平分二十周,那堪更作狭邪游。

只因第一伤心事,红粉英雄不自由。

这是他写上海名妓李苹香的诗句,北有杨翠喜,南有李苹香,她是沪上文人雅士趋之如鹜的对象,自有一番妖娆姿态,她不喜奢华,即使只是面无表情安安静静地或坐或卧,目光里带着的忧郁神色也很是惹人怜爱。

她是他的红颜知己,两人对酒当歌,叹人生几何,他举觞对月,叹一句,"何满一声惊掩面,可怜肠断玉人箫",她轻轻回一句:"堪叹浮生如一梦,典衣沽酒卧深林!"

纸醉金迷间,只因他需要一个红颜知己,知他心事,解他忧愁,他的妻子,被旧时女子"无才便是德"的礼教束缚太重,大方端庄的闺秀,只懂得恪守礼教,视他为天,平日很少说话,沉默寡言间颇显木讷,她不懂他,虽心心念的全是他,但却不解他百般思绪,所以,她只能是妻,挂不住他的心。

大丈夫，当志在千里，在城南文社的如鱼得水并不是他的全副力量，他忘不掉，对书画篆刻戏曲的喜爱，1900 年的春天，他与朱梦庐、高邕之、乌目山僧等人一起成立了上海书画公会。

他们都是在书画界有名望的人物，他们在书画上的名望与造诣众人皆知，更值一提的便是这个称为乌目山僧的僧人，他幼年出家，活跃于僧俗两界，甚至涉足政治，除佛教典籍外，琴棋书画更是样样精通。

只是遁入空门应是看破红尘之后，幼年僧人的清汤寡水，不是因为早已厌倦俗世的千千万万，而是为谋一条生路，那份清心寡欲之心，自是无法修成正果，一入凡尘，他的心便离佛寺千里之外，与犹太财商的外国妻子有染后，他还俗经历总总俗事，可是以后，他却重遁空门，离开大上海的繁华，重返镇江的江天寺，研习佛典。

出世入世间，他反反复复，虽然李叔同赏识他在书画方面的满腹才华，但耿直磊落的李叔同对佛法，从小便耳濡目染，也颇具慧根，自不能接受这样的糟蹋不羁，上海书画公社后，二人再无联络。

有他的地方，自是活跃一片，上海书画公社每周会出版一期《书画公社报》，这是上海最早的书画报刊，在上海的书画界也产生了巨大的影响。

他是沪上的新星，有他的地方风光无限，在城南文社如此，在书画公社亦如此，那份属于他的光环，散发着掩不住的光辉，照亮自己，照亮知己，也照亮了城南草堂的一方天空。

义结金兰之日，他们都是此心昭昭可对日月，只是天下没有不散的筵席，他们不怕分离，怕只怕心散了再难寻回。

两年后，江阴书法家张小楼赴扬州东文学堂任教，宝山名士袁希濂开始就读于广方言馆、江湾儒医蔡小香则忙于医务无法抽身、草堂主人许幻园出仕为官，而他，天津世子李叔同，则考入了南洋公学。

那时他们还一起谈天说地，可是转眼却各奔东西，天涯五友知交半零落，只是当时的誓言无人忘记，当时的意气风发，每个人都念念不忘，直至生命的终结，他们的心，没有散，曾经共同的梦，依然使他们紧紧相连。

1926 年的夏天，当已为弘一法师的李叔同第二次重返城南草堂时，却再也寻不着了，草堂已经消失不见，只是冥冥之中自有天意，那里成为了一位僧人的道场，而这位僧人，恰恰邀他前去普及佛法，他便再次到了那心心念念的草堂之地，只是这一次，再没有熟悉之地，连寂寥的荒芜也难觅了。

他见着了许幻园，那时他已是老态龙钟的模样，两人相见恨晚，自是一番唏嘘惆怅，再一年，蔡小香离世，再三年，许幻园离世，再二十一年，袁希濂离世，再几年，张小楼离世，天涯五友只余一个李叔同，不，那时世间也已没有李叔同，剩下的是一位以普及佛经为己任的僧者，天涯五友至此消失无影踪。

有人说，一天中真正去想一个人的时间只是那么一瞬间，生在世间，这忙碌的世间，怀念的时间总是太少太短暂，谁失了谁，在时光的洪流里，他们渐渐走远，再难相见，在偶尔的百感交集间，只有触手可及的回忆聊以慰藉。

烟消云散，再难寻觅，思旧日时光，忆天涯五友，唯在梦里相见。

南柯一梦

【春夜】

金谷园中，黄昏人静，一轮明月，恰上花梢。月圆花好，如此良宵，莫把这似水光阴空过了！英雄安在，荒冢萧萧。你试看他青史功名，你试看他朱门锦乡，繁华似梦，满目蓬蒿！天地逆旅，光阴过客，无聊，倒不如闻非闻是尽去抛，逍遥，倒不如花前月下且游遨，将金樽倒。海棠睡去，把红烛烧；茶蘼花开，把羯鼓敲。莫教天上嫦娥，将人笑。

——李叔同

泱泱大国，青史留名，看昔日，大清帝国，锦绣簇拥，繁花似锦，忆今朝，繁华似梦，满目蓬蒿，家国天下，主人成了一方逆旅，一座空冢，何时重现昔日繁华，茶蘼花开，遥遥无期。

很多时候，内心澎湃着万千的心事，可却只能借酒浇愁使愁更愁，无能为力的柔弱，是一种难以启齿的心情，在国之危难时刻，一个人的力量太过薄弱，很多时候我们只是一个观客，可是更多时候，我们并不甘心只是一个观客。

残山剩水可怜宵，慢把琴樽慰寂寥。

顿老琵琶妥娘曲，红楼暮雨梦南朝。

这是他赠予老妓高翠娥的一首诗，但其中内容实为借题发挥，残山剩水，山河破碎，她是半老的徐娘，他是风流的浪子，在这声色场中，那颗怀有家国民族的心是连在一起的，在红楼暮雨间，大清王朝的繁盛之景，已成南柯一梦。

1900年，八国联军侵入北京和天津，所到之处，烧杀抢掠，无所不作，慈禧太后带着年幼的光绪帝连夜逃离京城，圆明园的烈火连着愤怒，烧尽了大清帝国的半边天。

1901年，软弱的大清帝国一味服弱，签署了丧权辱国的《辛丑条约》，数不尽的黄金，眼睁睁进了侵略者的口袋，在各国列强的无情蹂躏下，在清政府的软弱无能下，曾经的锦绣河山沦为了半封建半殖民地国家。

听到这个消息，安居在城南草堂的李叔同心里颇不宁静，天津卫，是他的家，他的亲人还在那里，一帮朋友还在那里，多少个夜晚，"李庐"里的他难以入眠，内心像远处波澜起伏的黄浦江思绪万千，家国命运，自身命运，在风浪中颠簸浮沉，忽晴忽雨的天色里，那指路的明灯，早已隐没在浓黑的烟雾里，寻不到踪影。

国之将破，风雨飘摇，客居他乡的日子，虽然在上海的文化圈他渐渐风生水起，但当那些关于家乡兵荒马乱的消息如雪花般袭来时，那份忧愁郁闷是真真切切不同寻常的。

"索居无俚，久不托音。短檠夜明，遂多羁绪。又值变乱，家国沦陷。山邸华屋，风闻声咽。天地顿隘，啼笑胥乖"他是富家子弟，从不曾为钱财所累，也不曾识愁之滋味，可是他绝非为赋新词强说愁，国之未安，前途未卜，他忧，家国未来，他忧，理想抱负无处施展。

游子无家，朔南驰逐。值兹离乱，弥多感哀。城郭人民，慨怆今昔。耳目所接，辄志简编。零句断章，积焉成帙。重加厘削，定为一卷。不书时日，酬应杂务。百无二三，颜曰：《北征泪墨》，以示不从日记例也。辛丑初夏，惜霜识于海上李庐。

这是他北上天津归来后以李成蹊发表的《辛丑北征泪墨》的序言，这组长诗，文辞优美，情之切切，家国血泪仇恨一气呵成，在尚未经受战乱依旧繁花满城的大上海造成了很大的轰动。

天津的混乱不堪深深牵动着他的心，离乡时日已久，他多想再回一趟那记忆里从未泯灭的地方，他是一只纤弱的蝴蝶，积蓄着无穷的力量，在1901年的春天，他辞别家人朋友，孤身一人，远赴千里之外的家乡。

杨柳无情，丝丝化作愁千缕。惺忪如许，萦起心头绪。谁道销魂，尽是无凭据。离庭外，一帆风雨，只有人归去。他填词一首，踏上了北上的客船，离别之际，岸上的老母泪痕未干，船上的他也不禁潸然，落日海上，断鸿声里，船缓缓开启，载着他，载着乡愁，缓缓驶去……

感慨沧桑变，无边极目时。

晚帆轻似箭，落日大如箕。

风卷旌旗走，野平车马驰。

河山悲故国，不禁泪双垂。

立于船尾，看两岸倒退的风景，船行似箭，落日如箕，离开天津已是经年岁月，乱世沧桑变化，故里是否还复旧日模样，他心忐忑，风阵阵吹过，旌旗荡漾，河山故国风飘絮，各处支离破碎间，悲从心来，不禁泪如雨下。

在北上的旅程中，在经由大沽口时，他看到沿岸的残垒败灶，只觉不堪入目，不禁开口吟出：

杜宇声声归去好，天涯何处无芳草。

春来春去奈愁何？流光一霎催人老。

新鬼故鬼鸣喧哗，野火嶙嶙树影遮。

月似解人离别苦，清光减作一钩斜。

这只是个开始，在列强的侵略下，处在水深火热中的黎民百姓数不胜数，背井离乡流离失所的国人也不在少数，死亡更是家常便饭，见惯了太多的残酷与血腥，那些"新鬼故鬼鸣喧哗，野火嶙嶙树影遮"的场景，已然见怪不怪了吧。

他下船上岸，换乘火车辗转前往装满熟悉记忆的天津城，终于在一日的黄昏时分到达那梦中之地，可它的模样已不复往昔，那青砖红瓦的气派城墙不见踪迹，李家大宅也已人去屋空，一片荒芜，原来二哥文熙早已携家带眷，逃亡河南。

他在街头漫无目的地游走，还是熟悉的乡音，恍惚间只觉一切恍如隔世，再也找不到熟悉的感觉，那一夜，北地狂风怒吼，金铁皆鸣，他宿于塘沽旅馆，心头涌出千万思绪，愁思不能寐，只觉孤灯如豆，长夜漫漫，他细细研磨，铺开稿纸，慢慢填写《西江月》一词：

惨漏惊人梦里，孤灯对景成双。前尘渺渺几思量，只道人归是谎。

谁说春宵苦短，算来竟比年长。海风吹起夜潮狂，怎奈新愁吹涨。

天津卫是京城的门户，是一座殉了难的城，这里刚刚经过了战争，空气中还弥漫着鲜血的腥气，哀鸿遍野，他仿佛看见在那场战役中，义和团英士、天津的民众以及爱国军官浴血奋战的身影，他们视死如归，与八国的侵略军抗战到底，这是何其惨烈的光荣！

天津，还是城吗，没了旧日的城墙，它还是城吗，那满眼的乞丐，那一具具倒下的尸体，都在那里，触目惊心的在那里，这一刻，他多想见一见那旧时的朋友，问一问天津城那一桩桩的劫难。

他敲开了姚家的大门，那是二嫂的娘家，姚家兄弟与他素来很是亲厚，一时间，他回来的消息传遍了各处，旧时师友纷纷涌到姚家与他相见，赵幼梅、王襄、王钊、徐士珍……好久未见的师友，再次相见，只觉百感交集，竟有热泪盈眶之感，他们谈着如今局势，谈着天津的沦陷，北方世道的不太平，谈着上海的新思潮，谈着一别经年的日子，想要把那断掉的时光重新连接在一起。

听着那一段饱含耻辱的血泪历史，这个城已历经沧桑，他的心被揪了起来，彼时的泱泱大国，彼时的安详城市，如今却到了如此地步，就如同锦绣罗缎的富庶之人，转眼间成了衣不蔽体的街头乞丐，这刺目的反差让他悲恨交加，热血沸腾，"男儿若论收场好，不是将军也断头"，他暗暗发誓，要用自己的一生去救这贫弱不堪的国家，将那些可恨的侵略者，赶出神州大地。

他放弃了前往河南看望二哥的打算，北方的整个天空已被黑云笼罩，生于乱世，远行的未知劫难太多太多，他孤身一人，如何周全，几日后，他原路返回，南下上海，那里有妻有母，有他属于现在的一片天地。

上海、天津、天津、上海，这一路，他看了太多太多，昔日的大好河山，锦绣繁华，如柳絮般纷飞，国之渐弱，繁华渐褪，满目的苍凉破败，满心的屈辱颠沛，多想，一切只是一场梦，梦醒了，家还是家，国还是国，繁华依旧，锦绣依旧。

只是梦还在继续，满目的疮痍还在继续，还好，他是一位文人雅士，还有诗词解忧，一路上，他写了一首又一首寄予浓浓愁意的诗作，那不是为赋新词强说愁，是自然而然的表达发泄，还好，他是一位文人雅士，可以继续写一首一首爱国的诗作，唤起更多文人骚客的爱国之心。

几日后，他回到上海，回到城南草堂，那里是他安逸的小窝，他挥泪整理思绪，一鼓作气完成《辛丑北征泪墨》的组诗，并特意寄给自己的先生赵幼梅。

神鞭鞭日驹轮驰，昨犹绿发今日须。

景光爱惜恒歉散，矧值红羊遭劫时。

与子期年常别离，乱后握手心神怡。

又从邮筒寄此诗，是泪是墨何淋漓。

这位德高望重的诗人，对弟子李叔同的诗作很是赞赏，也很是欣慰，他长大了，诗中蕴含着成熟的血肉，蕴含着真切的家国情感，他挥笔作了该诗。

向日葵,向着太阳

【祖国歌】

上下数千年,一脉延,文明莫与肩。纵横数万里,膏腴地,独享天然利。国是世界最古国,民是亚洲大国民。呜呼,大国民!呜呼,唯我大国民!

幸生珍世界,琳琅十倍涨声价。我将骑狮越昆仑,驾鹤飞渡太平洋。谁与我仗剑挥刀?呜呼,大国民!谁与我鼓吹庆升平?

——李叔同

世间的苦难与地狱之苦楚相比,逊色几分无人知晓,但天津一行,李叔同沿途所见所闻所感,皆是那战乱劫后的荒凉光景,一路上他真真切切地感受着曾经的道听途说,心灵的震撼更是可想而知。

回到上海后,他想了很多,思了良久,国之危难处,那些儿女情长的醉生梦死颇显幼稚,本就老成稳重的人更加地成熟,他不再一味醉心于诗词歌赋,迷恋于书篆戏曲,他要谋得自身出路,谋一条能够治国平天下的道路。

上天是眷顾他的,他不用寻寻觅觅凄凄惨惨戚戚,也没有众里寻它千百度,才下眉头,便在灯火阑珊处觅得良缘。1901年,经监督沈子培的提议,盛宣怀在南洋公学特意增设特班,意在科举之外选拔西学人才,以备经济特科之用，成绩优秀者即给予相当于举人、进士的身份。

南洋公学，如今上海交大的前身，1897年由当地著名的官僚盛宣怀创立，资金来源几乎全是来自盛宣怀创立的铁路、电报、招商局等洋务企业，以教授新学为己任，从师范班到铁路班乃至外语班，可谓面面俱到，是当时中国普及西学最完备的院校，是民族资本家兴新学办校的典范，也是最为人才济济的学府。

那时的李叔同，一心想要报效祖国，他仍自以康君为师，想要师夷长技以制夷，他虽然知晓清政府的荒诞可笑，但那毕竟是自己的国家，他只想用自己的力量感化它、改变它，使它变强变韧变得无坚不摧，从不曾想过清政府的腐朽已深入骨髓无药可医，更没想过推翻重建。

可谓柳暗花明又一村，南洋公学特班，每批仅招生二十几人，这是当时清政府选拔人才的最合用途径，带有浓厚的官方气息，但这份气息却带着十足的吸引力，于他来说，无疑是一个绝佳的机会，是一部天梯，一条捷径。

那一年的秋天，风扫落叶，篱笆下的菊花，黄黄白白开了一地，他静静站在堂前，沐浴着秋日的暖阳，遥看外面那一片片金色的田地。又到收获的季节，那田里堆放着一丛丛收割下的稻秸，明日就要参加南洋公学特班的最后一轮考试，可这一次他能收获什么呢，两次科考的名落孙山，这一次，他能否觅到伯乐，赏识自己的才华抱负？

这一次真的不一样，那里有新学派人士蔡元培和张元济先生，他们都是在维新变法失败后南下上海，想要从教育方面着手，寻救国兴邦之路。

蔡元培先生，一副大学士的模样，带着圆圆的眼镜，蓄着两撇髭须，一张棱角分明的脸颇具威严，他曾任翰林院的编修，清政府对变法的疯狂打压让他大失所望，一颗心降到谷底，只黯然回乡，后被南洋公学再请出山，作特班中文总教习，至此便一心扑在教育上。

张元济先生，与蔡元培先生经历相仿，他在科举时代中了翰林，在变法时曾多次进言兴办新兴学堂，培养新型人才，那时他意气风发，曾受过光绪帝的亲自召见，变法失败后，他不屑逃跑，在家静等砍头消息，只是他命不该绝，在李鸿章力保下，他南下上海，任南洋公学译书院院长。

这是一场颇为严肃的选拔，没有那些上不得台面的灰暗交易，两位先生秉着救国育人之心，举贤保才，一个人的际遇，影响着他的思想与觉悟，彼国难当头之地，两位先生，皆爱进步向上的有志之士，虽然不知那日李叔同的主考官是哪一位，但无论是谁，他都遇上了命定的伯乐，被录入特班也是在情理之中。

命运太过复杂，未来事交由未来评说。当下的他，以十二名的成绩成功跻入南洋公学特班，学业小有成就，他自小的寒窗苦读终于盼来一个满意答卷，等着他的，是一片全新的广阔天地。

他立在风中，瘦弱的身躯挺得笔直，门内母亲与妻子正在为自己收拾行囊，他即将独身一人离开草堂搬到学院宿舍，只是这次，他的心被希望填满，不再有寂寥和苦闷。

第一堂中文课，阳光透过窗棂，洒在讲台上，他安静地坐着，嗅着书本清新的味道，等着先生的到来，他知道，这里还有二十几个与自己一样的年轻人，一样的表情，一样的憧憬，一样的意气风发，一样地等着先生。

蔡元培先生推开门走了进来，他身着朴素的长袍，一张脸上写满了严肃，他走上讲台，推一推似乎要掉下来的眼镜，扫视下面坐着的每一个同学。看着那一张张写满朝气的脸，心中倍感欣慰，他们是迎着太阳的向日葵，是祖国的未来，是他救国希望的寄托。他迫不及待想要让他们长成参天大树。

没有客套，没有介绍流程，直截了当地开始介绍中文课程的教学内容和计划。他说："特班生可学的门类很多，有政治、法律、外交、财政、教育、哲学、科学、文学、论理、伦理，等等，一共三十多门。你们每人可以自定一门，或两门，或三门。等大家各自选定后，我再给你们每人开具主要和次要节目……老师讲解辅导只是一个方面，而且是次要的，主要靠你们自己去认真阅读领会……"

这里处处透着新鲜气息，学习渐渐步入正轨，上午英语、算术，下午中文，除此外，还有蔡元培先生要求上交的每天一篇的阅读札记和每月的命题作文。

蔡元培先生关心着每一位学生的学习动向，每天晚上都会召集三两学生，进行谈心解惑。同学们都盼着轮到自己的那一天，李叔同也不例外，国家时事、学习方式等等，太多太多，他想要一吐为快，也期盼着这位严厉却真心相待的老师为他指点迷津。

为人师表，蔡元培老师注重因材施教，也注重公平，每隔十天半月，每个同学都能谈心一次。那一日下课，他叫了李广平的名字，几天了，他想着，今天终于轮到了他。

他坐在先生的对面，看先生翻开自己的作文本，这一次的命题作文题目是《论强国对弱国不守公法之关系》。面对这样敏感的话题，他的一颗爱国心泛滥着，脑海里挥之不去的全都是刚刚签订的屈辱条约《辛丑条约》。于是他针砭时事，将一腔愤慨倾于笔下：

世界有公法，所以励人自强。断无弱小之国，可以赖公法以图存者。即有之，岁图存于一时，而终不能自立。其不为强有力之侵灭者，未之有也。故世界有公法，唯强有力者，得享其权利。于是强国对弱国，往往有不守公法之事出焉。论者惑之。莫不咎公法之不足恃而与强弱平等之理相背戾。

看到这样的文章，蔡元培先生满心欣慰，这才是堂堂中国男儿，敢想敢为。在温和的灯光下，他的脸慢慢褪下严厉的色彩，连上唇的髭须都柔软下来，他轻声说："广平啊，说说你作这篇文的出发点吧。"

这时候的他，依旧一心希望通过变法拯救国家，在选择学科时更是不假思索就选了法律。听到先生的话，那些心里激荡太久的言语终于有了出口，他推心置腹，侃侃而谈，谈变法、谈图强，他说："国家不富强，怎么会有什么国际公法来保护你呢！"

先生一直看着李叔同，仔细聆听，那柔软的目光里有赞许、有鼓励，他知道这个学生理性与感性并重，思维极具逻辑，口才也很是杰出，心中暗暗感叹江山辈有人才出，他日后成就必不平凡。

待叔同讲完，他的眉毛已完全舒展，接口说道："时下我中国备受列强欺凌，自强自立是首要的。不过，你亦晓得兵法有云，知己知彼，百战不殆。不了解国际上的公法，不了解西洋各国情况，不啻为闭门造车啊。广平，你可以来修筑这座桥梁，将国际上的法学书翻译过来，介绍给国人。"

育人之师，必要言之有物，方能让人心悦诚服。蔡元培先生便是如此，他常常对学生们说，"今日之学人，不但自己要学习新知识新思想，还要用学来的新知识新思想引导社会，开发群众"。

这句话，影响着李叔同的一生，他不再是以前那个只有进步思想的富家子弟，而是一个将进步思想付诸行动的有志青年。

后来，蔡元培先生回忆说："我在南洋公学教过不少学生。在艺术方面成就最高，涉及领域最广，培育人才最多者，首推李叔同。在戏剧、音乐、美育等方面均有建树。"

"上下五千年，一脉延，文明莫与肩"。1904 年，他与同班学生黄炎培一起参加了以兴学和演讲为主要内容的沪学会，沪学会由马相伯和穆藕初组织，那里开设着补习学校，为会员讲学，在那里，天资聪颖的李叔同很快学会了西洋作曲。

他以民间的《老八板》为原型，作了《祖国歌》。"纵横数万里，膏腴地，独享天然利"，一句句切入人心的歌词，体现着中华民族昂扬的民族精神。"谁与我仗义挥刀"，朗朗上口的民间曲调，在沪上乃至全中国，传播深广。他不遗余力地传播着进步思想，积极投身于唤醒民众救国兴邦的大业之中。

1906 年，李叔同在日本东京作《音乐小杂志序》。展现出了他在文学和艺术上的高深造诣和独到见解。

这是一篇优美的小品文，以风雅之文笔，极尽阐发音乐于人之性情的陶冶效用，从此文章中，会让人领略到音乐艺术的审美教育作用：

闲庭春浅，疏梅半开。朝曦上衣，软风人媚。流莺三五，隔树乱啼；乳燕一双，依人学语。仁下婉转，有若互答，其音清脆，悦魄荡心。若夫萧辰告悴，百草不芳。寒蛩泣霜，杜鹃啼血；疏砧落叶，夜雨鸣鸡。闻者为之不欢，离人于焉陨涕。又若登高山，临巨流。海鸟长啼，天风振袖，奔涛怒吼，更相逐博，砰磅匉磕，谷震山鸣。懦夫丧魄而不前，壮士奋袂以兴起。呜呼！声音之道，感人深矣。惟彼声音，金出天然；若夫人为，厥有音乐。天人异趣，效用靡殊。

这文章之中蕴含一种曲折婉转的美，是由三种迥异的自然景象引起相应的人的情感的发蒙，每种情感都是那般真切、壮丽。

文章的开篇，就如同艳丽的晨光，在风和日丽的光景里荡漾成了一支柔婉的曲调。那些莺莺燕燕欢欣地飞舞着，它们将快乐都写在了翅膀里，仿佛每一寸空气都荡漾着幸福。

当人们沐浴在这柔柔暖暖的曲调中，转而进入了一片凄切之境遇。与之前的温暖柔美形成了强烈的对比。秋风呼啸而过，带走了万物的芳华，草木凋零，虫儿凄鸣，杜鹃鸟，悲啼欲绝。寂寥的捣衣石，已经被凋零的落叶撒满，每一片枯槁的残叶，都在瑟缩地讲述一个悲伤忧愁的故事。在那个风雨交加的夜里，鸡鸣之声幽幽咽咽，更引起离人乡愁阵阵。"相望不相闻，思妇、游子何不悲泣。"此一句则写尽了天涯人忧伤和苦痛，试问，天下间，谁人不曾经历离别的悲愁。这一部分，文章的笔调已经在一片哀伤惆怅中降到了一个最低点。

然而，下一部分，峰回路转，在柳暗花明中笔调再转。展现出的是一种宏大的辽阔。在高山绝顶之上，去俯瞰大海湍流，海浪滚滚猛烈地拍打着海岸，也拍动人的心弦。海鸟在冲飞，用坚毅的翅膀，波及海浪。在怒吼的狂浪中，舞出一个又一个壮美的雄姿。汹涌澎湃，惊天动地！足以让懦夫丧胆而退，然而，真正的勇士见到这雄壮的景象则会放声高歌。在一系列情境的转换后，最后由衷叹出声音，蕴含着深刻的哲理，是如此的动人心魄、感人心扉，唯有那样的天音地鸣、风声鹤唳，皆由大自然产生。

一个简单的序曲，为我们展现出的是一幅幅美丽的景致和画面。由此可见，艺术的灵魂已经深深地根植在了李叔同心里。并且，在后来，李叔同又幸运地遇到了一位伯乐。

近朱者赤，近墨者黑，蔡元培先生是他的良人伯乐，带给他高层面的洗礼。

过关斩将间，他入南洋公学特招班，学业小有成就，先生悉心教育下，他渐渐升华了人生价值观，真正的学有所成，他是低着头的向日葵，太阳出来了，光明闪耀大地。

第三辑
恋·芳草碧连天

空了心事

【梦】

　　哀游子茕茕其无依兮，在天之涯。惟长夜漫漫而独寐兮，时恍惚以魂驰。萝偃卧摇篮以啼笑兮，似婴儿时。母食我甘酪与粉饵兮，父衣我以彩衣。月落乌啼，梦影依稀，往事知不知？泪半生哀乐之长逝兮，感亲之恩其永垂。

　　哀游子茕茕其无依兮，吊形影悲。惟长夜漫漫而独寐兮，时恍惚以魂驰。梦挥泪出门辞父母兮，叹生别离。父语我眠食宜珍重兮，母语我以早归。月落乌啼，梦影依稀，往事知不知？泪半生哀乐之长逝兮，感亲之恩其永垂。

——李叔同

阴阳交替，四季轮回，亘古不变的定律。物极必反，荣辱兴衰，不知是上帝太过无聊还是世道太过无常，当他在蔡元培先生的教诲下，意气风发地吸收新的知识，结识同样意气风发的新朋友时，一个波浪袭来，搅乱了那平静的一汪秋水。

1902年，慈禧太后和光绪帝西狩回京，下令各省补行庚子年的乡试，并另加了辛丑年的恩科考试。意气风发的南洋公学学子们自是不愿放下这样的机会，很多学生都参加了乡试，一心想要报效朝廷的李叔同也是不落人后，去了杭州，参加农历八月初八由杭州贡院主持的恩科第一场考试。

那时，他不知道，一出荒诞的闹剧正在由此展开。

在乡试的第二场，便有考生闹事，与考官大声争辩，据说率先闹事的便是南洋公学的学生。他们是受过新思想的莘莘学子，自是不满清政府的迂腐自守，不满考卷的内容，毅然决然退出考生行列。

他也毅然退出了，这次科举考试让李叔同很是失望，也很是惆怅，难道走仕途报效祖国的愿望只能是一场空了心事？

只是一切还没有结束，改革总是要历经风雨才能见到彩虹。新旧交替的时候，南洋公学行在时代的前端，新旧思想针锋相对，矛盾冲突日益尖锐，一点星星之火，便能摧枯拉朽地引燃炸药，以迅雷不及掩耳之势粉碎表面和平。

这点星星之火，便是一个小小的墨水瓶事件。郭震瀛，南洋公学守旧代表教员，对那所谓的新思想很是嗤之以鼻，他明令禁止学生阅读当时的进步刊物，造成了进步学子的极度不满。

为了泄愤，具有恶作剧天分的几个学生在他的椅子上放了一个墨水瓶，当他不小心上了套时，便恼羞成怒，借题发挥，上报校方处理相关学生。

听说此事，校方也毫不含糊，对此严肃处理，并实行了开除等极端手段。当教育只剩一个教字，一切都成了教训，何一个不满了得，学生的不满情绪变成了大大的愤怒，罢课，退学，大风吹过，一场轩然大波。

蔡元培先生多番努力与校方协商，只是破镜难圆，表面的和平一旦打碎，便再难回到当初。

一次次的失败，一次次的心灰意冷，思想和价值层面的矛盾太难调和，犹如一道鸿沟难以逾越。1903 年 11 月 16 日，蔡元培先生带着他特班的心爱学生，集体退学，转入蔡元培筹资兴办的爱国学社。

这便是中国现代教育历史上沸沸扬扬的第一次退学风潮，有论者曰：今日之事，为我学生脱离专制学校之新纪元。

世事变得太快，公道自在人心。这一次，李叔同对行将就木的清政府，对旧日腐朽思想的顽固不化彻底失望，他积极响应蔡元培先生的号召，他是他的高徒，他是他的崇师。

一波未平，一波又起，他体弱多病的母亲，这一次更是一病不起，杳然时日无多。

自记事起，母亲便是一副温温婉婉娇娇柔柔的模样，她伴自己走过幼年的点点滴滴，度过青年的坎坷远行路，这么多年，她一直在自己身边，从未离开过，他竟不知，母亲的额发已斑白许多，脸上的皱纹已添了几许。

原来母亲已然苍老，在自己越发俊朗年轻的时候。这是不是成长最残酷的代价，每一个母亲，每一个孩子，都逃不脱的宿命般的代价。

他第一次真真切切地觉得害怕，害怕母亲永永远远地离开自己，他不敢想象没了母亲的日子会是如何。这一刻，他只是一个平平凡凡的儿子，没有那些忧国忧民的壮志凌云，没有那些风花雪月的红颜知己。

那夜，他坐在母亲熟睡的榻前，有一刀没一刀地刻着一枚方印，思绪早就跑到天津那一方院落。他看到了，那还带着几分懵懂的小小孩童，在母亲的温柔耳语下，笑得山花烂漫。他看到了，母亲自小的细心呵护，她教会他读书，教会他做人……

一头浓密黑亮的长发挽成简单的髻，略施粉黛的脸泛着健康的光彩，这是他记忆深处的母亲，没有苍老，也没有残酷的时光印记。

门吱呀一声打乱了他的思绪，他回头看见妻子轻手轻脚地走了进来，用眼神示意他回房休息，他摇头拒绝，他想要陪在母亲的身边，分分秒秒地陪在母亲身边。

妻子心疼他，前来拉扯，他死活不愿起身，就在两人争执之时，床上传来母亲断断续续的咳嗽声，他埋怨地瞥了妻子一眼，怪她拉扯的声响惊动了好不容易睡着的母亲。

"涛儿……涛儿"，床上虚弱的母亲在有气无力地唤着他的名。

他赶紧放下刻刀，凑了过去，可是母亲让他准备后事的话语刹那间让他的一颗心沉到谷底。母亲只是 46 岁的年纪啊，这道坎儿她真的迈不过去吗，老天真的会这么早带走自己最敬爱的人吗？

他细细打量倚在床头的母亲，那张原本清秀端庄闪着光彩的脸庞，竟已枯槁憔悴，脱了相。他强忍着心中的悲伤，安慰母亲睡下，那夺眶欲出的眼泪却再也忍不住泛滥成河。他奔出房门，看见站在梨树下的妻子掩面而泣，雪白的梨花洒落一地。

一夜未眠，他想到宋贞她们的话，或许，买个棺木冲一冲，阎王爷就会真的放母亲一马。那就试一试吧，他不能就这么眼睁睁地看着母亲衰竭，没了呼吸。

天亮了，母亲的气色稍稍好了些，他的一颗心也暂时安了下来，他嘱咐妻子两句，出门为母亲寻一顶上好的棺木。那时，他一心为母亲祈祷，从未想过，这一离开，竟会错过母亲最后的时刻。

出门不到两个时辰，他正和人说着话时，一阵心慌袭来，他只觉整个天地都在旋转，一瞬间，他想到了母亲，还未定下神便朝家的方向奔去，心里一遍一遍地告诉自己：不会的，不会的。

不知何时飘落的雨丝打湿他的长袍，打湿他的发和脸颊，他用袖子胡乱擦着脸上的水，不知雨水有几分，泪水又有多少，他不知如何回的城南草堂，他只知道，当自己湿漉漉地站在草堂门口时，一切都晚了，母亲已经离自己那么远。

他恨自己，为何在母亲生命的最后时刻没能陪在她的身边，她四十六年的时光，短短的苦难一生，唯一的儿子竟没有在最后的时光里伴于膝下，这是不是她今生最大的缺憾？

她走了，虽爱子不在，但神态安详，脸上噙着一抹祥和的微笑；她走了，在细雨如丝，朦胧如烟的春季；她走了，院内如雪梨花，惨败一地。

他跪在她的床前，一遍又一遍地呼唤着母亲，只是室内只有他抽泣的声音，他再也听不到母亲柔软唤他涛儿的声音。

泪落在地板上，一滴一滴，声声不绝。

母亲死了，在他的眼里，这世间失了色彩，上海的一切都失了意义。落叶归根，他带着母亲的灵柩，踏上了归乡之旅。

六年前，他带着母亲妻子，带着踌躇满志，带着对自由的向往，来到这十里洋场，六年后，他带着妻子，多了两个幼子赶回津门，可母亲，只余了一只棺柩。

一切并不顺利，他再一次感受到了旧时礼教的不近人情。"外丧不进门"，传统保守的李家家族长辈们及二哥文熙执意不让母亲进家门。李叔同争执不下，只得把母亲的棺柩停在了李家老宅的那个三合院，那个母亲生他的地方。

他发誓要为母亲办一场与众不同的葬礼，没有形式主义的旧时规矩，没有披麻戴孝的哭丧场面，没有漫天飞舞的纸钱，也没有吹吹打打的送葬景象，有的只是简简单单的告别，简简单单的吊唁。

这应该就是现在追悼会的起源吧，葬礼那天，灰蒙蒙的天空写满阴霾，他站在母亲的灵柩前，对着前来吊唁的亲戚朋友还礼，整个场面庄严肃静，没有号啕大哭的嘈杂，他的母亲走得安安静静。

"我的母亲很多，我的生母很苦"，这是他曾对丰子恺说的话。母亲的一切，他都亲力亲为，亲自撰写祷词，亲自演奏挽歌，葬礼后，更是把名字改为"李哀"以示哀思，他是儒士孝子，是"新世界之杰士"。

梦挥泪出门辞父母兮，叹生别离。夜已深，他低声吟唱这首《梦》，不禁潸然。

感时花溅泪，恨别鸟惊心。慈母已逝，他心痛难平复，只是逝者长已矣，他只能泣半生哀乐之长逝，感亲之恩其永垂，只能长叹一句：母亲，一路走好！

忍孤负

【金缕曲】

披发佯狂走。莽中原，暮鸦啼彻，几枝衰柳。破碎河山谁收拾，零落西风依旧，便惹得离人消瘦。

行矣临流重太息，说相思，刻骨双红豆。愁黯黯，浓于酒。漾情不断淞波溜。恨年来絮漂萍泊，遮难回首。

二十文章惊海内，毕竟空谈何有？听匣底，苍龙狂吼。长夜凄风眠不得，度群生，那惜心肝剖？是祖国，忍孤负！

——李叔同

1905 年对他来说，是被泪水和悲伤侵蚀的一年，也是面临重大转折的一年。春寒料峭时，他痛失慈母，七月流火时，科举彻底土崩瓦解，他面临前途未卜的窘境，秋日阑珊时，他作出重大决定，抱着艺术救国的决心，告别妻儿，留学东瀛。

生于斯，长于斯，他写，"行矣临流重太息，说相思，刻骨双红豆"。故国虽已山河破碎，但家国情，是长到骨子融进血液里的，在临别之际，依依不舍的留恋之情是真真切切、刻骨铭心的。

他作这首《金缕曲》，以"留别祖国并呈同学诸子"，天津、上海，上海、天津，几年来，他南北漂泊，虽然也曾二十文章惊海内，但一介书生，那所谓的救国图存，毕竟空谈何有。于情感，他不忍，不忍离去，他不舍，不舍家国，于理智，他不得不丰满自己，为了归来，为了家国。

他有一颗炙热的爱国之心，他是赤子，身上潜蕴着屈原、岳飞、谭嗣同一般的正义感，拥有甘愿为国抛头颅洒热血的耿直率真，那是还未被唤醒的佛性光辉，不容忽视的人之本性。

张之洞在《劝学篇》中说："至游学之国，西洋不如东洋，一、路近省费可多遣；二、去华近易考察；三、东文近于中文，易通晓；四、西书甚繁，凡西学者不切要者，东人已删节而酌改之。中东情势风俗相近，易仿行，事半功倍，无过于此。"

这是大多中国学子选择留学日本的原因，只是李叔同是个例外。他不是为了政治，更不为跻身军界，他虽一身文学细胞，但这一次，他是为文艺而慷慨赴外。有人说，他留学日本，把现代的话剧、油画和钢琴音乐输入中国。

日本，海那边的东瀛岛国，那里的春天，樱花如火如荼地盛开着，一簇簇，花枝烂漫，掩不住的惊世繁华，一片片，花落满地，抵不住的花香满园。

花期短促，壮美惨烈，那是如烟花般美轮美奂的稍纵即逝，是浪漫爱情的代名词。

只是，在李叔同的眼里，没有樱花，没有浪漫的单纯，那里只是离中国最近的新思想与新知识的集散地，是他人生的一个中转站，那时他不知道自己会遇到爱情，没想到那里正有一场命定的风花雪月，等他赴约。

那里，是一个新鲜的地方，是一个与祖国完全不一样的地方。那里没有长袍马褂，没有麻花长辫，入乡随俗，早就对旧时迂腐思想极为不满的他没有丝毫犹豫，剪了长辫，换了装束，完全一副西洋人的做派。

据丰子恺回忆，在光绪年间的上海，他还未出国留学，那时他已然是上海滩最时髦的打扮，"丝绒碗帽，正中缀一方白玉，曲襟背心，花缎袍子，后面挂着胖辫子，底下缎带扎脚管，双梁厚底鞋子，头抬得很高，英俊之气，流露于眉目间。真是当时上海一等的翩翩公子"。

那时他是年少多金、才高八斗的公子哥，自是一副风流倜傥的晚清富家子弟装扮。而现在，他是远赴他国的留学生，装扮自又是另一番光景。

丰子恺回忆说："我见过他当时的照片：高帽子、硬领、硬袖、燕尾服、史的克（手杖）、尖头皮鞋，加之长身、高鼻，没有脚的眼睛夹在鼻梁上，竟活像一个西洋人。这第二次表示他的特性：凡事认真。学一样，像一样。要做留学生，就彻底地做个留学生。"

他换了装束，换了面貌，换了心境，从一个长袍马褂的贵公子，变为健康洒脱的留学青年。

初到东京的时候，他住在位于神田区今川小路二丁目三番地的集贤馆。虽然在南洋公学时学过日语，但那只是九牛一毛，想要在上课时完全听懂有相当大的难度。于是，他找了一个日语语言学校进行学习，加强在口语和听力方面的训练。

在这里，他方向明确，即进行美术专业的学习。这是他极具天分的专业，他要在文艺救国这条路上坚定地走下去。

只要一个人的信仰不被打垮，在哪都能拥有热情，坚持对的方向。他就是这样，依然对新文化救国热情不减。

他与当时在日本留学的朋友们一起筹划创办了一份《美术杂志》，只是国之怯弱，当稿件准备得差不多时，日本文部省颁布了《取缔清韩留日学生规则》。一切都被搁置，有时候，人在屋檐下，就不得不低头。

不公平的规则激起了留学生的民愤，罢课、游行的呼声此起彼伏，更有学生陈天华蹈海自尽以励国人。只是，国微力薄，在日本人眼里，一切就像小丑的演出，他们不屑一顾。第一次，李叔同感受到了弱国国民的强烈悲愤是多么的无力。

只是他还不想回去，他不能两手空空地走一遭，只留下屈辱和不屑。他要坚定地留下来，不管那些出言不逊的谩骂和不屑一顾的白眼。

留下了的李叔同，把家搬到了上野不忍池畔的一所小白楼里。那是一个令人着迷的地方，巨树擎天，古刹幽深，风景如画，色彩斑斓。不忍池春夏秋冬，四时风景，各具韵味，春意昂扬的奔放，夏荷婆娑的热情，秋草凋敝的萧瑟，冬雪端庄的宁静……每一季，都撩人心弦。

在美景中，他离群索居，孤独与寂寞让人清醒，他没有亲人相伴的春节，他用冻得发木的手写下一篇篇诗作，为同胞们送去星星之火。

"独坐幽篁里，弹琴复长啸。深林人不知，明月来相照"。他偏爱王维，这段深居简出的日子，他过得安分，行得坦然。直到1906年的夏天，他罹患肺结核，终于决定回国休养，那时他已经如愿接到东京上野美术学校西画科的入学通知。

> 人病墨池干，南风六月寒。
> 肺枯红叶落，身瘦白衣宽。
> 入世儿侪笑，当门景色阑。
> 昨宵梦王母，猛忆少年欢。

这首《人病》便是李叔同在罹患肺结核后所作的，他病了，墨砚干了，六月的热风只觉彻骨的寒冷。肺枯了，咳嗽不停，窗外红叶片片飘零。身瘦了，衣带渐宽，门边只有寥落的风景。昨夜梦浅，他去了瑶池，见了王母，一切美好如斯，他回忆起那段少年欢时。

病时总是容易脆弱，容易怀旧，容易想念亲近之人，他回家了，越过大洋，跨过万水，去寻一丝慰藉。

鸡犬无声天地死，风景不殊山河非。

妙莲华开大尺五，弥勒松高腰十围。

恩仇恩仇若相忘，翠羽明珠绣裲裆。

隔断红尘三万里，先生自号水仙王。

他回了天津，见到了守在老家的妻子，妻依旧沉默着，像一颗原地旋转的陀螺，故步自封，两个幼小的孩子眼中写满活泼，他看到了自己的影子，只是他们和自己小时候一样，被锁在这个封建的大家庭中，看不见外面一日千里的世界。

他去了大观楼，见到了那个记忆中的女子。他们依旧一个台上，一个台下，只是他再也找不到那个单纯好学的少女了，那个只爱唱戏的女子早已惹了风霜，变成了一个身段妖娆、眼神妩媚的欢唱女子。她一颦一笑的风情万种魅惑众生，她撩人娇嫩的唱腔让台下的男人们癫狂。一切的一切，他只觉庸俗不堪，终于耐不住起身离去。

多少年了，一切早已物是人非，他几乎认不出台上的女子，台上的女子，也早已记不起台下坐着的他。

故国鸣鹈鸠，垂柳有暮鸦。

江山如画日西斜。

新月撩人透入碧窗纱。

陌上青青草，楼头艳艳花。

洛阳儿女学琵琶。

不管冬青一树属谁家，

不管冬青树底影事一些些。

　　他借古讽今，大好河山颓败凋零时，国人不知危难，不思进取，沉醉于
声色犬马中，真是商女不知亡国恨，隔江犹唱后庭花啊！

　　离乡只不过短短一载，家国气氛让他悲愤。一个好好的天津城，一个好
好的国家，就这样被列强一点点的瓜分，可国人却依旧麻木不仁，因循守旧，
醉生梦死。

　　悲矣，悲矣！那冬青一树，究竟属谁家？属谁家！

　　见识过日本王朝的朝气蓬勃，他的视野渐渐打开，思绪也不再局限小家
小国，他叹息，他愤慨，他想要唤醒那一颗颗麻痹的心。

　　两个月后，他再次东渡日本，雄赳赳，气昂昂，那份文艺就救国之心，
又坚定了几分。

一簇簇，飞扬

【我的国】

东海东，波涛万丈红。朝日丽天，云霞齐捧，五洲唯我中央中。二十世纪谁称雄？谁看赫赫神明种。我的国，我的国，我的国万岁，万岁万万岁。

昆仑峰，飘渺千寻耸。明月天心，众星环拱，五洲唯我中央中。二十世纪谁称雄？谁看赫赫神明种。我的国，我的国，我的国万岁，万岁万万岁！

——李叔同

闲庭春浅，独自一人在上野不忍池畔居住的他仍在燃烧着，他一时一刻都忘不了仍处于水深火热中的祖国。

他汇所有的才华横溢，开始着手筹办《音乐小杂志》，这是中国人创办的第一本音乐启蒙类刊物。当年在沪学会创作的《祖国歌》的大肆流传，使他第一次感受到音乐艺术的独到魅力——教化民众、鼓舞国人。这一次，他迫不及待地想要把西方音乐的理论知识传授给国人。

1906年2月8日，经过几个月的不懈努力，这份音乐刊物的第一期正式出版了，这是第一期，也是唯一的一期，并于20日由好友尤惜阴在上海代为发行。

在乱世之中，想要闯出自己的一片天地，并不是那么容易的一件事。在这唯一的《音乐小杂志》中，他集编辑和撰稿于一身，倾注了全部心血，除亲自挑选了当时日本的田村虎藏、村岗范、堤正夫等几位著名音乐家的几个作品外，所有的内容他全部包揽。

刊物充实，内容丰富，集音乐、杂感、绘画等为一体，发表有《音乐小杂志序》、《近世乐曲大意》、《我的国》、《春郊赛跑》、《隋堤柳》、《论音乐之感动力》、《呜呼！词章！》等十几篇稿件。

在署名息霜的序言中，他这样写道：

闲庭春浅，疏梅半开。朝曦上衣，软风入媚。流莺三五，隔树乱啼；阮燕一双，依人学语。上下宛转，有若互答，其音清脆，悦魄荡心。若夫萧辰告悴，百草不芳。寒螀泣霜，杜鹃啼血；孰砧落叶，夜雨鸣鸣。闻者为之不欢，离人于焉陨涕。又若登高山，临巨流，海鸟长啼，天风振袖，奔涛怒号，更相逐搏，砰磅訇磕，谷震山鸣。懦夫丧魄而不前，壮士奋袂以兴起。

繁夫音乐，肇自古初，史家所闻，实祖印度；埃及传之，稍事制作；逮及希腊，乃有定名，道以著矣。自是而降，代有作者，流派灼彰，新理泉达，瑰伟卓绝，突轶前贤。迄于今兹，发达益烈。云瀚水涌，一泻千里。欧美风靡，亚东景从。盖琢磨道德，促社会之健全；陶冶性情，感情神之粹美。效用之力，宁有极欤。

一篇小小的短文，颇具古诗文功底。"盖琢磨道德，促社会之健全；陶冶性情，感情神之粹美"，这是李叔同的音乐观，是他创办音乐刊物的主旨所在。他拼一己之力，提倡文艺教育，不只是因为兴趣和自身天赋，更是为提高国民素质。

在这本杂志的扉页上，赫然立着的是他亲笔所画的木炭画《乐圣比独芬像》，比独芬即贝多芬。这是中国人为贝多芬绘制的第一幅画像，也是中国人为西方音乐家绘制的第一幅画像，他对这位失聪的伟大音乐家推崇备至，还在刊中专门撰写了《乐圣比独芬传》。

我国近世以来，士习帖括，词章之学，金蔑视之。晚近西学输入，风靡一时，词章之名辞，几有消灭之势。不学之徒，习为蔽冒，诋其故典，废弃雅言。迫见日本唱歌，反啧啧，称其理想奇妙。凡吾古诗之唾余，皆认为岛夷所固有。既齿冷于大雅，亦贻笑于外人矣。（日本学者，皆通《史记》、《汉书》。昔有日本人，举史汉事迹，质诸吾国留学生，而留学生，茫然不解所谓，且不知《史记》、《汉书》为何物，致使日本人传为笑柄。）

这是他在《呜呼！词章》里的一段话，文最在言之有物，才华文采有之，思想有之，才算功德圆满。新旧文化交替之际，一个"度"字很难把握，他的这段话，便道出其中道理：对待文化，不能太过偏激，全盘接受和全盘摒弃，只会遭人耻笑。

破与立，他们对此殚精竭虑，争论不休。无论是旧时传统文化，还是西洋新文化，取其精华，去其糟粕，才是亘古不变之理。

东海东，波涛万丈红。朝日丽天，云霞齐捧，五洲唯我中央中。二十世纪谁称雄？谁看赫赫神明种。我的国，我的国，我的国万岁，万岁万万岁！

昆仑峰，飘渺千寻耸。明月天心，众星环拱，五洲唯我中央中。二十世纪谁称雄？谁看赫赫神明种。我的国，我的国，我的国万岁，万岁万万岁！

三月，上野的樱花绽放，放眼望去，一树树，一簇簇。在这漫天的花雨中，他的思绪飞扬，飞到海的那一岸家乡，那一朵朵花瓣，化作一个个美妙的音符，在五线谱上飘舞，一首激昂澎湃的《我的国》便跃然纸上。

不忍池，宽永寺，三百年前形成的千树樱花林，一夜之间全部绽放，那空前绚烂的樱花大道，迷住了一个又一个的文人墨客，连鲁迅先生都留下了深刻的印象。

樱花花期短暂，当那曾经繁如云白如雪的花瓣颓败一地，春天已只剩一小小尾巴，夏已近，"接天莲叶无穷碧，映日荷花别样红"，不忍池中那硕大的荷叶挨着挤着闹着，风吹过，稀稀疏疏绕篱竹，那粉白的花瓣带来一池清香。

他是天生的诗人，拥有一颗感性之心，怎会不被这寂美壮观的景色所动，怎会辜负这满树樱花，这一池荷花，这多彩丛林，怎会不写下这一篇篇精彩的诗文。

凤泊鸾飘有所思，出门怅惘欲何之？
晓星三五明到眼，残月一痕纤似眉。
秋草黄枯菡萏国，紫薇红湿水仙祠。
小桥独立了无语，瞥见林梢升曙曦。

早秋时分，他踏着晨露，来到那不忍池边，夜色还未散去，晓星三五，残月一痕，满池败荷潦倒，晨雾缭绕间，那森然的宽永寺矗立在这不忍池畔，他望向那一池秋水，去寻觅那一段隐在荷花时节的浪漫鸳梦……

日本的汉诗与中文的古诗是相通的，李叔同极具文艺天分，但在诗词创作方面却一直是最出类拔萃的。初到日本的那几个月，虽然他日语口语方面不够流利，但仍然与象森槐南、本田种竹等一些日本的著名汉诗人相谈甚欢。

1906 年的夏天，他成为了一个名叫随鸥吟社的日本诗歌社团成员。在这个诗社中，他与日本的汉诗人一起进行诗词交流，在往来唱酬中，写出一篇篇动人的诗篇。其中这两首以李哀之名所创的《东京十大名士追荐会即席赋诗》保留至今：

苍茫独立欲无言，落日昏昏虎豹蹲。

剩却穷途两行泪，且来瀛海吊诗魂。

故国荒凉剧可哀，千年旧学半尘埃。

沉沉风雨鸡鸣夜，可有男儿奋袂来。

他是在异国他乡的漂泊游子，回眸望祖国的颓败风景，他看不到民族的未来，看不到国家的前途，他感慨几千年的传统文化全部化为半粒尘埃。可是他没有太过悲观，他坚信在风雨沉沉的夜色之后，在鸡鸣报晓之时，一定会有阳光普照的时候。

1906 年 9 月，他把名字改为极具有积极意义的李岸，正式进入东京上野美术学校学习，他的日本留学生涯进入顺利的上升期，他不断进取，把那些横溢才华，发挥得淋漓尽致。

他还加入了日本一个综合性的文艺团体——"文艺协会"，以及日本的书画家组织的"淡百会"。这些雅极一时的会社，他与会员一起，当筵泼墨，吟诗赋词。他一边进行西画专业课的紧张学习，一边进行刚刚兴起的戏剧学习，一边参与会社的各项活动。

那里是一方新的天空，有新的志同道合的朋友，有崭新的知识在等着他，有更多创新壮举在等着他。他的每一天，都是新鲜的，都洋溢着别样的风采。

他，才华横溢，闪耀在异国的天空下，风吹过，惊起一池涟漪。

满江红

【满江红】

皎皎昆仑，山顶月，有人长啸。看囊底，宝刀如雪，恩仇多少。双手裂开鼷鼠胆，寸金铸出民权脑。算此生不负是男儿，头颅好。

荆轲墓，咸阳道；聂政死，尸骸暴。尽大江东去，余情还绕。魂魄化成精卫鸟，血花溅作红心草。看从今，一担好江山，英雄造。

——李叔同

居日五年，他成就斐然，求学四年，他成绩突出，名列前茅，在同班的五名本科生中，每次考试都名列第一。1910年，学校因他杰出的表现授予他精勤者证书。

1911 年 3 月，他以优异的成绩从美术学校毕业，4 月，他买了回归故里的船票，离乡已经 4 年了，这一次，他满载而归，除了学富五车的文艺知识，还有摩拳擦掌的蠢蠢欲试之心，以及一位堪称红颜的日籍妻子。

每一位远赴他乡求学的学子们，在那些独自一人奋斗的日子里，无时无刻不在思念着海峡另一岸的祖国，思念那故国的景，故国的人。他们忍受着白眼和落寞，吞下寂寥与心酸，只为了学成这一日，只为了回归故里这一天。

他带着满满的思念，带着对未来无限的憧憬，回到那熟悉的国，熟悉的家，他希望那里已经有所改变，希望等着自己的是一片广阔的舞台，希望自己有用武之地。

站在游轮的甲板上，天是蓝的，海是咸的，风是缠绵的。他极目远眺，只觉思绪万千，回头望，三十一载，人生已过去大半。他觉得自己像是在攀爬一座佛塔，在既定的轨道上螺旋上升，他活过一轮又一轮，每一轮都是一个更高层次的自己。

回国，他的人生开始全新的一轮，他不知那片天空是否辽阔，也不知英雄是否有用武之处，他只知，如今的他和五年前截然不同，他是全新的自己，站在一个更高的起点之上。

岸近了，他嗅到了久违的气息，这是属于祖国的独特气味。又见上海，这个被称为十里洋场的城市，给了他最幸福的几年，回忆蔓延，那种说不出道不明的思绪把整个心房全部填满。

他把日籍爱妻安顿在上海，便起身回天津城，那里有他明媒正娶的妻，虽然本来就没几分的爱意早已在时光的洪流里消磨殆尽，但她却仍是自己明媒正娶的妻。

故园依旧立在那里，几年的雨打风吹虽然已使这座宅院显露出一丝沧桑的色彩，但却没有吹断那封建的礼教，那守旧的传统依旧将李氏家族紧紧束缚。

他跨进大门，在满屋迎候的人中，他看到了站在角落看着他的妻子。四年的光阴在她的脸上留下了点点印记，但却影响不了她周身端秀娴静的气质。她穿越人群望向自己，带着思念与渴望，泪眼婆娑，他是她一生一世的夫君，是她放不下的念想。

这样真挚的目光，让他不敢对视。她是自己的妻，却不是自己的爱人，他的爱人，在上海等着他。封建传统的门当户，把她推向他，却没把爱情推向他，这一生，他终究是要负她的。

他看向妻子身边的两个孩子，他们一左一右，伴在她的身边，却用怯怯的眼光看着自己。他走时，他们还小，少不更事的年纪，他们已不记得他，父亲这个词语，仅仅成了一个简单的称谓。

他走向他们，妻子慌着拉起他们的小手，把他们拽到身前来，低声命令道："快，叫爹啊。"

可是，那两个孩子，只是怯怯地沉默着，死命往母亲的身后躲。

他顿住脚步，这是他的孩子，视他为陌生人的孩子，在封建家庭锁住童年自由的孩子，从他们身上，他再次看到了自己的影子，这让他害怕了，他们会不会像自己一样，不能为自己而活，不能自由自在地活着，想到这里，他不自觉得向后退了一步。

家道中落，早在庚子之乱后，清王朝加强了对盐商的控制，以此应对日益严重的财政危机。盐商们只有拿出比原来多好多的资金才能将生意维持下去，不得已，李家放弃了曾经利润丰厚的盐商生意，在1902年的时候，李文熙将内黄引地出让，彻底放弃了盐商身份。

不再贩盐，这意味着李家只有银钱业一种生意。只是好景不长，1903 年，因为银根短缺，爆发了银色风潮，李家的桐达号也牵涉其中；1909 年，源丰股票号炒股失败，李家损失十万；1911 年的春天，义善源票号也失败倒闭，李家再次损失十万；这一年，勉勉强强支撑着的桐达号再也撑不下去了，只得宣告歇业……至此，李家生意每况愈下，再也无法恢复元气。

富贵犹如草上霜，十岁写下的诗句一语成谶，他不免五味杂陈。如此乱世，民族堪忧，朝不保夕，李家的未来生计，前景堪忧。只是多年来，他一直将金钱置之度外，对李家生意不甚了解，对经营之道更是向未留心，一切变故他都无能为力。

他只能用自己的方式，做自己的事。应老友周啸麟之邀，他担任了直隶高等工业学堂的绘画教员。他摩拳擦掌，想要在春蚕吐丝的教师生涯中，将西洋的美术理念融进工业产品的外观设计中。

只是，命运总爱往人头上泼凉水，他很快意识到，传统守旧的中国人对西洋绘画了解甚浅，将画中的大胆开放视为不知羞耻的搔首弄姿。那幅他挂在书房的油画《出浴》，便在家中掀起了千层浪，在天津城掀起轩然大波。

在天津的文化圈子里，姑且不是欣赏一类，真正见识过西洋画作的所谓文人雅士便是屈指可数。他们不知塞尚、马蒂斯，不知印象主义、象征主义，不知蒙娜丽莎、文艺复兴……这些他爱的美妙事物，如今只是对牛弹琴的存在。

他只觉自己从云端跌落到另一个时空，那些所谓的用文艺教化世人的凌云壮志，突然变成了一个笑话，远远地嘲弄着他。这位从东京上野美术学院回来的高才生，想要当画家的理想有些无力地瘫软下去。

躲进小楼成一统，他的日子回到了从前，简单纯粹。除了去学堂授课外，几乎所有的时间都消磨在了他那间洋书房里，弹琴作画、会师见友、备课学习……

他见着了他，袁希濂，"天涯五友"中的老大哥，他也留学归来，在天津城任法官。那段日子，他们凑在一起，谈往昔，谈天地，他仿佛回到了城南草堂义结金兰的光景，才情勃发的光景，恣撕流溢的光景……原来，多年后，那些游离在边缘的记忆这么容易便被唤出，原来自己记得如此清晰。

袁希濂已经走了，茶冷了，他坐在安静下来的洋书房里，心被回忆填满，为何在自幼成长的老家，还会感觉整个世界漂浮着淡淡的乡愁？

几场秋雨几分寒，年过三十，他早已过了血气方刚的年纪。面对宛如迷局的时事，面对起义暴动的革命，他清醒沉着，那一腔爱国热忱犹在，那一颗怀世救国之心犹在，只是他却不肯介入那激烈旋转的旋涡之中。他不愿像革命党人那样，奔赴在反抗斗争的最前线，正如他不愿像王国维那样，自沉昆明湖，视革命如洪水猛兽。

他只愿孤独着，做自己。

1911 年 10 月 10 日，辛亥革命爆发。1912 年 1 月 1 日，中华民国临时政府在南京成立，孙中山任临时大总统。1912 年 2 月 12 日，清朝最后一位皇帝被迫退位，腐朽的清王朝终于结束，几千年的封建统治终于被推翻。

大抵是家道原因，父亲和二哥文熙皆是进士，家中贩盐也属半官性质，耳濡目染间对清王朝有不能忘情之处。曾经他只想改变腐朽的清王朝，从未想要使它消亡，可是年复一年的大失所望，他渐渐明白这是大势所趋。

也罢，四季更替，王朝兴亡，是亘古不变的道理。

他铺纸研墨，挥笔间，一首《满江红》跃然纸上，满屋墨香久久不散。慷慨激昂之情，荡气回肠之势，胸中块垒一扫而光。

好男儿，头颅抛，魂魄化成精卫鸟，血花溅作红心草……

一低头的温柔

【沙扬娜拉】

最是那一低头的温柔，

像一朵水莲花不胜凉风的娇羞，

道一声珍重，道一声珍重，

道一声珍重里有蜜甜的忧愁

——沙扬娜拉！

——徐志摩

"燕支山上花如雪，燕支山下人如月"，她是第一个令他一往情深之人，她是杨翠喜；"螳蛄宁识春与秋，金莲鞋子玉搔头"，她是他明媒正娶的妻，她是俞氏蓉儿；"梦醒扬州狂杜牧，风尘辜负女相如"，她是上海滩相晤甚契的女子，她是李苹香；"顿老琵琶妥娘曲，红楼暮雨梦南朝"，她是老妓高翠娥……

怪只怪，他太过多情。用情深切之人，自是不愿辜负每一场命定的缘分，可是却偏偏会辜负那些用情深切之人。

娑娑有一爱之不轻，则临终为此爱所牵。人世间之情爱，莫过于在正确的时间遇见正确的人，最是幸福。遇见她，是异国他乡的一份幸运，一份难得的温暖。

那幅挂在书房的油画《出浴》，一位半裸着的日本女子静静地坐在那里，她微闭着双眼，端秀的五官写满羞涩，那是属于恋爱中少女的娇羞，是面对

075

自己爱人时的忸怩与拘谨。

　　她便是他神秘的日籍夫人，一位温柔多情的女子，只是百年后的今天，对这位夫人的名姓，众说纷纭。雪子、净子还是叶子、千枝子，这些都不重要。重要的是，她是在异国他乡伴他左右的人，虽没有父母之命媒妁之言，但她是他承认的妻，是他相濡以沫多年的可人儿。

　　她是一位知识女性，同时她的家境不好。她同意应聘成为李叔同的模特儿后，他俩的情况与西洋的罗丹的生活境遇相差不多，即从画家与模特儿的关系，逐步演变成丈夫与妻子的关系……如果我们把李叔同与日籍夫人同居的起始时间定在他入上野美术学院后的半年，即1907年，那么，这位日妻一直跟随李叔同一起生活了10年有余。待到李叔同于1918年夏在杭州虎跑定慧寺出家后，她噙着泪水离开中国，从此埋名日本……

　　这是学者陈星在《芳草碧连天——弘一法师传》一书中对她的描述，他的平铺直叙，寥寥数语，便概括了他们相互纠缠的十几年。只是，他们之间的故事，一定不止是单薄的几句话，那一定是一个如樱花般美好的风花雪月。

　　你们在哪里相识，又在哪里相遇，在一起会有怎样的故事？两个相爱的人一路走来，都有一段美妙的故事，故事不同，个中的幸福不同，但幸福的滋味如出一辙。这是属于他们的故事，那画展上的凝足相视，碰撞出的是十多年的缘分相牵。

　　她是清白的女子，却因贫寒成了他的模特。在夕阳的余晖下，褪下和服，脱掉罩衫，拘谨难堪地展露那白如凝脂的肌肤，暴露属于女子最美好也最私密的心事。

　　他坐在画板前，欣赏着世间伟大的创造，那尖细的下巴，精致的锁骨，削葱尖般的手指，娇小圆润的乳房，修长细腻的双腿……他并不是未经人事的青葱少男，却是第一次细细打量女子的胴体，用最纯粹的目光，这是多么伟大的行为艺术。

在不知不觉间，他已拿起画笔，一刻钟，两刻钟，她略显僵硬的保持姿势，他不发言语的细细描摹，几个时辰过去了，他终于停下了笔，那含羞带怯的娇羞少女，已跃然纸上。

他舒了一口气，再望向她，才发现赤裸的女子正在轻轻颤抖着，不知是因为寒冷，还是因为太过炙热专注的注视让她羞耻。

她不知这样的自己是多么的惹人怜爱，心动总是来得猝不及防，他站起身来，慢慢朝她走去。

看着向自己走来的翩翩男子，她的心没来由地紧张起来，双颊已飞起两片彤云。

他也紧张着，不敢看她写满情绪的眼睛，只小声问她："冷吗？"声音低沉沙哑，似是压抑着某些滋生的情愫。

她低声应着。他已走到一旁，拿起她的衣物又走回来。在她诧异的目光下，他慢慢俯下身去，小心翼翼地为她套上足袋，又站起身来，用雪白的内罩衫包裹住她仍在微微颤抖的身体。

当一个男子愿意为一个女子化作柔情之水，穿衣挽发，那便是爱了吧。他为她更衣，温柔自持，用细长的手指轻轻系上腰间的第一根绳，胸下的第二根绳，为她一点点抻平前胸的细小褶皱。

在一个女子羞涩不堪时，如何招架得住一个俊朗男子的温柔相待和悉心有礼，这一刻，爱已经驻进她的心房。

她是来自崭新世界的别样女子，与保守的妻以及风月场上的妓完全不同。当她穿着木屐，小步地走在木板道上，那喇叭花嗒嗒的声响是他不愿错过的美丽，当她深深地鞠一躬，娇柔地道一句"沙扬娜拉"，那举手投足间的优雅是他愿意沦陷的堤防。

她是娇羞的少女，拥有日本女人温良顺从的传统美德，却又大胆坚强，她是他的裸体模特，是他年轻美丽的卡米耶，激发着他泉涌不息的灵感，使他成就出一件件水到渠成的作品。

那是一个这样的时代，日本的女性以嫁给中国留学生为荣，他们拥有朝气，拥有文化，拥有无限前途，他们一般家境富裕，即使不甚宽裕，也有充裕的官费支撑。

当事件发展成为风潮，国之差异便不足为虑，一切也都不足为奇。那些留洋日本的文人义士，在异国娶妻者不在少数，娶了佐藤富子的郭沫若先生，娶了羽太家姐妹的周作人、周建人兄弟，娶了京岗鹤子的康有为……

当爱来临时，什么都不能阻止两颗想要走到一起的心。那时他孤身一人在异乡打拼学习，虽满腹才华让他渐渐崭露头角，但思乡时的孤独与寂寞，确是真真切切长在骨髓中的。这样一个纯粹不胜娇羞的少女，是上天赐给他的一道最亮丽的风景线，给他慰藉与温暖。

如果婚姻只是两个人的事，那该多好，少了烦琐之事，心也能纯粹一些。她嫁给他，成为他名副其实的妻，功德圆满，但她却有一个嫌贫爱富的母亲，在女儿嫁给李叔同时狠狠敲了他一笔竹杠，颇具卖女之嫌，李叔同对此颇为反感。

他是个一丝不苟的人，对待事情宛如雕刻方印，不容许一刀差错，对待人心中也自有一杆明秤，话不投机半句多，他总有方法疏离那些反感之人。

一日，日籍夫人的母亲前来看望女儿，临走时天突然降起大雨，当她表示想要借一把雨伞时，李叔同说，"当初你女儿嫁给我的时候，并没有说过将来丈母娘要借雨伞的"。

好一句讽刺十足的话语，有人试图借这件事来表示李叔同性情的古怪。但一个有性情的人，对待无德之人，我只觉大快人心。

李家破产，毕业后的李叔同结束五年的留学生涯，踏上归程。他的日籍夫人，不顾千山万水的劫难，远离故土的浪漫樱花，伴他左右，不离不弃。她爱他，只爱他，不因钱财，不为家国。

一代风流才子徐志摩曾经徜徉在日本的柔情之中，在离开之际，他曾留下这样的言语："最是那一低头的温柔，像一朵水莲花不胜凉风的娇羞，道一声珍重，道一声珍重，道一声珍重里有蜜甜的忧愁——沙扬娜拉！"

那一低头的温柔，那如水莲花不胜凉风的娇羞，都化为一汪浸满爱意的秋水，用含情脉脉的眼望向他，不是带着忧愁的沙扬娜拉，而是一句中文的"带我走"。

虽然她不舍得离开生活了二十几年的国，虽然对那方陌生的土地心怀忐忑，但她还是想要随他而去，义无反顾。只要他在，便是晴天，爱他是她这辈子最美好的事。

他们把家安在上海海伦路的出租房子里，那里并不豪华，却温馨雅致，他们在这里过着平凡的日子，宛如世间所有的夫妻。

我不知道七年后，当她收到丈夫的一纸书信和一缕髭须，断掉所有的情与爱时，她的心是如何，一定是痛的吧，那种撕心裂肺将人撕碎的痛，但痛过后她离开了，没有埋怨，没有不满，她是懂他的，便会尊重他的决定，她不后悔当年义无反顾地随他远赴。

情到深处，每个人都有为爱冒险的潜质，即使飞蛾扑火，也是死得壮烈，她甘之若饴。

她是爱人，亦是红颜，亦是知己。得女如此，夫复何求？

与天津老宅里的俞氏相比，她得到了他发自肺腑的爱，所以她是幸运的，但与那些千千万万与爱人相濡以沫白头偕老的女子来说，她又是不幸的，他只能陪她那么几年，那些所谓的儿女情长荡气回肠终在红尘看破的那一日化为尘埃。

第四辑　愉·不负韶光

苦也甘之如饴

【化身】

化身恒河沙数，发大音声。

尔时千佛出世，瑞霭氛氲。

欢喜欢喜人天，梦醒兮不知年。

翻倒四大海水，众生皆仙。

——李叔同

他是艺术的先驱，带给中国以艺术的洗礼。

那时他还在南洋公学，蔡元培先生还是他的老师，他第一次接触到了西洋艺术，他感受到了西洋强烈的视觉魅力，从此便深深为它着迷，颇有几分一入山门深似海之感。

母亲死后，前途未卜，他忘不掉的依旧是那仅知一二的西洋艺术，心中更是萌发出了文艺救国的想法。经一番思量，他远赴东瀛，奔向艺术的殿堂，去寻一场艺术的洗礼。

1906 年 9 月，他考入了日本培育艺术家的最高学府——东京上野美术学院进行西画学习，培育出李梅树、颜水龙等画家。从此，他开始更为系统的西方艺术探讨，他的人生，进入新的一篇。

对一位处处受到压制的清朝留日生来说，考入这样的学校是相当不易的。对此，在当年的十月，《国民新闻》的一名日本记者专门来到他的住处，对他进行了专访。

李叔同正在书斋里看书，他的书斋仅有三叠大小，被椅子、器材、茶几等填得满满的。那时的他，与当下的日本青年相差无异：漂亮的三七分发型，一身织着花纹的藏青色和服，束着黑绉纱腰带……

记者以为，见着的会是拖着长长发辫，愣头愣脑的东亚病夫，但当看到门内清清爽爽的他用泰然的声音说："请里边坐！"时，不禁愣了一下，还以为自己走错了房间。

看过记者名片后，温文尔雅的李叔同看出记者的些许意外和不自在，如沐春风地首先发问："是槐南诗人的新闻社吧？"

"是的，我们常刊登槐南诗人的作品。您认识他吗？"

李叔同笑答："是的。槐南诗人，还有石埭、鸣鹤、种竹，诸位诗人，都是我的朋友，我最喜欢诗，一定投稿，请赐批评。"

他的笑容感染着这位记者，采访也慢慢进入正轨，他问叔同："用日语讲课您听得懂吗？"

"听不懂，以前在国内学过日语，来贵国后还上过补习学校，听说能力是不行。所以我基本不听下午用日语讲的课，只听上午用英语讲的课。"

他是一个健康向上积极乐观的中国留学生，以诙谐机智的方式对待着这次采访，他带记者去看自己所作的苹果静物画，远看栩栩如生，呼之欲出，近看时的粗糙颗粒又颇有印象风。记者看了很是赞赏，他的天分，从不缺乏懂得之人。

采访在愉快轻松中走向尾声，记者为他拍了照片，并索要了他的那幅大作。几日后，一篇名为《清国人志于洋画》的文章发表了，他器宇轩昂的照片和那幅栩栩如生的静物画与文章一同登于报上。

他师从黑田清辉，接受西洋绘画的专业训练。这个前额高阔，嘴角下坠，留着髭须的老师，对李叔同产生了极大的影响。他接受了黑田先生人体研究构想画的思想，接受了"大自然没有给自然界里的万物披上罩衣"的理论，还因此聘请了专门的裸体模特，也成就了自己的一份爱情。

艺术殿堂的大门向他敞开着，本就对戏曲和音乐感兴趣的他，不再仅仅满足于美术的殿堂，他会用尽量挤出来的时间与精力，去学习、去探索不同的艺术领域。

他说："刚刚开始学拉小提琴。其实以前学过钢琴，我不过是喜欢多尝试一些各方面的技艺。当然最喜欢的还是油画。"在这里，他开始系统地学习钢琴，学习音乐理论知识。

他从小便喜欢中国的戏曲，戏台上的唱念做打，吹拉弹唱，袅袅唱腔，带给他一份痴迷的香醇……在日本，这份香醇中开始点缀上新的艺术气息——日本戏剧是吸收西方的演剧形式后形成的日本新派剧。

他加入了许多日本的艺术团体，也借此结识了不少像藤泽浅二郎等日本新派剧界有名人士。他像是吸不尽水的海绵，感受着新剧的氛围形式，饥渴般地吸收着那具有优势的地方，还刻苦攻读全英的莎士比亚剧集。只是他的心不仅止于此地，他想要将日本新剧引进自己喜欢的戏曲国粹，去搭建属于中国的新剧舞台。

在学校，他结识了同为中国留学生的曾效谷，这位在北京待过多年的四川小伙子，很是喜欢京剧，并且自己还可以唱二黄，两人在戏曲方面总是有聊不完的话题，颇有些他乡遇故知的感觉。

本社以研究文艺为目的，凡词章、书画、音乐、剧曲皆属焉。

本社每岁春秋开大会两次，或展览书画，或演奏乐剧。又定期刊行杂志，随时刊行小说脚本、绘叶书之类（办法另有专章）……

这是在天津的《大公报》上，曾经刊出过的一份《春柳社文艺研究会简章》。1906 年的冬天，他们一起创办了以文艺研究为目的，以编演话剧为主要活动的春柳社文艺研究会，这便是中国历史上的第一个话剧团体，是中国戏剧史上具有非凡意义的剧团。

冻雨缠绵的东京深秋，两个为梦想奋斗着的年轻人，深一脚浅一脚地走在湿滑的街道上，他们激烈地讨论着，为刚刚步入正轨的剧团，呼啸的寒风和冰凉的雨丝挡不住心中汹涌的热火。

剧团吸纳了一批同在日本留学的中国学生，孙宗文、李涛痕、庄云石、陆镜若、欧阳予倩……他们为了同一个戏剧梦，聚在一起。人生，总有那么些时候，总有那么一群人，心中念着同一件事，众志成城，仿佛没有完不成的任务，苦也甘之如饴。

1905 年，在李叔同自编的《国学唱歌集》里，收录了李叔同创作的第一首弘扬佛教的歌曲《化身》：

化身恒河沙数，发大音声。

尔时千佛出世，瑞霭氤氲。

欢喜欢喜人天，梦醒兮不知年。

翻倒四大海水，众生皆仙。

李叔同写的虽是弘法歌曲，却配上了 19 世纪美国作曲家洛厄尔·梅森的赞美诗《上帝，我靠近你》的曲调。这多少说明李叔同很早已具备宽广的宗教胸怀。

1907 年初，中国南方多个省份暴雨不止，洪水泛滥，灾民死伤无数，流离无依。身处异国他乡的学子，祖国的点点消息都能掀起大波，当他们在日本报刊上看到该消息时，在李叔同的组织下，春柳社的成员立即在清国留学生会馆开会商议，他们要举办春节游艺会，为祖国的灾区募集善款。

整个剧团忙碌着，一群热情如火的年轻人积极策划着，选择剧目，编写剧本，紧张排演……短短一个月的时间，帷幕拉开，一部根据小仲马的经典小说《茶花女》改编的《茶花女遗事》在舞台上如火如荼地开演。

李叔同扮演玛格丽特，他剃了漂亮的小胡子，化上清爽的舞台妆，穿上乳白色的百褶裙，戴上长而卷的假发，那个俊朗的大男人，瞬间变身为活脱脱的青春少女：白净的一张脸写满秀气，拼命节食换来的纤纤细腰窈窕动人，他袅袅的步态，妖娆的眼神，满满的都是属于柔弱女性的独到魅力。

一位见过他当时女装照的学生李鸿梁说："当时我几乎笑了出来，这样庄严的李先生，竟会装成袅娜的西洋女子，其腰之细，真叫人吃惊，就是西洋女子，恐怕也要减食饿肚子以后才能束成这样的细腰呢。"

舞台上的他，双手托头，向右略略倾斜着，紧皱着眉，哀怨痛苦的表情写着生动，演绎着一代茶花女的薄命一生。

他倒下了，玛格丽特香消玉殒，墓前摆满茶花。

幕布缓缓拉下，整场观众仍然沉浸在他演绎的忧伤剧情之中。《时报》报道说：是日观者约 2000 人，欧、米（美）及日本男女接踵而至。台下拍掌之声雷动。此诚学界中仅有之盛会，亦吾辈向来经见之事也。

这是他的处女作，也是春柳社的处女演出。他们将悲情的茶花女曲折的一生，酣畅淋漓地演绎出来。

后有剧评家在《对于中国戏的怀疑》一文中说：

中国的演员，使我佩服的便是李叔同君……与其说这个剧团好，宁可说这位饰茶花女的李君演得非常好。他们那剧本的翻译是很纯粹的，化妆虽简单一些，却完全是根据西洋风俗的……李叔同君确实在中国点燃了新剧最初的烽火；但他现在却已皈依佛门，栖隐于杭州西子湖畔，谢绝尘俗。

当作一件事的时候，尤其是做与艺术有关的事情的时候，他总是拿出十二分的热情。这样的男人最具魅力，如果他没有剃度为僧，那么在艺术领域将会出现一个璀璨的名字——李息霜。

后来成为著名的戏剧家的欧阳予倩说："老实说，那时候对艺术有见解的，只有息霜。他于中国词章很有根底，会画，会弹琴，字也写得好。他非常用功，除了他约定的时间之外，决不会客……"

所谓的大师，便是如此，无论是面对失败还是成功，都能平和坚定地向前走去。徜徉在艺术殿堂的李叔同，用自己的臂膀，撑起一片新的天空，引领着热爱艺术之人走向一片崭新天地。

《茶花女遗事》的轰动一时吸引了愈来愈多的学生，他们纷纷加入春柳社，李叔同和曾孝谷商议着排演新剧。过去的成功只属于过去，于现在来说只是一缕烟尘，他们需要的是向前的脚步。

这一次，他们演出的是由《汤姆叔叔的木屋》改编的《黑奴吁天录》。他们将原著中解放黑奴的剧情，改为黑奴杀死奴隶贩子，以此来赤裸裸地表现反抗压迫的革命精神，那时的他，俨然已经接受了同盟会的资产革命思想。

演出同样很是成功，剧场座无虚席，甚至还有观众站着观看。只是轰动的掌声引起了清政府驻日使馆的注意，那大胆的革命寓意惹怒了守旧的清朝官员，下令取消了参与演出者的公费留学费用。

或许因为这样的原因，春柳社没再拍过红极一时的大戏。李叔同也没有再上台演出，他把更多的精力转移到了练琴和习画之上。

绘画，音乐，钢琴，戏剧。他，学西方艺术，开中国近代艺术之先河。

他，是当之无愧的近代艺术第一人。

繁华一霎

【咏菊】

姹紫嫣红不耐霜，繁华一霎过韶光。

生来未藉东风力，老去能添晚节香。

风里柔条频损绿，花中正色自含黄。

莫言冷淡无知己，曾有渊明为举觞。

——李叔同

漂泊久了，哪里是归处，心若冷了，何处是故乡？

从日本回到天津后，那些不快活，那些泛滥出的乡愁情绪，不是属于这座城的。离开太久，不是不想念，只是回到家后，那泛滥的想念在释放以后，他跌进了现实世界，那些不愉快的旧时家族礼节束缚着手脚，疲倦感再次袭来。

人是怀旧的生物，那些旧时的温暖记忆总是能慰藉今时的心境，带给重新开始的勇气。他开始想念上海，那里是他视为第二故乡的地方，承载着他最为幸福自得的几年时光，有他爱着的日籍夫人等着他，盼着他归去。

1912 年春节前后，在袁世凯的指使下，曹锟部署了京津地区的兵变。天下变了，时局一时动荡不安，他任教的直隶高等工业学堂被迫关闭，离开成了顺理成章之事。

他辞别家人，一路南下上海，那十里洋场在等着他。只是那时他不知道，这一走，便是三十几年，他再未踏进天津城的土地。

返沪之后，他遇见了曾经的老友杨白民，这个被他亲切地称为"白民老哥"的男子，这个让他说出"二十年来老友，当以尊翁（杨白民）最为亲厚"一话的老哥，已经是城东女学的校长。

李叔同留日期间，杨白民曾赴日进行教育考察，他们秉烛长谈，欢聚浃旬，那时他们都是血气方刚的年纪，很有大干一场事业的气势。如今，几年过去了，老友再次重逢，杨白民兴办的城东女学已是很具规模的院校，吸引着江浙沪等地的一批新潮女性前来就读。

那时，已经有包括包天笑、吕秋逸以及在南洋公学的同班同学黄炎培在内的一批名流在城东女校任教。当老友杨白民力邀李叔同进入学堂任教时，他自是痛快地答应了。

城东女学开设了幼稚科、普通科和师范科，还开有书画、烹饪、刺绣等一系列特色课程。到女学后，李叔同主要讲授国语课程，他因材施教，并且不局限于书本的知识，还经常引导学生就当时的社会热点以及与女性相关的话题发表自己的见解，锻炼她们观察问题和独立思考的能力，激发她们的自信、自强、自立、自尊。

早春三月，嫩柳拂面，李叔同参加了南社愚园的第六次雅集。文人骚客云集处，他依然是脱俗地存在，在那里，他被邀进行《南社通讯录》的封面。才华释放，他的绘画功力得到了与会者的高度赞叹，在"革命首功之臣"陈其美的盛邀下，进入《太平洋画报》做了编辑。

南社，操南音，不忘本也。1909 年 11 月 13 日，由同盟会成员陈去病、高旭和柳亚子成立于苏州虎丘。该社与同盟会交相号召，在研究文学的基础上，以提倡民族气节为己任。

南社的发起人之一柳亚子说："叶楚伧办起《太平洋画报》来了,于是我从《民声》出来,跳进了《太平洋》。《太平洋》的局面是热闹的,大家都是熟人,并且差不多都是南社社友,不是的,也都拉进来了。"

《太平洋画报》创办于1914年的上海,这是同盟会在辛亥革命胜利后创办的第一家大型日报,编辑和作者大多为南社成员,社长姚雨平,总笔叶楚伧,主笔梁玉松,干事王锡民,还有苏曼殊、柳亚子、胡朴庵、周人菊、朱少屏……

他不是革命党人,不是同盟会成员,也不是南社的资深社员,他只是一个文人,却用一己才华,画一树枝丫,征服了千万社众。

他负责画报的副刊,整个版面,无论是报头、版面还是栏花、广告,都是他亲手设计的。一钩一画,设计简洁明了,一点一滴却鲜活欲出。因为有他,《太平洋画报》有了比其他报纸更加美观新颖的风格,有了让人赞不绝口的赏心悦目。

著名画家吕凤子先生说:"李先生应是民国以来第一位把西洋绘画思想引介于我国,进而启发了我国传统绘画需要的改良思潮,而后的刘海粟、徐悲鸿等在实质上都是接受了李先生的影响,进而为对于中国传统绘画运动的推进者。"

《太平洋画报》专门为他开了普及西洋画法的专栏,每一期他都会介绍石膏、木炭、油画等不同形式的画法。吕凤子称他为"中国传统绘画改良运动的第一人"。

刘海粟晚年的时候这样讲:"近代人中,我只佩服李叔同一个人,苏曼殊只是聪明而已,李叔同画画、书法、音乐、诗词样样高明,我却比他少了一样——演戏!"

苏曼殊也是一代奇人,他们同为《太平洋画报》的编辑,性情却大不相同，一个深沉内敛，一个热情奔放，一个宽容友好，一个极不"感冒"。李叔同曾在画报上连载过苏曼殊的小说《断鸿零雁记》，并特意请著名的画家陈师曾为其配图，使他名噪一时。

他们是"南社二畸人"，但两人却几乎没有什么往来。不知为何，外表热情如火的苏曼殊对待李叔同很是刻薄，当众人大叹李叔同演出的《茶花女遗事》时，苏曼殊却说，"无甚可观，兼时作粗劣语句，盖多浮躁少年羼入耳……"

或许境遇不同，眼光便不同，看人也不同。李叔同是浊门富家子弟，才华横溢，一步步走向佛门清寂地；苏曼殊是三度出入佛门，在出世入世间，放浪形骸外，沉湎情欲间。或许就是如此，人总是喜欢与自己性情一致之人。

姹紫嫣红不耐霜，繁华一霎过韶光。

生来未藉东风力，老去能添晚节香。

风里柔条频损绿，花中正色自含黄。

莫言冷淡无知己，曾有渊明为举觞。

虽然李叔同的诗文所作好如往昔，但因是编辑，刊登出的作品却是屈指可数，这首《咏菊》，便是其中之一。那时他已是沉稳内敛的年纪，颇有几分孤芳自赏之意，与那些掀天揭地的革命词风相比，他的格调是文艺含蓄的，性格使然，他已很少参与那些高朋满座，饮酒赋诗间的高谈阔论。

1912 年 8 月，因袁世凯复辟封建统治，《太平洋画报》被迫闭馆歇业，刚刚迎来的一丝曙光再度被乌云覆盖，民主革命的道路也灰蒙一片。

他离开了，不再为这支同盟会的文学之军奉献心力。乱世之中，还是壮大艺术救国人才的道路更实在些，也能走得更坚定些。

时间很短，天涯很远，革命很长。往后的一山一水，一朝一夕，还是安静地走完。倘若不慎走失迷途，跌进水里，也要记得，有一条河流，叫重生，那么请守着那剩下的流年，看岁月静好。

内心的回归

【早秋】

十里明湖一叶舟，城南烟月水西楼。

几许秋容娇欲流，隔着垂杨柳。

远山明净眉间瘦，闲云飘忽罗纹皱。

天末凉风送早秋，秋花点点头。

——李叔同

人生是从一个又一个别处，来追寻内心的回归。生命辗转，李叔同来到了杭州。杭州，之于李叔同，就如同一个老朋友。这里虽然和上海相距不到200公里，却完全是另外一种境界。

上海是人间的乐土，忧伤而繁华，如同一个风情万种的贵妇，而杭州则是纯净的天堂，缥缈悠然，如同仙子。生性淡泊的李叔同，在精神世界里，更加向往杭州这片人间天堂。

杭州，西湖，趟过多今古梦境，醉了多少多有情人。

苏轼曾在诗中有云："水光潋滟晴方好，山色空蒙雨亦奇。欲把西湖比西子，淡妆浓抹总相宜。"想必那潋滟湖色，那绝美之景，必定是在苏轼的记忆中闪着粼粼跃动的波光。

杨万里更是《晓出静慈寺送林子方》在诗中说："毕竟西湖六月中，风光不与四时同。接天莲叶无穷碧，映日荷花别样红。"那无穷碧色，映日娇荷，给后人留下了永久艳丽的回忆。

李叔同是一个多才多艺的性情中人，西湖美景，怎能不让他动容？回忆曾经，十里的明湖，当年临水西楼上的娇容，想必如今已经在岁月里失了色彩。岁月苍老了容颜，只留下了沉甸甸的回忆，轻舟在回忆的粼粼波光中荡漾……那注定是一个悲忧的故事，然而，时光辗转，渴望与思念都在被岁月稀释着。只剩下轻轻愁思，闲置心中，如今，在这傍晚的凉风之中，你也一定跟我怀着同样的感情，无奈而又坦然地送去一个又一个的春秋。这一首诗中，李叔同写下了诸多关于西湖的记忆。西湖，之于他来说，已然不仅仅是一片美景，而更是承载了他饱满的情感。

后来，李叔同又做《西湖》一词，以文抒怀，将西湖美景，一字一字地演绎出来。

看明湖一碧，六桥锁烟水。塔影参差，有画船自来去。垂杨柳两行，绿染长堤。肠清风，又笛韵悠扬起。看青山四周，高峰南北齐。山色自空蒙，有竹林媚幽姿。探古洞烟霞，翠扑须眉警暮雨，又笛声林外起。大好湖山如此，独擅天然美。明湖碧无际，又青山绿作堆。漾晴光潋滟，带雨色幽奇。倩妆比西子，尽浓淡总相宜。

碧水依着青山、微风漾着笛韵，这一首词中，李叔同以极静的文字，将西湖写得有声有色，远胜光影的记忆。烟波浩渺，画船若半隐于烟雾，竹林摇曳着妩媚的姿态，潋滟的山光水色，使人心声向往，又深深地迷惘。至此时，西湖，已经不仅承载了李叔同的情怀，也承载着他崭新的命运。

这一次，李叔同应邀到浙江第一师范执教，当他的脚步再次踏上西湖的堤岸之时，他的人生，便开始了在暗暗地转航。许仙在西湖遇到了他的爱人，而李叔同遇见的却是他后半生的命运。他踏上了讲台，殊不知，却是一条走向佛陀之路。

在当时的社会背景之下新式学堂首重"英、国、算"，因此教英文、国文和算学的教师往往最有权威。但无论是在南高师，还是在浙江第一师范，音乐、图画教师却最有权威，因为执教者是严厉而温和的李叔同先生，并且，他传奇的人生经历，他卓越的才华，更是让他在教师之中有了更高的声望。

学生们对于这位传奇的教师，早有耳闻，都迫不及待地想要见识一下这位神话般的人物。然而，在真实地接触之后，学生们却完全推翻了之前对李叔同具有传奇风采的概念印象。

李叔同是一位非常称职的老师，他教课认真负责，仪表端庄。他将自己的精力全然地投入到教学中。每一节课，都仿佛是一个神圣的仪式，每节课前他都会去得很早，把本节要讲的内容提前在黑板上写好，然后把案头的讲义，点名册等教学用具摆放整齐。之后，静静地端坐着，等待学生们的到来。当铃声响起，他会起身，向同学们深鞠一躬，就开始了一节课程。

对待学生的教育，李叔同有着自己独到的方法。他温和，却又严厉。因而被学生们称作是"温而厉"。

一次，一个学生在上课时津津有味地看着小说，李叔同早就已经发现，可是他并没有直接去制止，善良的他不忍心当众伤害学生的自尊心。在下课之后，李叔同叫住了那个学生，让他稍等片刻，有事情要和他说。当其他学生走完之后，他便郑重又和气地说："下次上课时不要看别的书了。"说完，他又鞠了一躬。学生深感羞愧，以后再也没有犯过此类错误。对于许多其他一些不守纪律的现象，他皆是用这种温和又严厉的方法进行教育，并且收效极好，学生们真正地得到了教育，改正了错误，而他也在学生中建立了威信。

对于每一个学生，李叔同都心怀慈悲，当学生犯了严重的错误，他都不会轻易放弃对学生的拯救，他爱学生，就如同爱自己的孩子。

一次，班上一个学生的三块银元和一块手表丢了，这东西是督学儿子的。当时，督学非常生气，要求一定要找出偷东西的学生，并严惩不贷。李叔同则是缓缓地说："生之错，师之过矣。"于是，他把责任全部揽在了自己的头上，在他认为，发生了这样不好的事情，是自己没有把学生教育好，于是他宣布以绝食的方法来反省自己的教育问题。看着敬爱的老师断食代学生受过，学生们都很心疼。

第一天过去了，一个学生找到了李叔同，并且说："老师，是我不对，东西是我拿的。"李叔同摇了摇头："钱呢？"孩子拿不出来，李叔同让孩子回去。

第二天，又有几个学生找到了李叔同，李叔同问明白后又让孩子们回去了。

第三天，终于，一个孩子流着眼泪找到了李叔同："老师，对不起，钱我买了表，手表在这儿。"李叔同拉起了学生非常温和地说道："孩子，我知道你一定会来找我的，你绝对不会让自己一直错下去，不是吗？"

正是因为李叔同发自内心的关爱，还有他强烈的责任感，才赢得了学生们的信任和尊重。李叔同，成为了许多学生们记忆中难以忘怀的恩师。后来的著名画家丰子恺，提起李叔同这为恩师时还是念念不忘。

那个时代很讲师道尊严，一次，一个学生在走进图画教室时，大声喊道：

"李叔同哪里去了?"顽皮的学生并不知李老师就在隔壁。直呼老师名字,这是很不礼貌的,甚至会引起老师大发雷霆。然而,李叔同并没有因此发威,而是走过来,十分平静地问:"什么事?"学生闻声跑远了。看着学生惊慌远去的背影,李叔同微微地笑着,他的眼眸闪着光,如同父亲一般慈爱。

李叔同以为,尊重和宽容皆是一种慈悲,每个人都希望被尊重,但如果自己不懂得尊重他人,往往也无法获得别人的尊重。李叔同就是这样,他始终严谨地奉行尊重别人、对人当恭敬有礼的处世原则。他强调,中国文化以明人伦为教育的先务。人与人互敬互助,所谓"爱人者,人恒爱之;敬人者,人恒敬之"。

在教学上,李叔同也有自己独特的方法。他会帮学生们拾起零碎的饭后课前时间,让学生们练琴作画,帮助学生们充分利用时间,提高学习效率。他每周都给学生们教授一次弹琴,他通常都是自己先把新的曲目弹奏一遍,然后再去指导学们一些弹奏的要点。然后,让学生们利用课余时间练习,到下一周的课上再由学生弹奏给他听,叫作"还琴"。学生们就在这一来一往之间,得到成长。

丰子恺在《甘美的回味》一文中为人们描述了当他步入教室后的情景:"我们的先生—他似乎是不吃饭的—早已静悄悄地等候在那里。大风琴上的谱表与音栓都已安排妥帖,显出一排雪白的键板,犹似一件怪物张着阔大的口,露出一口雪白的牙齿而蹲踞着,在那里等候我们的到来。"

李叔同对每个学生的弹琴进度都了如指掌,每次看到丰子恺进来,都能准确地翻出他今天应还的一课。这使得学生们不敢抱有侥幸心理。还琴给丰子恺留下了深刻的印象。他回忆,还琴的时候,李叔同并不逼近他,也不正面督视他的手指,而是斜立在离他数步远的地方用眼睛不停地斜视丰子恺弹琴的手指。这并不代表李叔同对还琴的考核松懈。李叔同对音乐的洞察力是非常敏锐的，如果按错一个键板，他会立刻知晓。有时即便是用错了一根手指，他也会急速地转过头来表示通不过。

每当还琴时遇上一些小错，李叔同会要求他从开始重弹，即使到了最后，还是没法通过考核，他也不会对学生呵责，而是用和平而严肃的语调低声地说一声："下次再还!"

这种平静的严肃，却给了学生们很大的压力，就如同心中被压上一块重重的石头，这要比责备学生的教育效果要好。学生只好起身离琴，再去加紧刻苦练习。李叔同平时的言语虽然不多，但同学们个个怕他，也个个爱他。

每一步成长，都是组成生命的痕迹。生命犹如逝水，奔流不返，唯有专注，才算是不辜负韶光。同样，在绘画教学上，李叔同对学生极为用心，往往是从最基础的绘画开始教起。为了方便学生们进行户外写生，李叔同特地向学校申请，定制了两只船桨，用来在西湖上泛舟写生。在那如风岁月，他带着学生们，如诗一般地生活。

桃李天下

【《茶花女遗事》演后感赋其二】

誓度众生成佛果，

为现歌台说法身。

梦姉不作吾道绝，

中原滚地皆胡尘。

——李叔同

时光悠然而过，伴着无数欢声笑语，伴着无数的光影回忆，学生们的绘画功力一天天地累积起来。李叔同觉得，是时候带领学生们走入绘画的新阶段了——人体写生。

这不仅仅是浙一师学生们的新开始，可以说，李叔同为中国的绘画历史翻开了一个崭新的篇章。他为浙一师的学生们上了中国历史上第一次人体写生课。

在那个风雨变幻的时代，中国社会正逐渐走出封建体制的雾霾。人体写生这种艺术方式对于当时的人们，的确是不小的刺激。当一个赤裸的模特，站在画室中央的时候，学生们的眼球被强烈地撞击着。阳光柔和地漫撒在模特的身上，给人一种鲜明的健康的美感。在短暂的视觉和心理冲突刺激后，学生门便开始簌簌沙沙地作画，缓缓步入绘画的美好世界。

其实，在民国时期，中西绘画结合，在当时盛极一时，然而，战火纷飞，有许多和李叔同一样富有才华的西画家，他们满腹才华，无奈地却在硝烟中寂寂弥散了。

艺术教育，并不是李叔同最初的梦想，虽然心有不甘，但是他却以十二分地用心对待，他开设艺术课程极为广泛，除了水彩、油画素描、图案，西洋美术史，还有弹琴和作曲。

在李叔同的带动下，浙一师的艺术氛围逐渐浓厚。绘画和音乐得到了前所未有的重视。当时学校的音乐设备并不多，钢琴仅有两架，风琴若干，每天早上天刚蒙蒙亮的时候，学生们就会到琴房去占位置，起床号吹响后，琴房内琴声齐鸣，在整个校园里悠然回响。每到下午的课余时间，学校里更是热闹，校园内琴声涤荡，画室里，挤满了联系石膏和写生和木炭画像的学生。

这样的一种艺术气氛，是让李叔同十分欢喜的，这让他觉得自己是做了有意义的事。

丰子恺在《我与弘一法师》一文中所表述的他"从来不骂人，从来不责备人，态度谦恭，同出家后完全一样；然而个个学生真心地怕他，真心地学习他，真心地崇拜他。我便是其中之一人。因为就人格讲，他当教师不为名利，为当教师而当教师，用全副精力去当教师；就学问讲，他博学多能，其国文比国文先生更高，其英文比英文先生更高，其历史比历史先生更高，其常识比博物先生更富，又是书法金石的专家，中国话剧的鼻祖。他不是只能教图画音乐，他是拿许多别的学问为背景而教他的图画音乐。夏丏尊先生曾经说：'李先生的教师，是有后光的。'像佛菩萨那样有后光，怎不教人崇敬呢？而我的崇敬他，更甚于他人。"

李叔同，兢兢业业地工作得到了丰厚的回报，并非是金钱，而是桃李成才。丰子恺、刘质平这样一大批的优秀艺术人才，都是得益于李叔同的教诲。看着自己亲手培养的学子如同蒲公英一般飞向各处，并取得自己的成就，这对于作为教师的他是莫大的幸福。

教师这个职业，李叔同做得异常辛苦，因为他不仅仅是在浙一师任教，还在南京高等师范学校兼职。同时兼任两个学校的课，奔走于宁、杭两地之间，他通常是半个月住南京，半个月住杭州。两校都请助教，他不在时由助教代课。

据说李叔同曾经想过要离开杭州，专任南高师教职。然而，他的好友浙江第一师范舍监夏丏尊先生恳切挽留，最后便动摇了，为了不让好友和学生们难过，仍是坚持着在两地之间奔波。有时一个月要坐好几次夜车。经常来回奔波，辛苦是难免的，但是看着自己的学生，逐渐成才，他便会觉得所有的付出都是格外值得。

在众多的学生中，与李叔同关系最密切的要数丰子恺和刘质平，他们分别承袭了李叔同的美术和音乐衣钵。

1914年初秋，来自浙江省崇德县石门湾（今浙江省桐乡市石门镇），16岁的丰子恺以第三名的成绩，考入了杭州的浙江省立第一师范学校。这是一个顺理成章的选择，却是他生命中的重要一步。因为就在这所学校里，他遇上了他的恩师，李叔同先生，正是李叔同先生，唤醒了他艺术的灵魂，指引他走向艺术的殿堂。

丰子恺曾经因与一名教师发生争执，那名教师是浙一师的训育主任，平日里他对学生的态度就极为粗暴，学生们普遍对他都十分地反感。性格耿直的丰子恺一次与他发生了争执，后来事情愈演愈烈，到最后两人竟然动起手来。对于这件事情，训育主任不会轻易地放过这个忤逆他的学生丰子恺。于是，他要求校方召开紧急会议处理丰子恺。会上气氛很紧张，那主任列数了丰子恺的种种"罪行"，并在最后明确要求将丰子恺开除。众位参会教师都没有做出明确的表态，教师们并不想开除丰子恺。

在沉寂中，李叔同发言了："学生打先生，是学生不好；但先生也有责任——没教育好。考虑到丰子恺平日遵守校纪无大错，如开除似太重。而且丰是个人才，将来必大有前途。如开除，则毁了他的前途，对国家是一损失。我意此番记一大过，我带他一道向主任赔礼道歉，不知大家是否同意？"立即，响起一片同意声。

李叔同如他所言，带着丰子恺一同向这位主任郑重道歉。这样，才算是挽回了丰子恺继续读书的机会。

正是李叔同这一次果断挽留，使得丰子恺重拾了信心，从而有了以后精彩的艺术人生。丰子恺不负恩师所望，最后成为了著名的画家。

李叔同和刘质平的关系更是情同父子，刘质平与丰子恺一样，是李叔同在浙江省立第一师范学校教书时的得意门生。刘质平后来成中国现代著名音乐教育家，这当与李叔同对他的早期教育休戚相关。

刘质平是一个难得的音乐天才。当初，在刘质平跟随李叔同读书不久，便创作出了第一首曲子。他将曲子奏给李叔同听，希望能得到指点。当时，李叔同的神情肃穆，刘质平心中忐忑不安，自觉作品难入老师法眼。而之后，李叔同告诉他："今晚8时35分到音乐教室来，有话要讲。"

时值严冬，狂风大雪，但是刘质平还是如约到来，他来到教室后，却发现教室里一片漆黑，在刘质平等了十分钟之后，教室里的那灯忽然亮起来，李叔同从教室的一角走过来，他看了看表，又看了看刘质平，满意地点了点头。然后便告诉刘质平可以回去了。

这做法对于一般人来说，也许难以理解，但是这却是李叔同一种独特的考核方式。当初，李叔同在日本留学的时候曾有这样一件事：李叔同在"春柳社"的演出中扮演的茶花女成功之后，欧阳予倩便对李叔同非常钦佩，并请求拜见。李叔同应允了欧阳予倩的请求，并与欧阳相约8点钟在上野不忍池畔的住地见面。

　　欧阳予倩本以为这将会是一次难忘的见面，可是，不巧的是他住在离相约地很远的地方，他匆忙赶到的时候，却晚了5分钟。他本以为这5分钟不会有什么影响，但是，当他将名片递进去的时候，李叔同对他说："我和你约的是8点钟，可是你已经过了5分钟，我现在没有工夫了，我们改天再约吧。"说完，李叔同即向欧阳予倩点点头，关上窗子。在那之后欧阳予倩再约李叔同，他均不予以回应。

　　李叔同如此做法，正是为了考查学生是否诚信。从此后，李叔同对刘质平格外器重和爱护。刘质平家庭境况贫寒，家中无法供他继续上学读书，这对于刘质平来说，是一个不小的打击，他感觉自己的前途断裂，现实横亘在眼前，梦想成了他永远到不了的远方。诸多痛苦，向这个充满才华的学生袭来。

　　1915年秋，百草凋零，秋叶枯落，正如刘质平的心情。此时的他休学住在老家，心情十分苦闷。李叔同就去信安慰、鼓励道："'人生多艰，不如意事常八九。'吾人于此，当镇定精神，勉于苦中寻乐；若处处拘泥，徒劳脑力，无济于事，适自苦耳。吾弟卧病多暇，可取古人修养格言（如《论语》之类）读之，胸中必另有一番境界。"李叔同不仅仅是在精神上给予刘质平鼓励，他还为刘质平解决了学费的问题。

　　李叔同每月在105元的薪酬中节约20元，寄给刘质平做学费，并且说明不需要还。

刘质平毕业后，在李叔同的鼓励下去了日本。李叔同在给他的信中仍殷切告诫他为人处世的准则，共有 6 条：

(一) 宜重卫生，避免中途辍学……

(二) 宜慎出场演奏，免人之忌妒……

(三) 宜慎交友，免生无谓之是非……

(四) 勿躁等急进……

(五) 勿心浮气躁……

(六) 宜信仰宗教，求精神上之安乐……

李叔同资助刘质平继续留学，并且一直从未间断，也未因他 1918 年决意出家而置之不顾。当李叔同决意要出家时，他估算到刘质平毕业还需要几千日元，并决意要为他解决最后的学费问题。起初，他想到的办法是借款。他说："余虽修道念切，然决不忍置君事度外。此款倘可借到，余再入山；如不能借到，余仍就职至君毕业时止。君以后安心求学，勿再过虑。至要至要！"最后，综合考虑之下，他决定延迟半年时间出家，来赚得学生的学费。

李叔同对学生，慈爱如父，他严厉的教导，他温暖的关怀，每一个学生都铭记于心。刘质平说："'先师与余，名为师生，情深父子。'"后来，刘质平竟然"不忍以己求学之故，迟师修道之期"，他不顾学业未了，毅然返国，在李叔同皈依佛门前和丰子恺一起跟老师拍了一张告别照。李叔同，不仅仅是他们敬爱的老师、慈祥的父亲，更是他们灵魂的引路人。

为师者，最期盼的，便是桃李满天下，这也是当时李叔同最浓烈的情感。每一个学生，就如同一颗希望的种子，他只是忠心地期盼他们一切安好，成人成才。

古道送别

【送别】

长亭外，古道边，芳草碧连天。

晚风拂柳笛声残，夕阳山外山。

天之涯，地之角，知交半零落。

一壶浊酒尽余欢，今宵别梦寒。

——李叔同

每一段故事，都是难忘的记忆，每一个故事，都有让人难忘的情绪。

那些年，或悲，或喜……最好的珍惜，是认真经历。无论身在何处，李叔同都在认真地经历着他的悲欣人生。

作为教师，李叔同是成功的，因为他不仅征服了学生，也同样征服了自己的同事。李叔同的个人修养和人格魅力不仅征服了当时的人，也给后人留下了深刻的印象。

当时，浙一师有一位日籍老师，他教授图画手工，这人平日里为人十分傲慢，并不把其他老师放在眼里，但是，他的傲慢却在李叔同的面前没了气焰，甚至对他有一些敬畏。

一次，几名学生向本田老师求几条字幅。不巧，本田的办公室中没有备好的笔墨，大家建议他到李叔同的办公室中去，借用笔墨。学生们本以为本田老师会欣然同意，但是令学生们没想到的是，本田对这个提议很是在意，他谨慎地想了想，并未同意学生们的建议。直到有人说李叔同已经出校，暂时不会回来，在同学们的百般劝说之下，他才勉强同众人到了李叔同的办公室，更戏剧性的是，他竟然安排人负责望风，叮嘱学生只要李叔同一回来就立刻要告诉他。

对于本田老师反常的状态，学生们都感觉到疑惑不解。有好奇的同学追问他为什么那样忌惮李老师。本田一脸严肃地说："李先生可是个艺术全才，书法、绘画俱佳，音乐也独具造诣，而且连日语都说得那么好，他的办公室我可不敢擅入，笔墨更不能擅用了。"在学生眼中李叔同是一贯温和的，而且，本田老师向来骄傲，很少会这样敬畏别人。所以，一时无法理解本田老师对李老师的敬畏。有同学在本田的字幅才写完时喊道："李老师回来了，李老师回来了!"本田闻听，慌忙放下笔，迅速地回了自己的办公室，但事实上，李叔同根本没有回来，这只是调皮的学生跟老师开了个玩笑。

除了音乐和绘画的教育之外，李叔同对外国文学也有着自己独到的见解，他预见到外国文学将会影响到中国传统文学，使中国传统文学发生巨变。因此他劝说同学们最好把英文的《鲁滨逊漂流记》、《双城记》、《劫后英雄传》

等熟读，再通读日文，通过日文间接地阅读欧美的名著，这样将外国文学通读后，对写作会有极大的帮助。他在浙一师的六年里，创办《白阳》杂志，并以此为媒介，广泛介绍了西洋文学艺术。

另外，李叔同，在1912年到1913年之间，和夏丏尊发起成立了漫画会和乐石社，用以指导学生研究木刻金石技法。期间，还印制了《木刻画集》，这也成为中国最早的现代木刻版画集。

也许是命运的安排，他注定成为传奇，他用生命为历史书写一页又一页崭新的篇章。

李叔同渐渐走入教师的角色，他把全身心的精力都投入到了教育事业。艺术的气息，让他的心，一如一汪泉水，平静而纯洁。可是，国内的政治形势瞬息万变，猛然间如飓风一般在他的心中掀起了狂澜。

辛亥革命胜利，胜利的果实却被袁世凯窃取。他同日本签订了丧权辱国的条约。祸患接连而起，整个民族面临着生死存亡的危机。各路政治力量，在政治的舞台上演着不同的剧目，纵然战火未起，却在暗地里上演着更加惨烈的斗争。

平静的流年遭逢政治的风云变幻，在他的眼前一幕幕地走着过场，让人应接不暇。这对于李叔同这样忧国忧民的知识分子来说，是一种巨大的折磨，他迷惘着，也困惑着。每每在闲暇之时，他便会陷入冥思，夜深如墨，轻抚着他满腔的心事。

国家的前途一片迷茫，任他翘首展望，也难寻一个明确的方向。国之命运，又是他无法左右的。想到自己生命中的起起伏伏，更是让他感慨万千。从前的富贵显达，今日的生活悲苦，弟子的留学费用，却也只有从薪酬中节省出来。从前顺了母亲的意思娶了俞氏，然后经历了知己的爱情，如今已经有了两个妻子。他十年苦读，却入仕无门，空有满腹经纶，却无施展之地，最后只能默默地从事艺术教育……

生命颠簸，回首望去，已踏出了一条崎岖的路，才霍地发现，最遥远的，不是未来，而是永远抵达不了的最初。物是人非后，他的心中弥散出一种广袤的苍茫。

一年冬季，上海的家中，李叔同在陪伴着自己的日籍妻子。清晨，大雪狂舞，李叔同的义兄许幻园忽然造访，许幻园将要去上京找袁世凯评理。特地来找李叔同辞行。许幻园没有进门，只在院子里唤他。

看着被热血燃烧的兄弟，李叔同一时讷言，明知道许幻园此举是不明智的，却不知道该用怎样的语言去规劝。许幻园走了，他单薄的背影消失在了漫天的风雪中。那日，他心中比这雪花还要噬骨的凉。万千情绪在心中汹涌，堵在胸口，染上了眉头。

那夜，他以歌抒怀，将那系念在心头的情绪倾于纸上，于是，这首脍炙人口的《送别》就这样诞生了。

古道之上，轻话离别，一壶浊酒在梦里浇灌别愁。

《送别》的曲调是源于美国作曲家约翰·庞德·奥德威的歌舞《梦见家和母亲》，李叔同钟爱此曲调，因此机缘之下，也就写出了《送别》这一首名歌。

多少个离别的夜晚，我们轻哼着这首《送别》，无声地默数着泪珠，等待离人，从芳草的尽头缓缓走来。

回肠荡气的袅袅歌声，穿过雾霭缭绕的层峦叠翠，悠悠漾出那隐约可闻的梵钟之音。这就是大师的艺术，这就是大师的风格，这就是大师的人生！

反反复复红尘路，山山水水又一程。在经历过人生数十载的起伏后，李叔同皈依佛门，他静静地走入庙宇，从此常伴青灯古佛。他很从容地做着这些事，就如同春去秋来般自然，却让世人倍感惊讶。

李叔同皈依佛门，马一浮对他影响很大，马一浮比李叔同年纪小，但是却做了李叔同的指引。

李叔同和马一浮早在 1901 年就已经相识，他们二人有一个共同的朋友，谢无量。谢无量作为李叔同的知己好友，便将马一浮引荐给了李叔同。在浙一师做教师的期间，李叔同和马一浮的联系逐渐多了起来。马一浮如一盏明灯一般，照亮了李叔同迷茫的世界。同马一浮交往，李叔同的心越发清明，马一浮的儒释结合的思想，正是切中了李叔同精神领域。

现存马一浮致李叔同的信函一共有五通，其中内容大都是对于佛学的交流。马一浮还先后给李叔同邮寄了《起信论笔削记》、《三藏法数》、《天亲菩萨发菩提心论》、《净土论》等多部佛学精华著作。

李叔同也曾在给刘质平的信中提到："自去腊受马一浮大士之熏陶，渐有所悟。世味平淡，职务多荒。"

那些佛经典籍就如一泉净水，浸润着李叔同的心，他终于在浮华的光影里渐渐地走向了沉静。

心中盛开一朵莲

【落花】

纷，纷，纷，纷，纷，纷，惟落花委地无言兮，化作泥尘；寂，寂，寂，寂，寂，寂，何春光长逝不归兮，永绝消息。忆春风之日暝，芬菲菲以争妍；既乘荣以发秀，倏节易而时迁。春残，览落红之辞枝兮，伤花事其阑珊已矣！春秋其代序以递嬗兮，俯念迟暮荣枯不须臾，盛衰有常数；

人生之浮华若朝露兮，泉壤兴衰；朱华易消歇，青春不再来。

——李叔同

除去马一浮大士之外，还有一人，对李叔同出家起到了很大作用。他是李叔同在浙一师的同事，夏丏尊。命运使然，冥冥中在促成两人相遇相知的缘分。

夏丏尊也是和李叔同一样，在 1905 年到日本留学，入东京宏文学院，凭借自己的努力，他在两年后考入东京高等工业学校，因未领得官费，遂于1907 年辍学回国。既然是命运的安排，他无奈也好，淡然也罢，都要接受。

辗转，夏丏尊就到了浙一师。他在校园里任舍监，同时还担任国文教师。在这里，他遇到了李叔同，两人成了知己好友。他们志趣相投，性格互补。他在浙一师待了十三年，李叔同则是待了六年。他们之间来往甚为密切。可以说，是夏丏尊促成了李叔同出家的机缘。

从形象上来看，两人差距很大。夏丏尊身材高大，而李叔同略显清瘦。但是在教育的思想上，两个人却是一致的，有一种默契。

他们两个人为刚刚改名的浙汇省立第一师范学校合写了一首校歌。这首歌是由夏丏尊作词，李叔同作曲。歌词曰：

人人人，代谢靡尽，先后觉新民。可能可能，陶冶精神，道德润心身。吾济同学，负斯重任，相勉又相亲五载光阴，学与俱进，磐固吾根本。叶龚募，术欣欣，碧梧万枝新。之江西，西湖滨，桃李一堂春。

他们希望"碧梧万枝新"每一个枝叶都能向着阳光自苗壮成长，带到学成之日，桃李满天下。

这两位提倡艺术教育的好友还一起办了一份校友会的刊物《白阳》杂志。李叔同自然又在刊物上发表了许多文章和歌曲。

夏丏尊向来是一个多愁善感的人。他也想超脱一点，可是却还是难脱身上这种抑郁的气质，他曾为此刻了一个印章，曰："无闷居士。"

他此时才二十几岁，本无多少愁闷，而自勉为"无闷"，却多多少少说明了他心中闷。李叔同却对他这性格很喜欢，觉得夏丏尊有一种诗人的气质，于是常常赞誉他为诗人。

一日，李叔同和夏丏尊相约西湖，闲话人生。湖心亭里，两个身穿长衫，品茗清谈，赏阅这湖心美景。

湖心亭，初名"振鹭"，始建于1552年，后改称"清喜阁"。湖心亭就是按照清代的清喜阁的样式重建的。清代所谓"钱塘十景"之一的"湖心平眺"指的就是这里的景色。

二人置身于亭中，尽览四周浩渺的烟波，群山环抱着碧水，烟水朦胧，山水相映，霞光映碧波，犹如海上蓬莱之宫，令人心旷神怡。这样的风景，是李叔同和夏丏尊二人非常熟识的，如同老酒，越陈越香，如同老友，温暖舒心。他们经常会在课余雇上一只小船到这里来吃茶。这一天他俩却是为了躲避一个所谓的社会名流来学校里发表演讲。每每遇到这种情况，他们都是要走开的。在他们的眼中，与其听那些所谓的名流夸夸其谈，倒不如在这美景之中闲话人生更有意义。这种躲清静的做法，夏丏尊自觉得有些滑稽，随口就对李叔同说了句："像我们这种人，出家做和尚倒是很好的。"

只是随口的一句言语，可说着无意，而听者有心，这在无意之间触动了李叔同的心绪。一个念头，被种植在了李叔同的心中，待到尘缘了却，在他心中盛开出一朵幽静的莲花……

因此，在 1920 年。弘一法师欲往新城贝山掩关，杭州的朋友们在银洞巷虎跑寺下院为他饯行，席间弘一法指着夏丏尊说："我的出家，大半由这位夏居士的助缘，此恩永不能忘！"

1915 年的炎夏，那时候暑假刚刚结束，李叔同从东京回来。出于好奇，夏丏尊将一本日本杂志上一篇关于断食的文章给李叔同看。这样一种修行方法，让李叔同的精神为之一振，他决心一试。在 1916 年，他便身体力行，进行了一次断食的修行。他特地选了虎跑寺，这虎跑的来历，还有一个饶有兴味的神话传说。相传，唐元和十四年（819）高僧寰中（亦名性空）来此，喜欢这里风景灵秀，便住了下来。后来，因为附近没有水源，他准备迁往别处。一夜忽然梦见神人告诉他说："南岳有一童子泉，当遣二虎将其搬到这里来。"第二天，他果然看见二虎跑（刨）地作地穴，清澈的泉水随即涌出，故名为虎跑泉。张以宁在题泉联中，亦给虎跑泉蒙上一层宗教与神秘的色彩。

虎跑寺有一位大护法，名叫丁辅之，是叶品三的朋友。于是经介绍，李叔同于农历十一月底，也就是学校放年假的时候，住进了方丈楼下的一间空房子里。

这一次修行让李叔同脱胎换骨，当夏丏尊问及时，李叔同这样描述道：这次的断食，前后一共进行三个星期。第一个星期，逐渐减食，直至完全不食；第二个星期，除饮水外，不进食；第三个星期，由粥汤开始，逐渐增食，直到回复到正常食量。

断食的修行给了李叔同一种全新的修行体验。

李叔同将自己真切的感受讲给夏丏尊：在全部断食时，会想吃东西。全断食那几天，心底清，感觉非常灵，能听人平常不能听，悟人所不能悟。我平日是每天早晨写字的，这次断食期间，仍以写字为常课，有魏碑，有篆文，有隶书，笔力比平日非但不减，反觉更加顺畅。

这一次脱胎换骨般的修行，被李叔同视若重生。为了纪念这一次特殊的人生体悟，他取了老子"能婴儿乎"的语意，给自己取名李婴。

一个曾经纯正而且优秀的艺术家，却断绝尘缘，超然物外，几乎废弃了所有的艺术专长，让世人啧啧深叹，不少人为之惋惜，然而，这不是一种更高的攀登吗？

艺术作品是心灵的迹化。从繁华灿烂到平静淡泊，是修心的结果，亦是一种更高的艺术境界。也正因为心灵的超然，才使得他登峰造极，成为了一个纯粹的艺术家。

李叔同拥有着满腹的才华，最后却选择了耳闻晨钟暮鼓，常伴青灯古佛。世人苦苦追求获得，因而身心俱疲，李叔同学会了慢慢地放下，因此他越走越远，走向宽广无量的世界。

李叔同皈依佛门，并未一时兴起的选择，而是早见端倪。我们从他的一些诗作里也可以读到他的归隐之心。

于 1827 年作曲的《真挚的爱》，李叔同的新填词中已有了要养真养足的归隐之意。

惟空谷寂寂，有幽人抱贞独。时逍遥以徜徉，在山之麓。抚磐石以为床，长林以为屋。眇万物而达观，可以养足。惟清溪沉沉，有幽人怀灵芬。时逍遥以徜徉，在水之滨。扬素波以濯足，临清流以低吟。睇天宇之寥廓，可以养真。

空谷之中，山麓之上，清流水滨，天宇寥廓，在他心中，尘世渐远。他将身心情怀，都寄予这自然的山谷仙踪。所谓身未先动，心已先行。

他更是在《落花》中写道：

纷，纷，纷，纷，纷，纷

惟落花委地无言兮，化作泥尘；

寂，寂，寂，寂，寂，寂

何春光长逝不归兮，永绝消息。

忆春风之日暝，芬菲菲以争妍；

既乘荣以发秀，倏节易而时迁。

春残，览落红之辞枝兮，伤花事其阑珊；

已矣！春秋其代序以递嬗兮，俯念迟暮。

荣枯不须臾，盛衰有常数；

人生之浮华若朝露兮，泉壤兴衰；

朱华易消歇，青春不再来。

　　他长叹落花纷纷而逝，他惋惜春光寂寂不归。春已残，梦已冷。枯荣盛衰是生命的常态，韶华易逝，朱颜改，青春将不复重来。他从极致的哀伤里看透了浮华，人生如朝露易晞，命运如白云藏狗。唯有放下衰容，放下悲苦，放下对青春对命运的执念，才能寻找到的生命中的永恒。

　　佛的种子，已经在李叔同的心中种下，他的脚步，已经渐渐地踏上了新途，奔向佛光普照的灵魂归途。

走向佛陀

【晚钟】

　　大地沉沉落日眠，平墟漠漠晚烟残；幽鸟不鸣暮色起，万籁俱寂丛林寒。浩荡飘风起天杪，摇曳钟声出尘表；縣縣灵响彻心弦，幻幻幽思凝冥杳。众生病苦谁持扶？尘网颠倒泥涂污，惟神愍恤敷大德，拯吾罪恶成正觉；誓心稽首永皈依，瞑瞑入定陈虔祈。倏忽光明烛太虚，云端彷佛天门破；庄严七宝迷氤氲，瑶华翠羽垂缤纷。浴灵光兮朝圣真，拜手承神恩！仰天衢兮瞻慈云，忽现忽若隐。钟声沉暮天，神恩永存在。神之恩，大无外！

——李叔同

断食给了李叔同灵魂新体验，每一个夜里，他仿佛听到宁静的心湖里，有莲花在静静绽放。

那一年的除夕，依旧是灯火辉煌，家家户户都在欢庆这吉祥的团圆年。李叔同没有同家人团圆在一起，而是去了虎跑寺。在这期间，马一浮的朋友彭逊之，也准备入山习静。然而，几天之后，他竟然毅然地剃度出家，皈依佛门。

这件事给了李叔同很大的刺激，李叔同目睹了他受戒的过程，遂拜护国寺的了悟法师为师。成为了他在家弟子，法名为演音，号弘一。其后，在他给刘质平的信中写到自己有出家的打算，只是等着刘质平在日本学成归来，他便可以了却尘缘，走向梵行之路。

此刻，李叔同虽是身在尘世，但心已远行，走向佛陀。

出家对于李叔同，虽然是别离尘世，却是一种精神的回归。1918 年 7 月 1 日，李叔同向自己的学校提出了辞呈。然后，又将自己的个人作品做了一些处理。美术作品送给了北京国立美术专门学校。一些所刻所藏的印章都送给了西泠印社……自己只留下了几件衣服和一些日用品。

李叔同出家之举，在学校引起了巨大的反响，在 7 月 10 日，学校举行了毕业典礼，校长经亨颐在当天的日记中写道："反省此一年间，校务无所起色。细察学生心理，尚无自律精神，宜稍加干涉。示范训谕之功，固不易见，以空洞人格之尊，转为躐等放任之弊。漫倡佛说，流毒亦非无因。故特于训辞表出李叔同入山之事，可敬而不可学，嗣后宜禁绝此风，以图积极整顿……"

在李叔同出家的前一晚，他应邀为好友姜丹书病逝的母亲写一幅墓志铭。最后落款为大慈演音，这也是李叔同俗家的最后一幅作品，写完之后，他将手中的毛笔一折为两半。当好友姜丹书来到李叔同的房间时，李叔同已经不在。他只见一支残烛和两截断笔，他又看见墓志铭的落款，方知李叔同已然是看破了红尘，去意已决。

对于李叔同的出家他的学生丰子恺认为人生就像一座三层楼。满足物质生活的人就安心在第一层里住；满足精神生活的人可在第二层楼里。自得其乐若要追求灵魂生活，那么只有登上第三层楼了。李叔同在第一层楼里住得很安适，在第二层楼里活得也很光彩，但他的脚力大他自觉自愿地要向着第三层楼登去。

纵观风云历史，皈依佛门者大有人在，然而，一些人遁入空门并非是对人生的顿悟，而是对现实的人生的幻灭，被世事伤透了心，因此才寻这佛门清净地，舔舐伤口。他们的胸中始终有一种委屈和不甘。并未真正地视自己为佛门释子，而是一个委屈的末路英雄，所托无门。如那智永和怀素，尽管身披袈裟，常伴古佛，但一生未有坚定的宗教信仰和修行，不过是寄身禅院的书家，身在山林，心在世俗。

李叔同则不然，对他来说，艺术的力量，过不了他精神的瘾。他便坦荡地走向另一个无量的精神世界。从他踏入佛门之时，他的红尘心已经被彻底地净化了的。他曾在给侄子的信中说道："任杭教职六年，兼任南京高师顾问者二年，及门数千，遍及江浙。英才蔚山，足以承绍家业者，指不胜数，私心大慰。弘扬文艺之事，至此已可作一结束。"

丰子恺曾这样称赞李叔同："文艺的园地，差不多被他走遍了。"他的出家，是一种人格的完满和升华。他自会坦然地放下过去，步履坚实地诵着佛经，向前走去，此生再无惘然。

禅宗里有这样一个公案。有一天，老禅师带着两个徒弟，提着灯笼在黑夜里行走。一阵风吹起，灯灭了。"怎么办?"徒弟问。"看脚下!"师父答。

当一切变成黑暗，后面的来路，前面的去路，都看不到。如同前生与后世的未知，如同失去了活着的过去和似梦般缥缈的未来，我们要做的是什么?当然是:"看脚下，看今生，看现在!"

看脚下! 看今生! 看现在! 没有什么比脚下踩的地更踏实，没有什么比今生更现实，更没有什么比现在更真实。当时当刻的李叔同，已经将过去所有的光华都轻轻放下。他脚下踩踏着的，是通向佛陀的路。纵然再多艰难，他也会勇敢地向第三层楼登去。

李叔同平静地走向了虎跑寺，身披着袈裟，穿着芒鞋。闻玉和丰子恺等人来为他送行，他却独步向前，始终没有回头，任凭他们嘶声哭喊。他的心已空明如静水。

李叔同皈依后，研佛读经更勤。在他的心灵境界里，佛已占据了绝大部分空间。他写了一首《晚钟》。

心底的莲花在平静中绽放，寺庙里传来钟声，像是一种灵魂的召唤。从此，他的心被梵音佛语涤荡，尘世哀愁，缥缈如云，再也不会挂碍于心。一个月后，夏丏尊去探望李叔同，无意间说了气话:"这样做居士，究竟不彻底，索性做了和尚的，倒爽快。"

"索性做了和尚"，李叔同真是这样彻底地做了。在夏丏尊走后不久，他便到虎跑寺正式地剃度。1918年农历七月十三日这一天早晨，李叔同告别了任教6年的浙江省立第一师范院校，正式出家为僧，成了和尚。从此世上再无李叔同、文涛。佛门里，多了一名弘一僧人。

李叔同出家的时候，夏丏尊已经回了上虞老家，当时并不知道这情况，他也更是万万没有想到李叔同会如此痛快地就出了家。在暑假结束的时候，夏丏尊听到了李叔同剃度为僧的消息，大为震惊。他急匆匆地到虎跑寺去看他的时候，李叔同已是身着青衫的和尚了。

看着满脸惊诧的夏丏尊，李叔同只是平静地笑着说："昨天受剃度的日子很好，恰巧是大势至菩萨生日。"一字一句，如此从容。

看着李叔同平静地讲述着他出家为僧的感受，夏丏尊才恍然大悟：自己的那些不经意的言行，可李叔同却都是认真的。他甚至常常会在自己的头脑中假设，如果当初不介绍他看那篇断食文章；如果他没有不经意地说出："像我们这种人，出家做和尚倒是很好的。"又假如他不说那句话："这样做居士究竟不彻底，索性做了和尚，倒爽快！"此时此刻的李叔同又会怎样？是不是，他此刻就不会捻着佛珠，读经诵律。

假如……假如……再多的设想，终是徒劳，弘一法师修佛之心已定，只是夏丏尊始终难以接受。

夏丏尊在临别时与之作约:尽力护法，吃素一年。弘一法师看着夏丏尊，微笑着回答了4个字——阿弥陀佛。他的微笑，如绽开的莲花一般，精美、慈悲。夏丏尊一愣，心中燃起一种莫名的情绪，眼前的好友，音容未改，却仿佛被注入了新的灵魂。

在那之后，夏丏尊再也不敢随意与弘一法师说玩笑话语。信仰是一个人的灵魂之花，主宰着人生的轨迹和事业的弃取。正因为对佛教的大彻大悟，才有了他对俗世的大弃大毁。

李叔同一出家，即告别尘世的一切繁文缛节，并发誓："非佛经不书，非佛事不做，非佛语不说。"

受戒后，李叔同持律极严，完全按照南山律宗的戒规：不做住持，不开大座，谢绝一切名闻利养，以戒为师，粗茶淡饭，过午不食，过起了孤云野鹤般的云水生涯。他在世人的眼中，完全成了一名苦行僧。

这样一种蜕变，在常人看来觉得不可思议，甚至，许多不知情的人都以为这只是人们以讹传讹的夸张说辞。从富贵里走出来的翩翩公子，到今时今日的破钵芒鞋的苦行僧。人们以为这是传奇。李叔同却是以一颗平常心淡然地完成了"由儒入释"的转化。

李叔同出家，对夏丏尊的触动很大，夏丏尊在《红衣大事之出家》中如是说："自从他出家以后，我已不敢再毁谤佛法，可是对于佛法见闻不多，对于他的出家，催出总由俗人的见地，感到一种责任。以为如果我不苦留他在杭州，如果不提出断食的话头，也许不会有虎跑寺马先生、彭先生等因缘，他不会出家。如果最后我不因惜别而发狂言，他即使要出家，也许不会那么快速。我一向这责任之感所苦，尤其在见到他苦修行或听到他有疾病的时候。"

后来，夏丏尊也开始接触佛典，对佛法了解多了，他也渐渐地释然，很久以后方才醒悟，李叔同的出家，都是他凤愿所偿，并且都是一种难得的福德，他为他欢喜。而之前的自责和愧疚，也就消散了。

李叔同的出家为僧，受打击最大的，应该是他的两位妻子。因为在此之前，他并没有显示出任何要出家为僧的迹象。他走得很平静，却又太突然。他托友人送自己的日籍妻子回国。他平静地了了尘缘，可他的妻子怎能平静地接受他的安排。曾经的怦然心动，曾经的浓情蜜意，恩爱十年，毫无征兆地就被割裂。她不信他们的爱已经不在。她说在日本，僧人可以有妻子。

可是，任凭他的妻子梨花带雨，他已然心境如水。他不是无情，而是参悟了大爱，所有带有欲望的爱，都是虚妄的，唯有慈悲在心，大爱才能常驻于心。所以，当面对她情感的质问时，他轻声说：爱，就是慈悲。

那一刻，便是他们最彻底的永诀。

他平静地离去，她只能深深地望着他薄凉的背影，泪如雨落，却始终没能看到他转身。

她如他所愿回到了日本，从此佛门俗世两想忘，此生不复相见。

李叔同的妻子俞氏，更是难以接受他出家为僧的事实，1921 年，她找到了李叔同的昔日好友，到杭州来寻他。寻了好几座庙才找到了他。

他们几人坐在一起，他的嘴角，始终带着笑容，不是专属的温暖，而是一种广博的慈悲。他的神情，写满了平静和从容。

最后，他还是一人只身离去，俞氏怆然痛哭，却再也挽回不了他远去的脚步。俞氏孤独离去，终日以泪洗面，抑郁成疾，不到一年的时间便寂寂离世。

他从繁华声中遁入空门，毅然决然，从此，尘世再无李叔同。与李叔同相关的一切，都成了一段精彩的传奇故事。

红尘中，再无他的脚步

【昨夜】

昨夜星辰人倚楼，

中原咫尺山河浮。

沉沉万绿寂不语，

梨华一枝红小秋。

——李叔同

皈依佛门，剃去三千烦恼丝，并不意味着真正的就可以清心无欲。佛门，是凡尘的终点，亦是踏入了梵行苦修之路的起点。

对于弘一法师来说，他在俗世经历了诸多的人生风雨，第一次带着家属从天津奔赴上海，他成长为一个真正的男人，而后母亲离世，成为他心中的致痛。他满怀希望地赴日留学，渴望开启新的人生，然而，命运的安排，并未给他施展抱负之地。之后，他投身艺术教育，赋予他人生新的意义，数年的教学生涯中苦乐参半，人生杂味他一一尝遍。

对于艺术的追求，让他更加透彻地体悟生命，从凡尘到佛门，他历尽了生命的苦，感受到灵魂的真，他心底绽放的白莲，圣洁而美好引着他的灵魂走向菩提世界，顿悟生命大爱。

然而，一入佛门，红尘往事便成了空相。他曾是俗世里的才子，卓越不凡的艺术家。然而，俗世功名被隔在了佛门之外，作为一个新的僧人，他将走向这条孤独的修行之路。

出家之前，在写完最后一幅字后，弘一法师将毛笔一分为二，已经决心将诗、书、曲、画等个技艺全部放下。然而，范古农的一句话，让弘一法师留下了书法的技艺。弘一法师是在1918年在听马一浮在嘉兴佛学会上讲授《大乘起信论》的时候结识了作为会长的范古农。当弘一法师决定放下一切红尘事，将技艺皆抛的时候，范古农说："若以佛语书写，令人喜见，以种净因，此为佛中事。"

书写可以作为一种佛中事，可以种下静音，弘一法师便与书法结下了佛缘。他为后世留下了许多佛教书法的珍品。书法，从某种意义来说，是一种禅。弘一法师的书法风格独具特色，其中内容和蕴含的深意已经远远超过了普通意义上的书法。

弘一法师专注在佛学创作中，苦修经书。时光在一声又一声的钟鸣里悄然地轮回。光阴累积下了越来越多的故事，此时的俗世里，没有李叔同的故事发生，红尘中，再无他的脚步。可他的朋友们却始终难以忘怀这个曾经真挚的朋友。

好友们陆续来访，此时杨白民已经按照嘱咐将李叔同的日籍夫人送回了日本。对此，弘一法师并无言语。他为杨白民写了《训言》，提醒他生死事大，劝他提早醒悟。另一位好友袁希濂在当时已经任杭州的法官，在过完年之后又将调往武汉，因此来向弘一法师辞行。他们静默地对望，徒然生出时过境迁，物是人非之感。

当年天涯五友在一起的时候，无比快意，一切光影记忆，就恍如在眼前，让人心心念念，却不可触碰。此时对坐的，是一个功名一身的法官，和一个青衫素雅的僧人。弘一法师还对袁希濂说了一件不可思议的事情。他告诉袁希濂他的前生是个和尚，还特地让袁希濂去看印光法师刻印的清人周梦颜的佛学著作《安士全书》。当时的袁希濂只以为是一时戏语，直到后来的民国十五年，他终于看到了周梦颜的佛学著作《安士全书》，看过之后，幡然悟道，之后便皈依佛门。

弘一法师在入佛门之后，慈悲心怀更为宽广。

僧人们有"结夏"的仪规，"结夏"是僧人每年有三个月的时间需要僧人在所属的寺院里面静修。在这期间，寺里有一只小黄狗病危，于是弘一法师请了一位僧人，一同为其念经超度，并送葬到了青龙山麓。

一次，弘一法师在渡江的船上看见了一只老鸭被关在了笼子里，主人准备将老鸭送到乡下去宰杀。面对一个生命将亡，弘一法师立刻恳请替老鸭赎命，并以三倍的市值买下了老鸭。后来，弘一法师授意丰子恺将老鸭形象绘出，再由自己题词，最后编入《护生画集》。

罪恶第一为杀，天地大德曰生。老鸭札札，延颈哀鸣；我为赎归，畜为灵囿。功德回施群生，愿悉无病长寿。

更有一次，弘一法师在寺庙里掩关，偶然发现那里的老鼠很凄惨，他便动了恻隐之心，时常有意剩下自己饭菜，定时放在墙角供老鼠享用。他还让人找来破布和棉絮给老鼠做窝用。

时光荏苒，这个曾经声名远播的翩翩公子已经出家近两年之久。他日的文化名人，今时的佛门僧人，他虽说是遁入了空门，可是他的传奇却不曾因此而停歇，宗教为他的人生更加渲染了一层神秘色彩。曾经的亲友频频到访，以表关心，但是反而搅扰了他的清修。他想放下世事，然而世事却并不愿意放下他。再加上杭州寺庙香火旺盛，对于弘一法师来说，的确有不小的妨碍，有时候甚至连静心都是难事。

纵观弘一法师多年的修行，似乎总是在不断地迁徙之中，且居无定所，他对自己极为严格，因此总是会留给人们一种苦行僧的印象。

弘一法师也曾想过寻一处幽静之处，能够安心地修行，参禅悟道。他曾在浙一师任教期间得知杭州的贝山是一处幽静之所，所以他决心前往掩关。

时年六月，弘一法师终于踏上了行进贝山之路，弘一法师轻轻地向岸边送行的朋友和学生送别。

蓝天之下，江水悠悠，水波一圈一圈地荡向远方，不知此时的弘一法师的莲心会否轻颤，泛起微微凉愁。

入山之后，弘一法师本想借此良机开始自己的钻研。然而，事并不一定遂人愿。贝山，并非人们想象的恍如仙境的清幽圣地，那一段日子接连的暴雨使得他筑屋修行的计划破灭了。于是便住进了灵济寺，潜心研究佛书。

在寺中，印光法师对弘一法师关爱有加，弘一法师也对印光法师非常崇敬。在后来的修行之中，弘一法师一直以印光法师为榜样，严格自律。

享福必会增长贪、嗔、痴、慢、疑、恶习。不但不能降伏其心，不能消除业障，障恶反与日俱增。此为堕落之因。故应"以苦为师，以戒为师"。弘一法师则深深地将这佛理印记在心，并身体力行，始终做一个苦行僧。

一次，弘一法师辗转到了宁波的七塔寺，好友夏丏尊当时正好在宁波任课，于是两人机缘得以相见。好友夏丏尊见弘一法师住宿条件极差，曾经的贵公子，如今和其他僧人一齐睡通铺，心中倍感酸楚。于是夏丏尊请弘一法师到白马湖居住。几次请求后，弘一法师应邀去了，但是却带上了他自己的铺盖。到了白马湖，他将自己的破席铺在了床上。当他拿出一条破旧的毛巾去湖边洗脸的时候，夏丏尊要为弘一法师更换。夏丏尊为弘一法师的贫寒窘迫而感到辛酸，而弘一法师却从容地将毛巾展开给夏丏尊看，以表示这条毛巾还可以用。最后，夏丏尊无奈只得掩面离开。

此外，弘一法师一直坚持过午不食，只要错过午饭时间，他宁可挨饿也不会再进食。当夏丏尊看到弘一法师欢喜地吃着素淡的白菜萝卜的样子时，甚至都要哭了出来。夏丏尊知道，眼前的这个人，彻底地变了。他成了真真正正的弘一法师。曾经那个放荡不羁的才子，那个镶着金边的贵公子，在这个世界上，已经不复存在了。

夏丏尊曾在《生活的艺术》中写道：在弘一法师的世界里，一切都好。百衲衣、破卷席和旧毛巾一样好，青菜、萝卜和白开水同样好。咸也好，淡也好，样样都好；能在琐碎的日常生活中咀嚼出它的全部滋味，能以欢愉的心情观照出人生的本来面目，这种自在的心性，宛如一轮皓月，大师的内心是何等空灵的境界啊！

这一切众人认为的苦，在弘一法师的眼中并非觉苦，他在这种苦修中体会到了一种无价的轻松和超脱，更有了轻灵的顿悟。

生命的苦乐，只在一念之间

【夜泊塘沽】

杜宁声声归去好，天涯何外无芳草。

春来春去奈愁何，流光一霎催人老。

新鬼故鬼鸣喧哗，野火磷磷树影遮。

月似解人离别苦，清光减作一钩斜。

——李叔同

韶华短暂，只看过了多少个春去春来，人生愁苦，有多少情丝记挂，难以忘怀。

这些年，弘一法师始终对丰子恺惦念，他一直都想找机会再和丰子恺见上一面。六年前在杭州师徒二人告别之后就没有再见过面。这回在白马湖没有见到丰子恺，他便辗转到了温州的"晚晴院"。这名字是李叔同所起，因为他特别喜爱李商隐的诗句："人间重晚晴"，因此特以此命名自己的居所，并且，他还郑重地请陶文星老人书写"晚晴院"匾额。

"晚晴院"算得上一处清幽之所，在这里居住的日子，弘一法师又开始了经书的写作。在这里，他执笔泼墨，钻研佛经，在每一个寂静的日子里，他都与这袅袅梵音为伴，佛在心中，他从不孤独。

岁月辗转，生命交替，转眼间又到了 1926 年的春天，弘一法师又从温州回到了杭州，这个美如画卷的城。他住在西湖边上的招贤寺从事《华严疏钞》的厘订、修补与校对。

招贤寺，是一处环境绝好的地方，依傍着湖水，又被葱葱的山岭环抱。这幽幽的美景，绵绵的湖水，勾起了他对学生的思念之情，在寺中刚刚落脚，他便立刻给身在上海的丰子恺寄去了一张明信片，上面写着："近从温州来杭，承招贤老人殷勤相留，年内或不复他适。"

弘一法师思念爱徒，而丰子恺也同样是非常记挂弘一法师，师徒二人，情感深厚，又多年未见，所以，当丰子恺收到自己恩师弘一法师的明信片时，心中是万分激动的。

几天后，丰子恺与夏丏尊相约一同去赶往杭州，去看望弘一法师。火车之上，丰子恺望着路边疾驰而过的风景，陷入了深深的回忆。

丰子恺将赴日本前几天的一个夜晚，同刚刚皈依佛门的老师匆匆告别，从此后，开始了生命的奔波，风风雨雨这么多年，直到今日，才有机会再次拜会自己的恩师。

当夏丏尊和丰子恺终于来到了招贤寺。二人步入正殿后，并未见到弘一法师，而是寺主弘伞法师出来迎接。

弘伞法师用一种平和的语气说："弘一法师日间闭门念佛，只有送饭的人出入，下午5时才见客。"

这就意味着，丰子恺和夏丏尊二人要再等10个小时才能见到弘一法师。无奈之下，二人离开，各寻旧友。当丰子恺提起自己要去拜会恩师弘一法师之时，几位旧友皆意欲同行，最后三人与丰子恺同行。当丰子恺一行几人来到招贤寺的时候，弘一法师正在和夏丏尊谈话。

弘一法师见到丰子恺后，温暖地笑了，他随即起身，向丰子恺迎了过来。时隔六年，再见之时，经历了尘世沧桑的师徒二人，彼此间的情感依然浓厚。一番关切言语之后，弘一法师将几人引到了招贤寺殿旁的一所客堂里。这客堂陈设简单朴素，甚至可以说是有些空旷，并没有过多的摆饰。除了旧式的椅子、桌子外，只挂着梵文壁饰。这种简单，给人一种宁静的感受。

夏丏尊把与丰子恺同来的几个人一一介绍给弘一法师，每介绍一位，弘一法师都含笑致意。就如同一个慈祥的老者，经岁月沧桑，受佛法洗礼，他的周身，都散发着一种慈悲之光。这一切，他的学生丰子恺都看在了眼里，他深深地理解了恩师，恩师走向佛法，并未与世人殊途，而是一种灵魂的皈依。

同来的杨君迫不及待地向弘一法师请教起有关佛教、儒道的种种问题来，还说及了自己与佛之缘。弘一法师始终面带着慈祥的笑容，一一回答。

佛学的智慧，渐渐地濡染了丰子恺的心，他听得痴迷，对弘一法师的崇敬，也更深一层。后来，他回到故乡之时，向母亲激动地讲述拜望弘一法师的经过，并且还找出法师出家前送给他的一包照片带回上海。这些照片中，有穿背心、拖辫子的，有穿洋装的，有扮演《白水滩》里于二郎的，有扮《茶花女遗事》里玛格丽特的，有作印度人装束的，也有断食十七日后的照……每一张旧照片，都是一段美妙而难忘的回忆。每拿起一张，都要向母亲认真地做一番讲述。后来，丰子恺归入佛门，法号"婴行"，但他并未剃度，是修行佛法的俗家弟子。弘一法师继续教授丰子恺佛法，二人又在佛门做了师徒。这也许就是佛法带给他们的缘分。

俗世的李叔同，是各界知晓的文化名人，他将艺术领略到极致。佛门的弘一法师，同样是成就非凡，为佛学的发展，献出了巨大的力量。有人说，命运的安排注定了他一生传奇与辉煌，然而，他真正不凡的原因在于执着与心中的信仰。当他信仰艺术时，他便会执着地追求。如今，他一心向佛，故竭力投入到佛学研究，终而修成了许多著作。

1924 年，他又研究《四分律》，融会多部佛学著作，最终撰写出了《四分律比丘戒相表记》，对佛学界产生了深远的影响。

只有经历过，认真过，执着过的人们，在回望生命之时才会发现，生命并非注定的方程式，每个人都可以通过自己的努力，来自己命题。弘一法师，用自己的认真和执着，踏出一条走向佛光的路。

弘一法师待人接物都非常温和，视众生平等。他天生的慈悲情怀，系念苍生，以至于最终的大彻大悟。来访之人，他都会亲切对待，然而，一些地方官僚，军界政要来访，他却都拒绝接见。

在内心之中，他始终都会秉承自己的信仰，去帮助那些真正需要帮助的人。

1926 年，炎炎盛夏，弘一法师和他师兄弟弘伞二人来到了庐山的大林寺，为弘一法师静心的调养。在此期间，弘一法师完成了《华严经十回向品初回向章》，并且还拯救了一个叫彭小玉的可怜姑娘。

彭小玉是当地石匠的女儿，从小就聪明伶俐，学习成绩一直很好，那一年，20 岁的彭小玉考上了北京大学，全家人都为之欢喜。可谁都无法料想，灾难却随之而至。

一次，她在自己的家里发现了一件贵重的国宝，那是一块唐代的大书法家柳公权所书的石碑，哥哥为了给她凑够学费，要将这价值连城的石碑卖给一个英国的牧师。彭小玉知道这块石碑的价值，想要将钱还给那个牧师，将石碑拿回来。狡猾的牧师假意答应归还，并邀小玉共进晚餐，无耻的牧师在酒中动了手脚，趁小玉晕厥时将她强奸。她清醒时看到的却是按有她的手印的一纸同意将石碑卖出的契约。

　　小玉的哥哥知道了事情的缘由便要去找牧师寻仇，结果被关进了监狱，为了救哥哥，小玉又再次找到牧师，要他放过哥哥。然而，无耻的牧师竟让小玉做自己的情人。小玉却不肯答应，牧师便要求小玉到山洞中去思过，并歪曲事实，将所有的罪责全部都推到了小玉身上。为了保全哥哥，小玉住进了山洞，这一住就是三年，也放弃了学业。这期间只有家人为小玉来送食物，她完全与世隔绝。

　　三载的生命轮回，小玉已经不是当年那个青春艳丽的小姑娘，她的心中充满了恨与失望。当家人接她回家的时候，小玉已经心灰意冷，不愿再回到现实生活里去。

　　家人看到小玉的样子，都为她心痛。可怜的老父亲听说大林寺来了高僧，于是带着自己儿子在寺庙之外长跪不起。

　　弘一法师在听说了事情经过后，对小玉的遭遇动了恻隐之心。次日便来到了困守小玉的山洞。小玉之前听说过弘一法师德高望重，当得知弘一法师到来时，小玉激动地跑出来，仿佛见到了菩萨一般，她相信弘一法师能够解救她的苦难。她跪倒在弘一法师身边，痛苦地将自己心中的委屈一一诉说。弘一法师只是一直用温情慈悲的眼神看着她，听小玉诉说心中的悲苦。当弘一法师问及小玉为何在禁闭期满后还不出来时，小玉的情绪十分激愤，她怒声地说她痛恨这个世界，她的心已经死了，比起外面残酷的世界，她更愿意在这山洞里草草了结此生。

弘一法师见小玉心中仇怨太深，痛苦至极，遂苦心规劝，劝她要为顾念自己的亲人重新地振作起来。然而她的眼神又恢复了一片死寂和灰暗。最后，她又转头回到了山洞。

小玉的态度坚决，但是弘一法师却并未放弃小玉。于是弘一法师就坐在洞口打坐。他发愿一定要带着小玉下山。夜半，庐山下起暴雨，雷电交加，狂风呼啸。然而，疾风骤雨里，弘一法师却定坐如山。小玉一直在洞里看着弘一法师，风雨、雷电、寒冷……对弘一法师一次又一次的洗礼。小玉的心一点一滴地被弘一法师的慈悲所感化着。过了许久，小玉终于走出了山洞，跟随着法师下山。走出山洞的小玉感受到了阳光的温度，而弘一法师的慈悲正如这温暖的阳光，照进了她的心中。在小玉回到家后，弘一法师还为她写了一封推荐信，推荐小玉去日本留学，小玉在日本开始了自己崭新的人生。她也没有辜负弘一法师的期望，最终成为了很有名望的画家和散文家。

生命的苦乐，只在一念之间，弘一法师用慈悲的心怀，改变了小玉的怨恨的执念，因而，使得小玉的生命重新绽放光彩。

世间的每一分福泽都值得珍惜

【春风】

春风几日落红堆，明镜明朝白发摧。一颗头颅一杯酒，南山猿鹤北山莱。秋娘颜色娇欲语，小雅文章凄以哀。昨夜梦游王母国，夕阳如血染楼台。

——李叔同

时光辗转，又是一年山花烂漫的好时节。在 1921 年春夏之交，弘一法师奔赴永嘉。这一次，他结识了与他同一时代的国画家刘海粟。

命运赋予了他们相近的才华，然而，他们却在相似的命运面前走出了不一样的人生轨迹。李叔同默然地接受了家庭安排的婚姻，而刘海粟则是在新婚之夜毅然逃婚。他的生命中写满了反抗和叛逆，他不断地追求自由、不断创新，为自己赢得新生。

对于艺术，刘海粟始终是喷涌着热血，他在接受了西方绘画艺术的熏陶之后，又承接中国绘画的传统理念，对绘画艺术进行革新，让绘画这种艺术形式更放光彩。

总之，刘海粟和弘一法师，两位艺术家人生迥异，他们的相遇相知，不得不说是一种难得的缘分。刘海粟始终对李叔同心怀崇敬。晚年的刘海粟说过，在近代的人中，他只拜服李叔同一人。

弘一法师给刘海粟留下了深刻的印象，根据刘海粟的叙述，他去关帝庙中看望弘一法师，当他看到弘一法师光着脚穿着草鞋，又见他的一张破床板竟然难过得哭了。

而当时，弘一法师本人却不觉有何异样，反而感到一种发自内心的自在。他在出家之后就一直做一个苦行僧人。俗家的生活习惯早已经改去，并一直坚持非时食戒，过午不食，衣着，住行都很朴素。这种朴素让他更懂得珍惜这世间每一分福泽。

世间原本多福多爱，只是越来越深的欲望阻塞了人们对爱的感知。吃得痛苦辛寒，才能感受到人生甘甜。

佛法修行，是一条漫长的路，红尘苦行，他望见极乐世界的佛光普照，那是佛家释子的信仰。弘一法师在佛学的修行之路上，潜心研究，并取得了累累硕果。

丰子恺先生在《我的老师李叔同》中曾写道："李叔同是一个万事皆认真的人。少年时做公子话剧，像个演员；学油画像个翩翩公子；中年时做名士，像个名士；办报刊、像个编者；当教员，像个老师；学钢琴，像个音乐家；做和尚，像个高僧。"的确，弘一法师在每一角色中，都十分认真，并全力做到极致，此时，他是一名保佛护法的僧人，亦是一位保家卫国的僧人。

抗日战争爆发后，厦门的战局十分紧张。许多朋友劝他到内地躲避战乱，他坚决拒之。他向大家表示："念佛不忘救国"。"为护法故，不避炮弹。"他决心与厦门共存亡。

弘一法师说："佛者，觉也。觉了真理，乃能誓舍生命，牺牲一切，勇猛精进，救护国家。是故救国必须念佛。"

他将一幅幅写着"念佛不忘救国，救国不忘念佛"的字幅送给有缘人，他动员全国的佛教众一同奋起反抗，保卫国家。在弘一法师的号召之下，越来越多的僧众加入到了救国护教的运动之中，形成了不小的声势。

为明志，他自题"殉教堂"的匾额，挂在自己室中。明确表示"时事不静，仍居厦门，倘值变化，愿以身殉，为诸寺院护法，共其存亡"。

真正的佛教以济生利世为己任，是积极入世的。1937 年 5 月，弘一法师暂住厦门万寿寺，当时，正好赶上厦门举行第一届运动会。筹委会想请大师谱一首曲子，而又恐他以"一心念佛，不预世事"为由而婉辞，故不敢前往。

刚巧，这事情兜兜转转就传到了弘一法师的耳中，之后，弘一法师自告奋勇为厦门市第一届运动会撰写了《会歌》他把体育与振奋民心、团结抗暴结合了起来。于是，便有了一首壮歌：

禾山苍苍，鹭水汤汤，国旗遍飘扬！

健儿身手，各显其长，大家图自强。

你看那，外来敌，多么披猖！

请大家想想，请大家想想，切莫再仿徨。

到那时，饮黄龙，把国事担当；

到那时，饮黄龙，为民族争光！

从这词中，我们清晰可见的是弘一法师凛然的民族气节，是中华民族永不倒下的气节，当敌寇入侵，每一个华夏儿女都将各显身手，保卫国家……这词的字里行间，涌动着一种雄浑的使命感。虽然，他是佛门中人，但是，始终会把国事担当。

当有人看到政治形势日益紧迫，劝他转往内地，躲一躲风头，以躲避祸难，然而，弘一法师却说："吾人吃的是中华之粟，所饮的是温陵之水，身为佛子，于此时不能共行国难于万一，自揣不如一只狗子；狗子尚能为主守门，吾一无所用，而犹腼腆受食，能无愧于心乎！""因果分明，出家人何死之畏！"

弘一法师言辞决绝，佛法在心，便无惧无畏。

为弘扬佛法，弘一法师还著了《护生画集》。丰子恺与弘一法师合作护生画的编绘是从1927年就开始了。也就是在这一年的10月21日，即农历九月廿六，丰子恺在上海的家中举行仪式，拜弘一法师为师皈依佛门。

丰子恺晚年曾写过一篇《戒孝子和李居士》的随笔，文中写道："我的老师李叔同先生做了和尚。有一次云游到上海，要我陪着去拜访印光法师。文学家叶圣陶也去……叶圣陶曾写一篇《两法师》，文中赞叹弘一法师的谦虚……印光法师背后站着一个青年，恭恭敬敬地侍候印光。这人就是李圆净。后来他和我招呼，知道我正在和弘一法师合作《护生画集》，便把我认为道友，邀我到他家去坐。"

丰子恺皈依佛教后，日益受到佛法感召，佛性渐深，心中的悲悯情怀便愈发宽宏。弘一法师和他也都想在弘扬佛法上做一件实际的事，并不仅仅是单一地向人们讲授佛理佛法。

丰子恺长于画作，于是，多番考虑，二人便酝酿编绘一部画集，取名《护生画集》。其中内容，即弘扬佛法、宣讲仁爱，劝人从善戒杀的大计划。

二人商定之后，便决定立即行动，由二人共同觅得题材，然后由丰子恺作画，后由弘一法师配诗文，这样，图文并茂，可以将佛法很好地表达。他们设想，若能编绘出24幅，就可以先行出版。后续，会将画集继续。

这是一部画集，更是一种慈悲的力量，弘一法师正是希望通过这种形式，将佛的慈悲心，发散到社会上，让更多的生命，减少苦难，接受佛光普照。

清净的修为

【秋柳】

甚西风吹绿隋隄衰柳,江山依旧。只风景依稀凄闵时候。零星旧梦半沉浮,说阅尽兴亡,遮难回首。昔日珠帘锦幄,有淡烟一缕,纤月盈钩。剩水残山故国秋。知否?眼底离麦秀。说甚无情,情丝蓦到心头。杜鹃啼血哭神州,海棠有泪伤秋瘦。深愁浅愁难消受,谁家庭院笙歌又。

——李叔同

这世间总会有深深浅浅的愁,因为心有记挂,所以忘不了,也放不下。此时的弘一法师心中所放不下的,恐怕只有佛法。

自从决定要做这《护生画集》之后,师徒二人便形影不离,许多人甚至会说:丰子恺成弘一法师的影子了。或许是受佛法濡染,丰子恺仿佛是变了一个人,周身散发着一种和弘一法师一般的宁静。

他的站姿端正,坐姿规矩,不会像从前一般随意斜坐,并且两手垂直地俯在膝上。平时很安静,有问必答,不问不答,说话的声音低缓。越来越有佛僧的模样。

因为和弘一法师相交亲近,有许多朋友想见他,都会来找丰子恺。弘一法师声望很高,许多人都对他非常敬仰,这其中就包括文学家叶圣陶先生。

一天，叶圣陶正在赶路，抬头时突然看见迎面过来三辆人力车。最先一辆上坐着一个和尚，他没有太多在意。然而，在第二辆上面坐着丰子恺，正欣喜地向他点头示意。

叶圣陶也微笑地点头回应，这时他忽然意识到，丰子恺的后面一定是弘一法师。这样想着，他的心中激动不已，几秒钟的时间，他等待着能够看一眼弘一法师，就如同等待一个庄重的仪式。

当第三辆人力车刹那掠过，叶圣陶发现车上果然坐着的是一个和尚，虽然只是短暂的瞬间，但是却给叶圣陶留下了深刻的印象。他面容清瘦，略有稀疏的长须。在这短促的一面之缘后，叶圣陶更加迫切地期待拜访弘一法师。

叶圣陶拜托丰子恺，希望有机会时介绍他见一见弘一法师。第二天，叶圣陶果然收到了丰子恺的来信，相约星期日在功德林会面。

这天在功德林菜馆会面，汇集众人，丰子恺约了叶圣陶，夏丏尊约了在上海的一位日本友人，此外，参与会见、用餐的还有周予同、李石岑等，也都是夏、丰二位的朋友，共有十余人。他们心中有着共同的愿望，就是拜见弘一法师，这一次会面，在座众人都非常激动。唯有弘一法师，悠然地数着手里的念珠，神态安详，气度不凡。弘一法师的脸上始终挂着慈悲的笑容，听着夏丏尊为他一一介绍。

这应该算得上一场十分难得的会晤，这些人，大都是文化圈的人，夏丏尊和丰子恺又与弘一法师，分别是旧识和师徒，原本每个人心中有很多话要讲，可是，实际同想象并不一样。众人始终没有太多开口，这一次会面几乎是在一种寂静和无言之中度过。他们在体味一种无言的享受。那是一个晴朗的午前。

晴秋的午前的时光在恬然的静默中经过，每一个人都觉得有一种难言的美。

弘一法师过午不食，所以午餐在 11 点钟便就开始。众人见到弘一法师夹起素菜，欢喜满足地送入口中去咀嚼，一时也惭愧起他们自己平时的狼吞虎咽。弘一法师的从容，让众人称服，那样的冷静是经历沧桑，多年修行的沉淀。

这其中有一位研究哲学的先生请大师谈一些人生的问题。可大师的回答是"惭愧"、"没有研究，不能说什么"。众人将弘一法师视如神一般，然而，弘一法师在心中只当自己是一个普通的人，他的心中只有佛法，俗世人生，他已经置之身外。所以，不懂，即是不懂。人生对错，赞毁，又与他何干？

《护生画集》编绘之初，遇到诸多问题，中间还有些事情耽搁，所以进度并不很快，但总归是在循序渐进。

1928 年，满山的花开得灿烂，《护生画集》的 24 幅画也圆满地完成了。当时，弘一法师正在温州大罗山诛茹坐宴。但是，他却始终关注着画集的进展，并且，他每收到丰子恺寄来的一幅画，就认真地为之配诗文，斟词酌句。

《农夫与乳母》一画，大师配诗曰："西方之学者，倡人道主义。不吠老牛肉，淡泊乐蔬食。卓哉此美风，可以昭百世。"

虽然，弘一法师和丰子恺在这段时间里并没有在一起，但是弘一法师与丰子恺书信频频，联系不断。其中书信的内容大多是护生画的沟通磨合。弘一法师对待任何事情，向来都是认真严格，这一次的《护生画集》更是严谨对待。

在画集之中，有一幅《今日与明朝》，此画原题为《悬梁》。弘一法师在配诗后就要求丰子恺重画。他在信中说："案此原画，意味太简单，拟乞重画一幅。题名曰《今日与明朝》。将诗中双鸭泛清波，群鱼戏碧川之景补入。与系颈陈市康相对照，共为一幅。则今日欢乐与明朝悲惨相对照，似较有意味。"

大师自己对配古诗亦相当慎重。《倘使羊识字》一画原拟配古诗。后终于觉得不贴切而改做白话诗。《喜庆的代价》一画，师原配一诗，但他又以为"原配一诗，专指庆寿而言，此则指喜事而言。故拟与原诗并存。共二首。

或者仅用此一首，而将旧选者删去。因旧选者其意虽佳，而诗笔殊拙笨也"。

弘一法师为推广《护生画集》，颇费心思。他始终坚信，所有的付出，一定会让更多人受益。只要这样做，读者一见到表纸，就可以知道这是新式的艺术品，不同于陈旧迂腐的劝善图画，可以引起普通人的兴味，在趣味地审阅之后，又给人潜移默化地向善的引导。

这年的9月12日他又给丰子恺写了信，详尽阐述了广大读者对象的意见：

……今此画集编辑之宗旨，前已与李居士陈说第一，专为新派知识阶级之（即高小毕业以上之程度）阅览至他种人，只能随分获其少兰。第二，专为不信佛法，不喜阅佛书之人阅览。（现在戒杀放生之书出版者甚多，彼有善根者，久已能阅其书，丙奉行惟谨。不必需此画集也。）近来戒杀之书虽多，但适于以上二种人之阅览者，则殊为稀有。故画集，不得不编印行世。能使阅者爱慕其画法崭新，研玩不释手，自然能于戒杀放生之事，种植善根也。

弘一法师是有意用艺术手段来达到提倡戒杀护生的目的。他不仅在画、诗、编辑宗旨等方面一丝不苟，而且在具体的版式装帧方面亦考虑甚多。他竭尽全力地希望这本画集尽善尽美。

《护生画集》第一集共50幅诗画，到1939年，当弘一法师60高龄时，丰子恺已经画出了60幅画。因为弘一法师健康状况不佳，并没有尽数为这些画作配诗。

弘一法师一直希望《护生画集》能够一直编下去，他设想过当自己70岁的时候，第三集能有70幅画，当自己80岁的时候，第四集能够有80幅画。然而，弘一法师并未看到后来的《护生画集》，但是丰子恺却坚持为弘一法师完成了愿望。他坚持画下去，在1973年的时候，丰子恺终于完成了第六集的100幅画。这个画集成了师徒二人弘扬佛法的最有力见证，也承载了师徒二人浓浓的情谊。

《护生画集》在问世之后，在社会上引起了巨大反响。尤其是在佛教界，是广泛流传，诸如大中书局、大雄书店、佛学局等皆相继印行，一时其版本有 15 种之多。而就印数而言，每版少则 1500 本，多则 5000 本，这些数字相加护生画流传之广可想而知。这样的发行量，在那时的出版界是很少有的了。中国保护动物会还发行了英译本，此外也有日译本面世。此画集的影响，诚如弘一法师所希望的那样："普愿众生，承斯功德。同发菩提，往生乐国。"

种下了善因，所得善果，送更多人，通往极乐。

1928 年底，冬日渐寒，可弘一法师的心，始终是暖热的，尤其是《护生画集》能够顺利出版，一切尘埃落定，他这一桩心愿也算了了。弘一法师与丰子恺等最后商定好《护生画集》的出版事宜后他的一颗心也就放了下来，便决定要到暹罗去。当天打理好行囊，第二日便动身。这途中必要行经厦门，船在厦门停靠。弘一法师受到了陈敬贤居士的热情接待。陈敬贤居士乃著名侨领陈嘉庚之弟。

1927 年早春大师在杭州常寂光寺的时候陈敬贤曾前往拜望言谈之中尽是禅理。这次大师路经厦门，并在城中停留，陈敬贤居士即表示要介绍他到南普陀寺去。

对于南普陀寺，弘一法师早有听闻，便欣然前往。在那里，弘一法师见到了性愿法师和芝峰法师，两位佛法精深的高僧。

性愿法师是闽南佛教界的长老，在佛学界很有威望。历任福建各名刹古寺住持，他人虽在闽南，但对于弘一法师他十分关注。芝峰法师是浙江温州人，早年出家先在宁波观宗寺亲近谛闲大师继入武昌佛学院受教于太虚大师。弘一法师在温州时芝峰法师也一度在那里，虽未见过面但彼此是很相契的。

弘一法师在方丈楼上住了几天，二位法师也经常和弘一法师谈话。同二位高僧的谈经论佛，对于弘一法师来说，是一件乐事。在探讨中，会迸射出火花，彼此增进佛法修为。

弘一法师本来是要到暹罗去，可是南普陀寺的几位法师都希望他在厦门留下弘法。几位法师都诚心挽留，他也便在寺中暂住了下来。并且，弘法一直是他秉行的作为。于是，在南普陀寺中，弘一法师每日诵经，广授佛法，在梵音与佛香之中，接受着佛法的再一次洗礼，让佛法的智慧，涤荡更多迷惘的灵魂。

是信仰，亦是人生

【老少年曲】

梧桐树，西风黄叶飘，夕日疎林杪。花事匆匆，零落凭谁吊。朱颜镜里凋，白发悉边绕。一霎光阴底是催人老，有千金也难买韶华好。

——李叔同

夕阳送走了韶光，西风催老的枝叶，秋去了，春会回来。可人的生命只有一次，韶华过了，便不复重来。弘一法师，将生命最好的光阴，都用来弘扬佛法。那是他的信仰，亦成了他的人生。

1929 年春节，春寒料峭之际，弘一法师应性愿老法师的安排到南安小雪峰度岁。小雪峰位于南安白马坟，是始建于南宋的古刹，深山古寺，又承袭着一种历史和文化，自然是另一种境界。这里也是禅宗一大传播之地。在这里，弘一法师安静地修行，在这欢喜的岁末年初，度过了一段难得宁暇时光。

大概半月之后，弘一法师再次回到了厦门。这次，他又到了闽南的佛学院。

闽南佛学院创办于 1927 年，由太虚大师任院长，教员多为太虚大师在武昌佛学院时的高足。眼下太虚大师正在国外弘，法委托芝峰法师负责佛学院的教务。芝峰法师对佛学院的课程很有一些担心，以为这里的功课门类分得很细但时间分配却很少。如此下去，怕没有什么成绩。所以特请弘一法师来帮助。

在弘一法师眼中，则是有另一种看法，他看到院里的学僧虽然只有二十几位，但他们的态度却很有礼貌与教职员之间的感情也不错。这是一种非常好的状态，并且是在他处不多见的。关于学习时间的分配，弘一法师果断地认为把英文和算术等删去，并增加佛学的课量。这一方法果然奏效，在精简课程之后，学僧们有了更多的时间去学习和研究佛法，此后学僧的学习成绩提高很快。

这是弘一法师第一次到闽南。住了三个多月后，他回到了浙江。4 月间弘一法师由苏慧纯居士陪同离开厦门。道经福州的时候，他在鼓山涌泉寺的藏经楼里看到了许多古老而又精致的刻本而且还有清初刊《华严经》及《华严经疏论纂要》等。在见到这些典籍之后，弘一法师心中欢喜，这样好的佛学经典，是该要弘扬的，而非深藏在经阁里，与尘灰为伴。那时候，他就埋下了重印《华严经疏论纂要》的心愿。

弘一法师在涌泉寺逗留后随即就去了温州。1929 年 9 月，清爽的秋。弘一法师自温州来到"晚晴山房"小住。弘一法师对"晚晴山房"的印象很好。宜于修养。当时，夏丏尊在上海，由于身体欠佳，大师曾写信要求他暂时可不来白马湖。可是，夏丏尊还是来了。也许是夏丏尊自己有感于身体状况不好，意识到了健康的问题，所以，他便也担心起弘一法师来了。

一日，夏丏尊忧心忡忡地问大师："万一你有不讳，像临终呀、入完呀、茶毗呀，有关这方面的规矩，我全是外行，这可怎么是好？"

弘一法师笑答："我已写好了一封遗书在这里，到必要的时候，我会交给你。如果你在别地，我也会嘱你家里发电报叫你回来。你看了遗书，一切照办就是了。"

多年的老友，情谊深厚，彼此可谓无话不谈。在二人经历过浮世风风雨雨后，更加豁然。对于生死，更是无所怖畏。

弘一法师，看淡生死，只当死亡是一件寻常事。这并不代表着他对生命的不在意，恰恰与之相反，他对一切生命都有一种慈悲的怜悯。

一天，绍兴的徐仲荪居士来拜访弘一法师。交谈中，徐居士倡议在白马湖放生。这样一个慈悲的提议，弘一法师自然是欣喜。弘一法师，对于自己身外的生命，总是怀有一种宏大的悲悯情怀。

弘一法师对放生一事的欣喜模样，使得夏丏尊不由自主地想起了当年在上海时的一件事。

弘一法师在上海，于坊间购请仿宋活字用以印经。但那些活字字体参差，行列不匀，因此发愿亲手写字模一套，然后制成大小活字，以印佛籍。

此后，大师依字典部首逐一书写，日作数十字，弘一法师做事向来认真，所以所刻的字，均要方正适中，偏正肥瘦大小稍不当意，即废之重写。弘一法师就这样坚持一个月的光景，却忽然终止了。这原因竟然是，他写到了"刀"部。

夏丏尊问他何故，弘一法师对他说："刀部之字，多有杀伤意，不忍卜笔。"在弘大师看来任何会引起杀生、伤生意念的物事都是残忍的，都是他心中痛惜的。慈悲已经入了他的心，在他的思想世界里，汇聚成了宏大的力量。

感细微之情，悯苍生之痛。

这次放生，对于弘一法师来说，是一次欢欣的经历。且看他事后写的《白马湖放生记》：

白马湖在越东驿亭乡，旧名渔浦，放生之事，前未闻也。己巳秋晚，徐居士仲荪过谈，欲买鱼介放生白马湖，余为赞喜，并同刘居士质平助之。放生既讫，质平记其梗概，余书写二纸，一赠仲荪，一与贡平，以示来览焉。

时分：十八年九月廿三日五更，自骚事乡步行十数里到鱼劣，东方未明。

舍资者：徐仲荪；佐助者：刘质平；荀者：徐全茂。以上三人皆往。

鱼市：在百官镇；品类：虾鱼等，值资八元七毫八分。

放生所：白马湖；盛鱼具"向百官面肆假用，肆三始不许，因告为放生故欣然。

放生同行者：释弘一、夏丏尊、徐仲荪、刘质平、徐全茂及夏家老仆丁锦标，同乘一舟，别一舟载鱼虾等。

放生时：晨九时一刻。

随喜者：放生之时，岸上簇工而观者甚众，皆大欢喜，叹未曾有。

第二年年初，弘一法师到福建南安小雪峰过年，适逢太虚大师也到那里度岁，于是，应诸法师的请求，二位大师合作制《三宝歌》。这一首歌至今仍在佛教界传唱。二位大师的合作方式是由弘一法师作曲，太虚大师填词，二位大师，成就了永恒的《三宝歌》：

人天长夜，宇宙黮黯，谁启以光明？三界火宅，众苦煎迫，谁济以安宁？大悲大智大雄力，南无佛陀耶！昭朗万有，衽席群生，功德莫能名。今乃知：唯此是，真正皈依处。尽形寿，献身命，信受勤奉行！

二谛总持，三学增上，恢恢法界身；净德既圆，染患斯寂，荡荡涅盘城！众缘性空唯识现，南无达摩耶！理无不彰，蔽无不解，焕乎其大明。今乃知：唯此是，真正皈依处。尽形寿，献身命，信受勤奉行！

依净律仪，成妙和合，灵山遗芳形；修行证果，弘法利世，焰续佛灯明，三乘圣贤何济济！南无僧伽耶！统理大众，一切无碍，住持正法城。今乃知：唯此是，真正皈依处。尽形寿，献身命，信受勤奉行！

生命颠簸流转，岁月让人沉淀，在历经尘世波折几十载后，弘一法师的身体状况，每况愈下。弘一法师的身体病疾素来已久，他早在浙一师任教时就有了神经衰弱的症状。自出家为僧后，他又经常受到一些俗世滋扰，因此，他一再迁徙。并且佛门中僧众修为水平不一，难免发生摩擦。再加上素来已久的神经衰弱的旧疾，浙江十余年的奔走，他始终都没有找到一方他渴望的净土。

辗转，辗转，1940 年冬天，弘一法师 61 岁时，他的脚步继续前行。他从永春蓬山出来，到水云洞小住。水云洞在南安的一小山上。

当时正是抗战时期，许多僧人都在山上冬耕麦田，去体悟这种农禅生活。这也是弘一法师非常提倡的做法，僧人们可以自食其力，又可是在耕种的辛劳中顿思禅理佛宗。这要比整日里，呆板地念诵佛经更有意义。

在这山上有个小僧，曾在泉州开元慈儿院念书，听过弘一法师说法，对弘一法师非常崇拜，当听说了弘一法师要来山上小住的时候，他高兴极了。

他欢欣雀跃，自愿做弘一法师的随侍。这样，他便有更多的机会与法师接触。

弘一法师是个极为认真的人，他持戒严谨，就连日常生活都是"戒律化"的，每日的时间都有一定的安排，从无一点差错。但是，当他的戒律不小心被破坏后，他却表现出宽宏和慈悲。

弘一法师喜欢读《老子》。"不言之教"，是老子一以贯之的管理思想。在短短几千言的《老子》中，类似的提法、论述贯穿始终。由此可见，"不言之教"在老子心目中的地位了。他认为，体"道"的圣人，以"自然无为"的态度去处世，以"不言之教"的方式去与人交往。

一天，小僧忘记为弘一法师冲开水，过了好一会儿他才忽然想起来，于是，匆匆忙忙地赶快跑去为弘一法师冲开水，当他将迟到的开水给老人端去时，弘一法师早已按时喝了冷水了。小僧人自觉得惭愧，然而弘一法师却没有半点责怪的意思，脸上始终挂着微笑。

在这以后，小僧人做事情再也不敢不准时了，他深深地记住了弘一法师的教诲。不光如此，小僧人在弘一法师的身上还学到了对物的珍惜。

一次，弘一法师在寺后田陌上散步回来，非常高兴，见到弘一法师如此欢悦，便问及缘由，才知道是从小水沟里捡起了几个小白萝卜，像捡到了珍贵的宝物，他高兴地对小僧人说："生萝卜吃下，是很补气的。"

小僧告诉他："田里还有很好的，我可以去拿几个来给您吃。"他坚持不要，说："小的也好，一样可以吃的。"说完，他就用水把它冲洗干净，津津有味地吃了起来。小僧人，心中很惭愧，那小萝卜是他抛在水沟里的啊。小僧人心中又深受感动。弘一法师虽然没有训诫，但他记取了这种教诲，终生不敢再作孽随便糟蹋食物了。

淡泊似仙

【悲秋】

西风乍起黄叶飘，日夕疏林抄。花事匆匆，梦影迢迢，零落凭谁吊。镜里朱颜，愁边白发，光阴催人老，纵有千金，纵有千金，千金难买年少。

——李叔同

春去秋来，光阴在一圈圈地轮回，然而，岁月催人老，韶光易逝不再来的，纵使千金也难买。于是，便有了诸多生命短暂的悲叹。

古诗言："百年三万六千日，蝴蝶梦中度一春。"《四十二章经》中讲了这样一段故事：

佛祖问弟子："人生究竟有多长？"

"五十年？"

"不对。"

"四十年？"

"不对。"

"三十年？"

"不对，不对！"

"那人生究竟有多长？"

"人生只在呼吸间。"

呼吸间，很短，只是个短促的刹那；同样也很长，长得贯穿了整个生命。万法变迁犹如朝露闪电。生命来到这世界上一遭，是命运的厚待，因此，每一寸生命的光阴里的浪费、懒惰、怨怼……都是对生命的亵渎。所以弘一法师严谨持戒，不差分毫。更是为了弘扬佛法，奔波劳苦。也因此没有愧对生命，了无憾事。

弘一法师开度世人，弘扬佛法，却为自己落下了一身疾病。1932 年，弘一法师决定长期留驻闽南，以减轻常年奔走带来的疾患。那里的气候四季如春，亦可以让他避免一些寒疾。

还有一个很重要的原因是，闽南的民风淳朴，那里的佛法刚刚兴起，并且呈现较好势头，因此，他想在那里弘扬佛法。他在闽南弘法，用的是一种边走边讲的形式，就如同闲云野鹤一般，自在轻盈。

弘一法师曾多次往来于浙江慈溪的金仙寺、五磊寺和伏龙寺之间。

1930 年秋，弘一法师到金仙寺，他与亦幻法师的住所相邻。后来亦幻法师回忆说："我那时真有些孩子气，好偷偷地在他的门外听他用天津方言发出诵经的声音，字义分明，铿锵有韵节，能够摇撼我的心灵，觉得这样听比自己亲去念诵还有启示的力量。我每站上半天，无疲容。"可想而知，他对弘一法师的崇敬之情。亦幻法师是一个寺主，却偷偷地躲在一位客人的门外聆听其诵经的声音，他对他，犹如朝圣般的崇敬，这足以见得弘一法师的魅力了。

春节，弘一法师来到了泉州承天寺。承天寺始建于南唐时代。号称"闽南甲刹"。性愿法师正在承天寺创办月台佛学研究社。弘一法师鼎力相助。这个研究社里人才济济，因此发展很快。

弘一法师在承天寺里主要做了两件事，一是给学人上写字课，讲授写字的方法；二是整理古版佛经，而且还编成了目录。忙碌的生活，虽然使他身体上会有一些疲劳，但是，弘一法师却始终积极参与，并认真地做好这两件事。

到了暮春时节，霏霏细雨浸润着整个泉州，给人以空明幽静之感。这时的弘一法师准备回浙江。临行前，他手书一书赠给闽南名宿会泉长老，联曰："会心当处即是：泉水在山清凉。"

然而，会心当处，却终不是弘一法师的归处。生命尚又一息，他便要继续脚步。

辗转，弘一法师又到了白马湖畔的"晚晴山房"。在这里，他将要进行一些研究考证的工作。早年间，弘一法师曾有机缘得到了日本古版《行事钞记》，但在当时，弘一法师还没有主攻南山律宗，所以没有详细研究，但是，他却始终没有将此事忘记。

《行事钞记》是唐代道宣律师所撰《四分律删繁补网行事钞记》的简称。与《四分律含注戒本疏》、《四分律删补随机揭疏》并为南山三大部，皆律学之要义。它是一部十分有价值的佛学经典著作。后来弘一法师又得到一部天津新版，而他自己也已经研究南山律宗，于是，他在"晚晴山房"里对新版做起详细圈点，改正讹误的工作。他尊重佛典，所以是不会容许这样的著作有错误。

得知弘一法师又来到了白马湖，多年好友夏丏尊便又匆匆赶来。正巧，此时经亨颐先生也在白马湖，他们三位老友又可以再度叙旧了。

农历五月十四日，这一天正好是夏丏尊45岁的生日。这天，夏丏尊约了经亨颐和弘一法师到自己家的平屋——亦称"小梅花屋"来聚会。他准备了简单的素菜，同时也为经亨颐备好了酒。如今三人，都已是经历过半世沧桑的人了。再聚首时，心中自然是无限感慨。当年，三位老友在浙江省立第一师范学校里时都是韶华正好之时，曾经海阔天空的梦想，曾经意气风发地拼搏，曾经的故事，历历在目，他们心中始终难以忘怀。

经亨颐先生给夏丏尊带去了一幅画，以示对夏丏尊的生日祝贺，画上题曰："清风长寿，淡泊神仙。"

"淡泊"二字虽然说得容易，但是却很难做到。他不停地喝酒来消解这累世的愁。

人生沧桑易变，弘一法师不禁也感慨泪流。但是，转而，他稳了稳情绪，又去安慰两位老友。

他在经亨颐赠给夏丏尊的画上也题了画记，用的就是《仁王般若经》的两个偈子。前面有小序：

庚午五月十四日，丏尊居世四十五生辰，约石禅及余至小梅花屋共饭蔬食，石禅以酒浇愁。酒既酣，为述昔年三人同居钱塘时，良辰美景，赏心悦事，今已不可复得。余乃潸然泪下，写《仁王般若经》苦空二渴贻之。

偈曰：生老病死，轮转无际。事与愿违，忧悲为害。欲深祸重，疮统无外。三界皆空，国有何赖？有本自无，因缘成诸。盛者必衰，实者必虚。众生蠢蠢，都如幻居。声响皆空，国土亦如。

在这之后，弘一法师要到宁波白衣寺去。夏丐尊也要到宁波办事，此二人又相约在宁波见面。

时光倏然划过，转眼间，弘一法师已经行至宁波的白衣寺，而夏丐尊住雨江旅社。不过，在这旅社里，夏丐尊意外地遇见了当年在浙一师里的同事钱均夫。钱均夫是吴越钱肃王的后代早年在日本留学，回国之后曾在教育部供职，后来又任教于浙一师。此时的钱均夫，已经皈依了谛闲法师，修行佛法，他的法名显念，人称显念居士。

多年不见，两位老友在此巧遇，这当然是一种人生难得的缘分。当夏丐尊和钱均夫提及弘一法师正住在白衣寺的时候，钱均夫非常激动，第二天便迫不及待地同夏丐尊一起去了白衣寺。

一见面，弘一法师一眼就认出了钱均夫，并亲切地喊出了他的名字。可钱均夫见了弘一法师，却是一愣，十余载未见，岁月却将当年风度翩翩的李叔同雕琢成了一位高僧。弘一法师一身袈裟，光脚穿着草鞋，笔直地站在那里。

听说钱均夫皈依三宝，弘一法师非常高兴，并指出，这是明智之举。又给了钱均夫一些指导："现在你来这里，正好赶上两件事：一是谛闲法师正在观宗寺讲经，你是谛老的弟子，应该抽时间去听听；二是应该到天宁寺参谒由滇省来游的虚云老法师。虚云老法师入定可以到 21 天之久，这是目前海内所不易遇见到的。"

对于弘一法师给出的建议，钱均夫都一一照办了。同时，他考虑到白衣寺主安心头陀以及虚云、弘一两位法师，同时在宁波的机会难得，于是便趁此良机在寺中设斋供养，可以向几位法师请教佛法。虚云大师来寺中指导，并安排了钱均夫和弘一法师合影纪念。参加合影的人除二位大师外，尚有文质、安心头陀、黄寄慈等。照片上的题记曰："宁波白衣寺欢迎虚云老和尚暨弘一法师摄影，以志纪念，时在庚午仲夏。"

这一张照片，成了历史珍贵的回忆。

弘一法师在宁波暂住了几天之后又同夏丏尊一起回到了白马湖。这时他在俗时的学生刘质平再次来到"晚晴山房"。师徒二人又叙念。

一天晚饭后，夏丏尊和刘质平都叹息当今作歌者难得，俗曲盛行。"大师出家太早了，要是再晚几年，还可以多作一些学堂乐歌。"然而，令刘质平出乎意料的是，弘一法师却说："为了下一代着想，我愿再作！"

夏丏尊和刘质平听后都欣喜万分，情不自禁地就请求他尽早作起来。于是，弘一法师便在心中开始酝酿后来的清凉歌。

弘一法师在作"清凉歌"的时候，身体状况很差。他对蔡冠洛居士说过："一子今春病症，热如火焚，虔诵《行愿品偈赞》，略无间断，遂觉清凉。一心生西，境界廓然，正不知有山河大地，有物我也。"

时隔一年，弘一法师在浙江慈溪白湖金仙寺写成了"清凉歌"五首，这便是：

《清凉》：

清凉月，月到天心，光明殊皎洁。今唱清凉歌，心地光明一笑呵。清凉风，凉风解愠暑，气已无踪。今唱清凉歌，热恼消除万物和。清凉水，清水一渠，涤荡诸污秽。今唱清凉歌，身心无垢乐如何。清凉，清凉，无上究竟真常。

《山色》：

近观山色苍然青，其色如蓝。远观山色郁然翠，如蓝成靛。山色非变，山色如故，目力有长短。自近渐远，易青为翠；自远渐近，易翠为青。时常更换，是由缘会。幻相现前，非唯翠幻，而青亦幻。是幻，是幻，万法皆然。

《花香》：

庭中百合花开。昼有香，香淡如；入夜来，香乃烈。鼻观是一，何以昼夜浓淡有殊别？白昼众喧动，纷纷俗务繁。目视色，耳听声，鼻观之力，分于耳目丧其灵。心清闻妙香，用志不分，乃凝于神：古训好参详。

《世梦》：

却来观世间，犹如梦中事。人生自少而壮，自壮而老，自老而死。俄入胞胎，俄出胞胎，又入又出无穷已。出不知来，死不知去，蒙蒙然，冥冥然，千生万劫不自知，非真梦欤？枕上片时春梦中，行尽江南数千里。今贪名利，梯山航海，岂必枕上尔！庄生梦蝴蝶，孔子梦周公，梦时固是梦，醒时何非梦?! 扩大劫来，一时一刻皆梦中。破尽无明，大觉能仁，如是乃为梦醒汉，如是乃名无上尊。

《观心》：

世间学问，义理浅，头绪多，似易而反难。出世学问，义理深，线索一，虽难而似易。线索为何？现前一念，心性应寻觅。试观心性：在内欤？在外欤？在中间欤？过去欤？现在欤？或未来欤？长短、方圆欤？赤白、青黄欤？觅心了不可得，便悟自性真常。是应直下信入，未可错下承当。试观心性：内外、中间、过去、现在、未来、长短、方圆、赤白、青黄。

弘一法师词作一出，众人皆为叹服。于是众人便积极地准备后续工作，期待这一作品能够早日面世。刘质平等人为歌曲推敲、试奏。弘一法师也非常关心曲谱的动态，经常写信询问。这一来二去，歌曲就渐渐丰满起来。那美丽的音韵与歌词，如清澈的水流一般，潺潺流淌。

再后来，此曲又在出版上遇到了资金问题，众人都十分苦恼，一部心血之作眼看着就要面世，又遇到了如此阻碍。众人苦恼惆怅之际，弘一法师又写信提示："开明、世界（现蔡丏因任编辑事）乃佛学书局，皆可印行，不需助印费。仁者仅任编订校对之事，即可成就也。"

经过几番周折，《清凉歌集》终于在1936年10月首印出版。

《清凉歌集》，全书分为三部分，歌谱，歌词，还有歌词大意。封面上"清凉歌集"4个字，是用小篆写成的。

翻开封面，首页上写夏丏尊在《清凉歌集》的序言中也有介绍："作曲者五人：质平为和尚之弟子，学咏、希一、伯英，为质平之弟子，绂棠为质平之再传弟子，皆音乐教育界之铮铮者。歌曲仅五首，乃经音乐界师弟累叶之合作，费七年光阴之试练，亦中国音乐史上之佳话矣。歌名'清凉'，和尚之所命也。"

歌词部分的字迹，结构清疏，线条纯净，有一种远离尘世缥缈的味道，那正是弘一法师的真迹。很多人都称弘一法师的字是"佛字"，给人以沉静、辽远的感受。此后，1943年大雄书局出版过"清凉歌"，影响深远。弘一法师用他的? 给世人留下了满心清凉与舒畅。

清花果烛，是为礼

【遇风愁不能寐】

世界鱼龙混，天心何不平？

岂因时事感，偏作怒号声。

烛尽难寻梦，春寒况五更。

马嘶残月堕，茄鼓万军营。

——李叔同

烛火尽了，梦已难寻，纵然青春逝了，但还好岁月还在。不管是怎样的生命状态，总是值得去珍惜。这一年，过了春节，弘一法师已经54岁了，他意识到这正是他弘律的大好时光。

1934年2月，应南普陀住持常惺、退居会泉二法师之请弘一法师来到厦门整顿闽南佛学院教育。经过一段时间的悉心观察，弘一法师发现，此时闽南佛学院的问题非常棘手。这里学僧不听约束已成风气，整顿起来不易入手。

百般思虑之后，弘一法师主张另办学院，并且，在心里已经开始筹划。弘一法师以为，佛学院的教育宗旨应该是深信佛菩萨灵感之事，深信善恶报应不爽。并为学校的名称"佛教养正院"是取《易经》"蒙以养正"之义。

在教学方面，除训话、读书、讲书、国语、习字之外，还要加一个习劳。教员要每日的训话两小时，僧中威仪，行坐进退，言语饮食礼拜等，都要随宜授之，以助学僧严谨持戒。对于佛教养正院的开办，弘一法师已经盘算好了，只等机缘。

次年夏天，弘一法师又开始编撰见月法师的年谱、眉注《一梦漫言》等。对于《一梦漫言》是明代宝华山见月法师自述行脚的书。反复研读之后，弘一法师非常喜欢，并深受感动。为了便于之后的读者阅读，所以弘一法师将此著作予以眉注，并考其图，另寻行脚图表一纸。弘法是事业，是弘一法师一直坚持的，弘一法师乐此不疲地投身于弘法的事业中。"余将尽其绵力，誓舍身命而启导之。"

1934 年冬，弘一法师在万寿岩开讲《弥陀经》。《弥陀经》是《佛说阿弥陀经》的简称，姚秦三藏鸠摩罗什译，是净土三部经之一，各家注述颇多，计隋代有《阿弥陀经义记》，唐代有《阿弥陀经义述》，宋代有《阿弥陀经义疏持闻记》，明代则有《阿弥陀经要解》。这次弘一法师在宣讲时，又编了《弥陀经义疏撷录》。

1935 年，弘一法师决定要到惠安去弘法。然而此时弘一法师的身体状况极差，到惠安去又要渡海，这样舟车劳顿，恐怕弘一法师身体会吃不消。许多的法侣都劝说弘一法师为自己的身体考虑，劝他不要去。

弘一法师只是笑笑，但他没有改变行程，他的主意已定，便不会再动摇，此缘分不了，他心中便不会安宁。并且，弘法是他此生的宏愿，他愿为其舍弃生命。所以，身体的劳苦又算得了什么？

面对众人的关心，他唯以频频致谢，遂率传贯、广洽二人于十一日傍晚在泉州南门外乘帆船出海，继续弘法之路。这一夜，海风呼啸，海浪滔滔，弘一法师始终难以入眠，遂通宵达旦，念诵佛号，在摇晃的船舱里，平稳心绪。天气持续恶劣，他们第二日抵达崇武时，风雨依旧。

于是，三人又换上小舟，逆风顶浪，冒着阴雨，于午前到达了净峰寺。净峰寺位于净峰山上。此处也正是传说中李铁拐的成仙之处。沾了仙人的传说，这山看起来更显得灵秀。

传说李铁拐是惠安人，某年冬日，他替母亲烧饭，柴烧完了，一时着急，举足入灶。恰好被云游至此的吕洞宾发现。吕洞宾知道此人此举是性情之体现，遂度他仙去。

弘一法师一到这里，就被此地的景致给迷住了，走过风雨阴霾，又见到这绝美的风景，着实令人欣喜。弘一法师遂生出一种终了于此的愿望。他后来给友人写信："今岁来净峰，见其峰苍古，颇适幽居，遂于四月二日入山，将终老于是矣。"然而，弘一法师一直为弘法而奔忙，断然不会就此幽居终老。但是顶着风浪和阴雨来到了净峰便知足了，纵使不能终老此处，今生也无遗憾。

随同弘一法师一起到惠安来的还有广洽法师。广洽法师乳名老禅，父亲是清朝贡生，早在广洽5岁那年就离开了人间。广洽在1921年10月正式在南普陀寺拜瑞等和尚为师，出家为僧人。1929年与第二次到闽南的弘一法师相识，从此结下了缘分。

在1931年9月，广洽写信给弘一法师，邀其赴闽。弘一法师在1932年11月开始在闽南定居后，便与广洽法师建立起了十分融洽的关系，心中有了感触便会写字送给广洽，并为他取了一个号"普润"。

弘一法师的厚爱，自然使广洽心中充满了温暖，广洽从心里非常感激。后来广洽成为了弘一法师的十一位学法弟子之一。师徒情深，始终相依为伴。

岁月是一个神奇的东西，它让弱小的孩童长成壮年，它又将一个健壮的身体催得衰残。每当弘一法师感受到自己生命衰危之时，也总是想到交代后事。生命的每一天里，他都是认真的，对待死亡，亦是如此。

净峰是个山幽水美的佳处，弘一法师想在净峰长住，但是，各处的邀请使他又不得不离开。他的生命一息尚存，他的弘法之路便要继续下去。

走在弘法的路上

【赠津中同人】

千秋功罪公评在，我本红羊劫外身。

自分聪明原有限，羞将事后论旁人。

——李叔同

每一棵草木，终将走向荒芜，每一段人生，都将走向末路，生命，只有经历了生死才算完整。那么，最后的路途，你将会迈出怎样的脚步？

弘一法师，始终行走在弘法的路上，走向佛的归途。

他来到应泉州承天寺传戒法会礼请。在此之后，他又移居温陵养老院。在那里，广洽法师割指沥血，大师用其血书《戒经》。到了 11 月 19 日，弘一法师又赴惠安科山寺讲演，期间，法师的病情已经十分严重，至 12 月初三日返回泉州后，终于卧病草庵寺。

病痛一次次地侵袭，他的心却始终端坐着一尊佛，任何病痛，都无法入侵。

广洽法师在大师卧病期间总是前往问候，并多次陪他到厦门就医。病重之时，广洽法师时来问候，弟子的关心，弘一法师自然是感激在心，但是弘一法师对广洽法师说："你不要问我病好了没有，你要问我有没有念佛?这是南山法师的警策，以后当拒绝一切，闭户编述南山法书，以至成功。"

弘一法师病情严重，草庵寺中为此支付了不少费用。他自出家以来，坚持不受供养，只有他的老友夏丏尊是例外。他给夏丏尊写了信：一个月前，因往乡间讲经，居于黑暗室中，感受污浊的空气，遂发大热，神志昏迷，复起皮肤外症。此次大病，为生平所未经过，虽极痛苦，幸以佛法自慰，精神上尚能安顿。其中有数日病势凶险，已濒于危，有诸善友为之诵经忏悔，乃转危为安，近十日来，饮食如常，热已退尽，惟外症不能愈……此次大病，居乡寺内，承寺中种种优待，一切费用皆寺中出，其数甚巨，又能热心看病，诚可感也。乞另汇下四十圆，以二十圆赠寺中（以他种名义），其余二十圆自用，屡荷厚施，感谢无尽。以后通信，乞寄'厦门南普陀寺养正院广洽法师转'，我约于病愈春暖后，移居厦门……

病中的弘一法师又为自己留了遗嘱。他把遗嘱交给了传贯。遗嘱写道："命终前请在布帐外助念佛号，但亦不必常常念。命终后勿动身体，锁门历八小时。八小时后，万不可擦身体洗面。即以随身所着乙衣，外裹破夹被，卷好，往楼后之山凹中。历三日有虎食则善，否则三日后，即就地焚化。焚化后再通知他位，万不可早通知。余之命终前后，诸事极为简单，必须依行，否则是逆子也，演音启。"

然而，弘一法师承蒙佛祖庇佑，身体还是逐渐康复了。

1935年春，他先后在开元寺、净峰寺、科峰寺、承天寺等地宣讲。他就这样马不停蹄地宣讲，用佛法，沐浴更多苦难的人们，他曾在离开净峰寺的时候写下这样一首诗：

我到为植种，我行花未开。

岂无佳色在，留待后人来。

他就这样行行止止，竭尽全力弘扬佛法，他所到之处，都如春风般拂过，在人们心中散下了慈悲的、佛的种子。

在这样的过程中，他写下了大量的佛学著述，如《人生之最后》、《行事钞记》、《净宗问辨》、《悲智》……每一部作品，都是他人生的凝华和灵魂的感悟。他的每一个脚步，每一分顿悟，都将无限地靠近佛陀。

弘一法师不仅仅是在佛界非常有威望，并且，尘世中人也深深爱戴弘一法师。

著名的文学家郁达夫也是对弘一法师敬仰已久，阴差阳错，使得郁达夫一直以来都未能见大师一面。这一次，郁达夫刚刚从台湾到厦门，就在 12 月 30 日下午由《星光日报》记者赵家欣陪同游览南普陀寺。

宁静的古刹，幽静的山林，郁达夫深深地沉浸在禅境之中。于是，他提出了要拜见弘一法师的想法。刚好记者赵家欣认识广洽法师，就请广洽法师向弘一法师通报。终于赵家欣和广洽法师、郁达夫，三人一同渡海到鼓浪屿日光岩访问弘一法师。

这一日，郁达夫终于见到了弘一法师，郁达夫成名于文坛，但是弘一法师对于他的了解并不多，因为当他蜚声文坛之时，弘一法师已经遁入空门，放下了红尘事，全身心的精力都投入到了修法弘法之中。弘一法师同郁达夫进行了一番交谈，在临别时弘一法师取出《佛法导论》、《寒茄集》、《印光大师文钞》等佛书送给郁达夫。不久，郁达夫就有了一首抒怀诗：

不似西汾遇骆垂，

南来有意访高僧。

远公说法无多语，

六祖传真只一灯。

学士清贫弹另调，

道宗宏议薄飞升。

中年亦具逃禅意，

莫道何周割未能。

此后，郁达夫跟弘一法师交往渐渐多了起来，也就有了不少渊源。郁达夫委托弘一法师代订《佛教公论》等。1937年1月18日，高胜进居士编《弘一法师特刊》刊于《星光日报》，题字者也是郁达夫。

1937年，这是弘一法师自初到闽南算起在这里居住的第十个年头。人生短暂，弘一法师不知道自己能否到达下一个十年，然而，对于过去这十年闽南生活，他非常满足，因为这十年间，他为了弘法，付出了许多，当然也得到了很好的收效。

为了对这十年作一个回顾小结，大师遂利用3月28日在南普陀寺讲演之机作了一篇《南闽十年之梦影》，这一次演讲，由高胜进居士记录，这篇演讲极为精彩，可以说是弘一法师这十年人生精华的提炼，其中诸多精彩片段，引人入胜，精彩绝伦。

5月14日，弘一法师带着弟子传贯、开仁、圆拙等乘太原轮出发了。又开始走向了新的路途。弘一法师只带了些简单的行李。还有几本厚厚的经书。

旅途奔波，自然是难免的，弘一法师从太原轮到上海后，要换船再至青岛。在上海停留的时候，他的朋友叶恭绰先生和范成法师在法宝馆请大师午餐。当时叶恭绰怕大师在青岛人地生疏，就向大师了解去青岛的船只和时间，以便致电湛山寺前来迎接。但是，当弘一法师知道后，便改乘其他船，来躲避这种不必要的喧哗。

　　至高的威望，也给弘一法师带来了烦恼。他希望世人信佛，而不是信他。当弘一法师一行到达青岛的时候，湛山寺还是知道了他的行踪。湛山寺住持谈虚法师带着道俗二众，预先赶到码头迎接。而寺中剩下的全体僧众，全部披衣持具肃立恭候着。

　　当众人期待已久的弘一法师出现时，大家的目光一齐射在了他的身上。弘一法师穿着一身半旧的夏布衣褂，外罩夏布海青，脚却是光着的，鞋是草制的，他的面容苍白而清瘦，却始终是一副清秀的神情和慈悲的姿态。

　　当弘一法师步入客堂时，全体僧众和闻讯赶来一睹大师风采的男女居士便蜂拥般地集中在客堂的阶下，向弘一法师行欢迎之礼。弘一法师对僧众始终是亲和慈悲。

　　弘一法师在湛山寺期间，正巧朱子桥将军因公务来到青岛。将军一直信奉佛法，多年来仰慕弘一法师，却没有机会相见。当他听说了弘一法师正在湛山寺弘法之后，便想要去拜访。对于乐善好施的朱将军，弘一法师也早有耳闻，因为朱将军一直敬重三宝，又为佛法做出了不少贡献，并且，他在多年前资助弘一法师在五磊寺办律学院。弘一法师欣然接见了朱将军。

　　当青岛市长沈鸿烈准备在湛山寺请朱将军吃饭时，朱将军说："可以请弘老一块来。不过应该让他坐首席，我作陪客。"

　　然而弘一法师这一次并没有赴约，只是让监院师带去纸条："昨日曾将今日期，出门倚仗又思维。为僧只合居山谷，国士筵中甚不宜。"大师虽然未来，但这纸条上的诗句，已让将军、市长钦佩不已。

弘一法师不赴"国士筵"，而对谈虚法师对他的厚待也坚持不受。他一向持戒严谨，将自己与僧众一视。所以，第一天，谈虚法师让寺里替大师准备了四个菜送到寮房里去。弘一法师没有动；第二天菜的数量少了一点，弘一法师还是没有动。到了第三天，只备了两样菜，弘一法师依旧不食。最后只好盛去一碗大众菜，弘一法师问："这菜是不是跟别人的一样？"直到寺里替他端来跟别人一样的菜，他才津津有味地吃了起来。

弘一法师在青岛湛山寺住了几个月，季节很快就由春末而到了初秋。这里的季节分明，美丽的秋阳高照，天空湛蓝，和无比的大海相互掩映。然而，再美丽的风景，也留不住弘一法师，他是一个行僧，他的心中不仅仅有一处风景，而是装满了天地万物。

寺里的僧众都希望弘一法师能够在这里待久一点，甚至，最好弘一法师能永远留在这里。僧众盛情难却，弘一法师便应允不会立即离开，并将行期定在中秋节过后。他给泉州的性常法师也写了信："……中秋节后，如有轮船开行，即在上海小住，再返厦门。"

可就在弘一法师逗留之际，发生了大事。两名日军官兵乘着军用车向上海虹桥机场猛冲，被中国守军击毙。一个星期后，即 8 月 13 日，日军以此事为借口，向上海发动大规模军事进攻，这也是继卢沟桥事变后日本侵华战争的又一次升级。至此，中国也就进入了全面的抗日战争。

战事迫在眉睫，政治局势极为紧迫。许多友人都纷纷写信劝弘一法师早日离开青岛，然而，弘一法师却镇定自若，他给友人回信："……朽人前已决定中秋节乃他往，今若困难离去，将受极大讥嫌。故虽青岛有大战争，亦不愿退避也。"他一如既往在青岛弘法，紧迫的局势并没有丝毫扰乱他的心境，直到 10 月份，他才决定离去。就在大师临行前的几天，湛山寺众僧又请他作最后的开示。弘一法师深情地对大家说："这次我去了，恐怕再也不能来了。现在我给诸位说几句最恳切、最能了生死的话……"

弘一法师沉默了片刻，忽然大声说道："就是一句——南——无——阿——弥——陀——佛！"

这几个月里，他和寺中的僧众结下了深厚的友谊，彼此之间的感情相当融洽。但是，此时他却不得不走了，他不愿意大家为他操劳，也要继续到他处去弘法。临行之前，弘一法师从口袋里掏出一张纸条，郑重地交给谈虚法师。谈虚法师展开来一看，上面写着五个条件：

第一，不许预备盘川钱；

第二，不许备斋钱行；

第三，不许派人去送；

第四，不许规定或询问何时再来；

第五，不许走后彼此再通信。

经过了一段时间相处，谈虚法师对弘一法师的为人已有许多的了解，对于弘一法师提出的要求，前四条他都并未感到惊讶，只是他并不理解第五究竟为何。但是他相信弘一法师的要求自然是有其道理，也就全部依从。

对于弘一法师，来去，皆是缘。他跟着缘分来了，缘尽了，也便要走了。这一切都是自然而然的事情，就如同花落花开。过多的执念和情感，只是徒劳的挂碍。

梦境过后，便是一生

【忆儿时】

春去秋来，岁月如流，游子伤漂泊，回忆儿时，家居嬉戏，光景宛如昨。茅屋三椽，老梅一树，树底迷藏捉。高枝啼鸟，小川游鱼，曾把闲情托。儿时欢乐，斯乐不可作。

——李叔同

烽烟滚滚，眯了人们恐惧的眼，世间苦难，在战争中一一上演。从此，岁月里，所有美丽风光，都被硝烟遮盖，所有美好的声音，都淹没在嘶喊和悲声里……

此时的上海已处于了大战之中，战火硝烟弥漫在上海的天空中，这个原本风情万种的城市在战火中叹息。在上海，唯有租界尚能暂时避难。弘一法师此前已给在上海的夏丏尊写了信，表示要在上海停留："拟暂寓泰安栈。（新北门外马路旁，面南，其地属法租界之边也。某银楼对门，与新北门旧址斜对门，在其西也。）即以电话通知仁者，当获晤谈也。"

半生的好友，情分已经深深根植在心里。夏丏尊接到信后，十分担心，上海正值战火危难之际，而青岛相对平静，于是写信劝说弘一法师暂留青岛，然而，弘一法师依旧是没有改变自己的计划，还是毅然地离开了青岛。

畏惧，是因为恐惧死亡，弘一法师心中澄净，生死皆是缘分，面对战争，他便无所怖畏。

上海相见时两位旧友并未多言，岁月催人老，几年的光景，彼此都成了老人。弘一法师见夏丏尊的脸上有愁苦的神情，就笑着对他说："世间一切，本来都是假的，不可认真。前回我不是替你写过一幅金刚经的四渴了吗？'一切有为法，如梦幻泡影，如露亦如电，应作如是观。'你现在正可觉悟这真理了。"

世间诸事，弘一法师已经看淡了，一切如梦幻，也就不必过多执念。

依照计划，弘一法师将在上海停留三天，然后再回到厦门，在第三天弘一法师即将离开时，夏丏尊又到弘一法师所住的旅馆看望。

此时，日本人的飞机就在外滩附近狂轰滥炸。而弘一法师的住处就在此。在这里住的人，一直都是神经紧绷，时刻都是受到弹火的惊扰，连眼神中都烙刻着深深的恐慌。然而，当夏丏尊见到弘一法师之时，便惊住了。弘一法师端坐着，捻着佛珠，嘴唇微动，念诵着佛经，宛如一尊佛，在这战火硝烟之中，散着纯净慈悲的佛光。夏丏尊看得出神，深受震撼。

这天中午，夏丏尊与几位朋友请弘一法师到觉林蔬食馆午餐，然后又约弘一法师到附近的照相馆去拍了一张照片。

第二年春天，夏丏尊把这张照片寄给丰子恺一张，附信则言："弘一法师过沪时，曾留一影，检寄一张，借资供养（师最近通讯处：泉州承天寺）斯影摄于大场陷落前后，当时上海四效空爆最哑，师面上犹留笑影，然须发已较前白矣。"

弘一法师回到厦门住在万石岩。然而，厦门的形势也不乐观，战事一触即发，许多友人都十分担心弘一法师的安危，劝法师保自身安危，众人的关心和好意，弘一法师感怀于心，但却坚定并不会为战事而逃离。

弘一法师开始了弘法之路，这一次，弘一法师到泉州弘法，与以往有所不同，广结法缘，就算是孩子，他也要开导。在开元寺里，弘一法师住在寺的后院，这里有晚二堂课诵，他经常会早晚听到慈儿院的学生念佛念经得法，那整齐的诵经声，让他感到一种纯净和浓浓的暖意。这次他再次来到开元寺，专门为慈儿院讲了《释迦牟尼佛为法舍身》的故事，学生们很喜欢听。

1938年5月中旬厦门沦陷，整座城，都陷入一种颓败和冗长的悲伤。那时，弘一法师正在漳州弘法。

7月，草长莺飞，万物兴荣，而弘一法师却越发衰微，逐渐走向了生命的迟暮。丰子恺写了一封信给弘一法师，希望他能够来内地与自己一同生活，并供养大师的余生，信中言辞诚恳，弘一法师收到此信后，心中十分感动，但是他仍旧决定留在闽南，便给丰子恺回了信：

朽人年来，已老态日增，不久即往生极乐。故于今春在泉州及惠安尽力弘法，近在漳州亦尔。犹如夕阳，殷红绚彩，瞬即西沉。吾生亦尔，世寿将尽，聊作最后纪念耳……缘是不克他往，仅谢厚谊。

弘一法师给其他友人的回信也一样，类似"近在泉州讲经，法缘甚盛"、"于厦门变乱前四天，已至漳州弘法"、"朽人近来漳州，弘扬佛法，十分顺利"等言语出现得十分频繁，多少表明了他对弘法的信心和决心。

弘一法师的宗教观非常明确，他虽是出世的僧人，却感念着俗世红尘，他用出世的慈悲和觉悟，在做着俗世的事业。

佛不是孤远的幻影和清寂的梵音，佛是宏大而广博的仁爱。

佛说，我们眼中看到的世界，就是心里的世界，在那个风云变幻的时代，世风日下，人们的心中被动荡的社会颠簸着。为拯救中国颓微的佛教，弘一法师竭力提倡整治戒律，拂去佛教所蒙的尘埃，让佛光重新普照。他更是以自己"一钵千家饭，孤身万里游"的苦行经历，开导众生。

这一年，弘一法师 60 岁了，六十而耳顺，他将人生都看尽了，身体也在岁月中苍老了，再遇到艰苦的环境，已经是大不如从前了。他的体质极速衰弱，许多人都为此感到吃惊。

1939 年的农历二月五日，是他亡母谢世的 34 周年，弘一法师在一册《前尘影事》上作了这样的题记："二月五日为亡母谢世三十四周年，敬书金刚经渴烦'一切有为法，如梦幻泡影，如露亦如电，应作如是观'，回向菩提，时年六十岁。"

想起母亲，就不免想起自己的童年时代。又想起了曾经那首婉转的诗《忆儿时》："春去秋来，岁月如流，游子伤漂泊。回忆儿时，家居嬉戏，光景宛如昨。茅屋三椽，老梅一树，树底迷藏捉。高枝啼鸟，小川游鱼，曾把闲情托。儿时欢乐，斯乐不可作。"在生命尾声之际，他深深地陷入了生命之初的回忆。他经常梦见这种童年时的情景。那些欢乐，那些苦难，那些惆怅……都格外清晰。梦境过处，即是一生。弘一法师有一个别署，叫"善梦"，这段时间也经常用到。

虽然身体日渐衰弱，这病弱的皮囊并没有阻碍弘一法师云游。弘一法师60 岁后，仍像孤云野鹤一般地奔走于各方。他先后去过清源山、永春、普济山、南安、晋江、灵瑞山等地。这位誓舍身命，勇猛精进的高僧，依然为了救护国家，抱着"救国必须念佛"的信念。对于祖国，这位晚晴老人的心，始终是热忱的。

当各色人生看尽

看一片平芜，家家衰草迷残砾。玉砌雕栏溯往昔，影事难寻觅。千古繁华，歌休舞歇，剩有寒螀泣。

——李叔同

都说人生如戏，戏又如人生。舞榭歌台，转换着一场又一场的人生剧目，辗转飘零，各色人生都看尽了，再繁华的故事也要谢幕，当一切尘埃落定，面对生命的归去，你的心中又是怎样的感受……

曾有人说：这世间除了生死，没有大事。的确，生命是承载人生的根本，生命的始末，具有重大意义，对于生死，弘一法师有着自己的一番见解。

对于死亡，弘一法师非常郑重地讲了《人生之最后》这一课题。讲述共分了六章。他将死亡分成了病重时、临终时、命终后一日、荐亡等事。这一课，是讲给众人听的，亦是弘一法师对自己生命的交代。

弘一法师曾说："当病重时，应将一切家事及自己身体悉皆放下。专心念佛，一心希冀往生西方。"他是这样说的，也这样做了。放下了自己，放下了一切，唯有佛，端坐在心中。

弘一法师在第二次去往惠安弘法时，因为居住条件差患上了风湿性溃疡，可他并未服药，之后又连续高烧，甚至四肢已经发生了溃烂，一周后，高烧渐退。病痛让他体会到了皮肉的苦痛，却让他更加坚信佛法。繁华和颓唐他今生已经看尽了，他已经在沧桑世事里浮浮沉沉过完整个生命。死亡，只是一个静默的句点，无喜无悲。

当弘一法师感觉到自己的生命将逝，遂写了一封书信，致李芳远："朽人近来病态日甚，不久当即往生极乐。犹如西山落日，殷红灿烂，瞬即西沉。故凡未圆满诸事，皆深盼仁者继成，则吾虽调，复奚憾哉！"

弘一法师又将自己的后事交给了妙莲法师，他特地叮嘱妙莲法师两件事，一是圆寂前后，看到他眼里流泪，并不是表示留恋世间，挂念亲人，而是在回忆他一生的憾事，为一种悲欣交集的情境所感；二是当护膝停顿、热度散尽时，送去火葬，身上只穿这身破旧的短衣。遗体停龛时，要用小碗四只，填龛四角，以免损害了蚂蚁的生命。

生死，是世间的大事，然而，在面对死亡之时，弘一法师淡然视之，却悲悯蚂蚁的生命，是一种超然的大境界。

佛是一种无量的智慧境界。每一个佛家的释子的顿悟各有不同，弘一法师对佛的觉悟，是积极的、热忱的。他没有逃避世事纷扰，反而是体恤众生苦难。救济众生成了弘一法师此生鸿愿。大悲众生之苦，愿以自己的肩膀担负众生的苦难。

八月三十日，这一整天，弘一法师什么都没有做，只是默默地念着佛号，他的人生已经功德圆满，今生往事，终于在经历了六十余载的奔走后，尘埃落定。他的心中，只剩无限平静还有无限宏大的佛法。

九月一日上午，阳光明艳地倾泻，他为黄福海居士写了一幅座右铭。又在下午的时候写下了"悲欣交集"四个字。这也成为了弘一法师的绝笔墨宝了。

"悲欣交集"因为弘一法师而广为人知，这也成为弘一法师从此生走向往生的概括。不念佛的人不会知道念佛也会起悲心，弘一法师的一悲一喜，是一种念佛见佛的境界。

九月三日，妙莲法师再次恳请弘一法师吃药，然而弘一法师还是轻轻地挥了挥手，拒绝了。他让妙莲法师为他书写遗嘱，把自己放心不下的事情都一一交代嘱咐给养老院董事会，他向董事会作四点请求："一、请董事会修台（就是将过化亭部分破损的地方修复）。二、请董事会对老人开示净土法门。三、请董事会议定：住院老人至 80 岁，应举为名誉董事，不负责任。四、请董事会审定湘籍老人，因已衰老，自己虽乐为助理治圃责任，应改为庶务，以减轻其负担。"这些都是一些原本无关于他的一养老院的一些细微事。慈悲的弘一法师，在自己生命路尽时还在为别的老人们忧虑着。

之后，弘一法师将那几封早就准备好的给几位友人的信，让妙莲法师帮着填上日期，分别邮寄给夏丏尊、刘质平、丰子恺等几位友人。

诀别信的内容大致相同，信云："朽人已于某月某日谢世，曾赋二偈，附录于后：君子之交，其淡如水。执象而求，咫尺千里。问余何适，廓而亡言。华枝春满，天心月圆。谨达，不宜。"

九月四日弘一法师的呼吸渐弱，妙莲法师在一旁助念诵经。不知何时，妙莲法师见弘一法师的眼角流出一滴晶莹的泪，一滴悲欣交集的泪。在泪滴落下之时，弘一法师也终于是了无牵挂地上路了。他的脸上始终挂着一抹静静的微笑，那佛的笑靥，是他生命最完满的句点。

弘一法师德高众望，九月六日，上千人念诵着"南无阿弥陀佛"跟随在弘一法师的灵龛后为弘一法师送行，一种悲壮的气氛笼罩在天空之上，整齐的经声有一种旷远的宏大。

第二年，妙莲法师在《晚晴老人生西之后种种》一文里向世人述说了大师火化时情景:老人于去年九月初四晚八时入灭，延至初六上午入㲽。下午送盒去承天寺安座，至十一晚七时大众集会，诵普贤行愿品完，起赞佛渴念佛，至八时焚化，（遵老人过七日后焚化遗命）至十时即化毕。四众皆见有多色猛烈之火光。十二日晨拾灵骸，装满两坛。当时拾得舍利数颗，其余碎骨炭灰等，弟均将包起收藏。事后即将灵骸遵遗命送开元承天二寺自己房内，于百日内常念地藏菩萨，随于碎骨炭灰内拣选舍利，至百日拣去碎骨炭灰三分之一，得舍利一千八百余颗，舍利块五六百颗……

他的一生，是说不尽的传奇故事，其生其死，都充满了诗意和神秘色彩，仿佛一切都是事先设计好了的，又仿佛是演完了一场人生大戏，在人们还没有品评出韵味的时候，便卸妆收场了。

"世间无不散的筵席，无不凋谢的花朵。"

在喃喃的经声中，弘一法师将于世永寂。

下篇

你若安好我便晴天

——苏曼殊的红尘游历

第一章
悲·凄风苦雨谁人知

不幸的开始

　　这世上每一个幸福的故事都是相似的，而不幸的故事则各有各的不幸。所以那些流传下来的凄美故事总是带着各式各样的悲戚。有时候，当故事被讲述太多遍后，就会被美化许多。而当我们还原最初真相的时候，会发现真相是那样残酷。所以我们更喜欢看故事，而不喜欢看纪实小说。

　　可故事毕竟是虚假编造，现实却是真真切切的。那一桩桩血与泪的述说都是真实存在于曾经的时光里的。就算我们学习鸵鸟，将头埋在沙子里，偶尔抬起头时还是会发现，一切仍在继续着。在红尘之中，每时每刻，都会在世界的某一个角落里发生些耐人寻味的故事。而就在19世纪末，在一个叫作横滨的地方，一个女人的悲情人生开始悄悄上演。

　　横滨是一个美丽的地方。在那里，你能感受到春风的温柔，夏花的微笑。

那里诞生过许多浪漫的故事，在美丽的樱花树下，人们难免产生别样的温柔情怀。当时，一位名叫苏杰生的生意人就在这美丽的横滨，缱绻出了温柔情怀，演绎了一段多情故事。

苏杰生来自中国，远渡重洋是为了多赚些钱。说起生意人，人们总是联想到铜臭，联想到各种俗气的词汇。若说苏杰生俗气，的确不假，每日与钱财打交道，整天琢磨怎么赚钱的人不可能有多高洁，但他又不是真的如那些市井之徒一般，他品性高雅，是一个很懂得享受生活，很懂得世间风情的多情人。

在这世上，多情的人有很多，他们无一例外都会做些伤人的事。其实他们也不是十恶不赦，非想把好好的人带入地狱之中，但他们就是忍不住释放他们的情感，释放后又太容易被其他风景迷惑。他们总是缺乏自制力，总是不能从一而终。因此，在他们的生命里，往往有许多流着泪度过一生的女子。

河合若子便是这样的女子之一。

苏杰生与河合若子的相遇是很浪漫的。那正是个樱花烂漫的季节。每到这个美丽的季节，人们总要三三两两走出门去看樱花，热爱生活的苏杰生也不例外。他正当盛年，意气风发，当他行走在路上时，总有年轻女子对他悄悄侧目并窃窃私语。这对他来说早已习惯，并不意外。他这样的男子会吸引女孩子那也是理所当然的。

漫天的樱花瓣随风飘落，当身在其中，让人难免产生幻觉，好似所在的地方已经不是人间，自己脚下所踏的也不是土地，而是踏在云端，前往仙境了。苏杰生眯起双眼，他隐隐看到前方一位宛若仙人的女子正蹲在地上扫着花瓣。他十分好奇，悄悄来到那女子身后。女子很是专注，根本没有发现后面多了一个人。直到她挽着花篮站起身回头时，才惊讶地"呀"了一声。

女子察觉到自己的失态，忙朝苏杰生鞠躬道歉，"实在是太抱歉了，我并没有看到您，刚刚一定是吓到您了！"苏杰生并没有被吓到，只是有些愣神。也不知是纷纷飘落的樱花温柔了空气，还是这女子的神态身形太过迷人，苏杰生感觉自己对这女子已是一见钟情。

　　苏杰生礼貌地笑了笑，"没关系，是我不对，不该偷着站在你身后。但我实在太好奇了，你是在做什么？是在拾这些花瓣吗？"女子有点腼腆，她不好意思地说："是呀，没想到被您看到，真是太丢人了。"苏杰生连忙摇头，"哪里丢人？倒是我不该打搅你才对。我只是不明白，这里平时都是有人打扫的，你为什么要多此一举呢？"

　　女子笑了，她举起花篮，给苏杰生看了看她满篮子的花瓣，然后说："我不是为了打扫，而是为了把这些花瓣捡回家去，把它们放在花盘里，会让花长得更好！"苏杰生点头，"原来是这样。你真是一个特别的女子，不知道我能否冒昧得知你的名字呢？"女子愣了愣，她仔细看了看苏杰生，她发现他是一个很英俊的男子，不觉有些脸红了。她明白，当一个男人问一个女人名字时，通常不会是交个朋友那么简单的。

　　见女子如此，苏杰生连忙道歉："对不起，我的问题太突兀了。我……我只是太想认识你。我真是害怕如果今天分手，往后就再也无法见到你了，那样我一定会抱憾终身的！如果你实在不愿意告诉我，那就算了吧，就让这段相遇成为我心中最美好和最遗憾的回忆吧！"女子听了仍有些犹豫。苏杰生见此，也不再多言，转身就要离开，这时忽然听那女子在他身后连忙说道："河合若子！我的名字叫河合若子！"

　　苏杰生喜出望外，他转回身来，开心地说："这真是一个美妙的名字！我叫苏杰生，是从中国来此做生意的。我就住在横滨，若子小姐也住在这里吗?"河合若子摇了摇头,她说:"我是从江户过来玩的。"这个答案让苏杰生十分失望,他又问:"那若子小姐能在这里待上多少天呢?"河合若子想了想,她说:"我也不知道,我这是第一次离开家,希望在外面找一份工作,这样就可以养活我自己了,可是到现在也没有找到什么工作,如果横滨找不到的话,那我就只有回到江户了。"

这对苏杰生来说倒是一个好消息。苏杰生连忙问她:"如果说工作,我那里倒有一份,就是不知道若子小姐是否愿意。在我家做帮佣的人要回老家去了,我正想聘一个新的帮佣,不知道这样的工作若子小姐能做吗?工钱倒是不会少给。"河合若子听了很是高兴,她开心地说:"我能做!苏先生真是我的贵人!没想到我一碰到苏先生就有了工作!今天真是若子的幸运日!"

苏杰生更是高兴,他没想到一切会这样顺利。这位让他一见钟情的女孩子这么容易就被他带到家里,没有什么比这更棒的了。他甚至迫不及待地直接将河合若子带回家,并嘱咐她尽快搬进来开始工作。河合若子光是从苏杰生的眼神里就多少明白他的企图,但她并没有对他防范,相反,在对上他的目光时,她的心跳也莫名加速。与其说防范,不如说,她自己也期待能与这位英俊的男子发生什么故事。

河合若子就这样来到了苏杰生的家。这里并不是苏杰生的老家,而是为了做生意在横滨临时的住所。他主要做茶行的生意,虽然他这个人多情而又浪漫,但他在生意场上可是从不手软,所以在日本的这些年他赚了不少钱。对于河合若子,他不光按月为她发放工钱,更是时常买些漂亮值钱的首饰给她。一来二去,两个人就如同许多美妙的恋爱故事那样,开始了缠绵的热恋。

恋爱中的河合若子眼里、心里都只能看到苏杰生的身影,苏杰生的情话就如同魔咒一般,让她失去了所有的判断。于是在名不正言不顺的情况下,河合若子暗结珠胎，成了一个未婚的孕妇。那时候她并没有想太多，苏杰生是那样精干那样了不起，她相信他一定能给自己一个很好的安排。然而苏杰生却不像她那样天真，他知道这意味着什么。本来，完全无媒妁之言，也没有明媒正娶，这样一段关系已经足够尴尬，再加上那未出世的孩子，若是被老家的人知道了，还不知该如何交代。

好在河合若子始终是那么爱他，爱得不顾一切，爱得失去了理智。这让他可以暂时逃避未来的一切，只专注沉浸在当下的温柔乡里。

日子一天一天过去，河合若子的肚子也越来越大。苏家的人表面上都对她和和气气，将她当作夫人一样对待，背地里却时常抱着鄙夷的态度谈论她。他们说她不知廉耻，说她卑贱，可惜这些话传不进若子的耳中，甚至直到生产的前一刻，她还迷醉在美梦之中不可自拔。

终于到了1884年的9月28日。那一天正是一个艳阳天，每一缕阳光洒在身上都是那样柔和，仿佛在预示着一个温柔的生命的诞生。那时河合若子忽然发觉下腹疼痛，在苏家一阵手忙脚乱之后，一个漂亮的男婴诞生了。他生下来就十分讨人喜欢，苏杰生抱着他简直爱不释手。他将自己在横滨意外诞生的这个儿子取名为苏戬。

小小的苏戬生下来就获得了父亲和母亲的爱。阳光照在他的小脸上，使他看起来是那样的幸福。好像世上没有任何事情可以烦恼到他一样。当父亲抱起他时，他就乖巧地贴在父亲的身上，仿佛知道这个男人是他最大的依靠一样。他带着信任，带着爱，带着依赖来到这个世上，在给父母带来欢愉的同时，他也渴望着父母为他带来一生的呵护。

那个时候，还不会讲话，不懂人情世故，见到人只会笑的苏戬并不知道，他与其他家庭的新生儿不同，他的身份并不是一个合理的应该得到父亲和母亲全部爱的孩子，他有一个不光彩的名头，叫作私生子。而他的母亲，那个正躺在床上慈爱地看着他的人，是他父亲在日本找的"野女人"，没有明媒正娶，甚至连个妾侍的身份都没有。

对于苏杰生与河合若子的爱情是对还是错，谁也无法妄下断言。但可以确定的是，这个小婴儿是无辜的，不论父母犯了多大的错，都不应当由他来承担。然而现实就是那样残酷无情。一个什么也不懂，带着对这个世界的好奇与期待的婴孩，刚刚来到这个世界上，就受到了各种各样的指责，并面临着一段未卜的命运。

樱花已落，爱情辗转成了昨日的不归梦，留下的是一个风雨飘零的传奇人生。

那段温柔时光

爱是天使，让人饱尝幸福和欢喜，爱亦是蛊毒，让人迷惑而尝尽痛苦。河合若子正处在幸福与痛苦的边缘。

曾经深陷在爱里的河合若子难免有些不理性的痴傻，她眼中溢满了爱情，而忽略了许多，诸如名分、地位。但如今她又多了一种母亲的身份，她的生命中被注入了新的情感。她知道该为自己的儿子求一个身份了。她自己过去没有想过应该在苏家给自己谋一个地位，一直到生了孩子后，她才意识到，这个孩子姓苏，是应该由苏家接纳过去的。于是她向苏杰生提出来，要带儿子到苏家光明正大地认祖归宗。

这是苏杰生最为担心的一件事。之前他一直在逃避，如今若子亲自向他提出来，他才意识到自己已经不得不面对了。但是这该如何面对？他该怎么告诉父亲和母亲，自己在横滨捡了个日本女人，甚至还生了一个儿子!？他该怎么向远在家乡的夫人妾室们交代，自己莫名其妙地在外面生了一个儿子？

河合若子期待和信任的目光就如同刀子一样刺在苏杰生的心上。带着忐忑的心情，他与抱着儿子的河合若子踏上了回国的轮船。

苏杰生的家在广东省香山县沥溪村，那是一个十分保守的村落，苏家在那里是大家族，这也正是苏杰生最为担心的原因。父母都是传统守旧的人，对苏杰生这样不合礼法的行为，他们是断然不可能同意的。苏杰生唯一的希望就是，当父母看到可爱的小苏戬时，能够心软，就算无法接受河合若子，至少也能接受这个小孙子。

苏家对苏杰生在外面的荒唐行为早就十分了然。所以当苏杰生带着抱孩子的河合若子走下马车来到苏家门前时，发现苏家根本不让他们进门。守门的小伙子十分抱歉，他告诉苏杰生，老爷、夫人说了，若想进门，只有苏杰生自己可以进。

"可这毕竟是苏家的孙子啊！父亲母亲起码应该看一眼啊！"苏杰生仍不死心地哀求。守门人无奈地告诉他："老爷、夫人说了，苏家的媳妇很多，孩子也不少，不需要私生子来抢食吃。"苏杰生知道再求已是无望，只好带着若子和儿子回到马车。

若子虽然不大懂中文，但她从他们对话的语气和神情中可将情况窥知一二。她的心头袭来阵阵凉意。当她看到苏杰生无奈的神情时，她忽然明白，原来这个男人并不是万能的，并不是无敌的，原来并不是只要相信了这个男人就足够。

几番努力后，苏杰生还是放弃了，他心中有诸多顾虑。他一来担心父母喋喋不休的责备，二来自己也觉得这件事情太不光彩，所以决定带儿子回到横滨。

这是一段让人心情沉重的旅程。当海风吹在若子的脸上时，让她变得无比清醒了。仔细想来，其实从她刚进横滨的苏家时，苏家人就都在用别样的眼神看着她。虽然大家都把她当夫人对待，但其实苏杰生从来都没有许诺过她什么。其实她在苏家的那段日子一直是如履薄冰，若非是被爱情蒙蔽了双眼，她早该看到这惨淡的未来。

然而此刻纵然是千万次地悔恨也于事无补。若子抱着儿子，儿子正用天真的双眼看着自己。这小小的婴孩不会明白她心中的苦，更不会明白他自己的命运是多么可悲。

若子觉得自己愧对儿子，她将他带到了这个世上，却无法给他应该有的幸福和疼爱。几滴海水打在了若子的脸上，和她的泪混在一起，她望着眼前无垠的阔海，心中一片迷茫。她不知该怎么办才好，她甚至想就这样将他抛入海中，让他及早结束生命，以免日后痛苦，可是这孩子是这样的可爱，她怎么忍心！她的心都快要碎了。

怀里的婴儿努力想伸出手去抓母亲的脸，仿佛是要为母亲拭去伤心的泪水。一对迷失在爱里的母子，如同生命海洋里的孤舟，等待着命运之风的吹拂。

回到横滨之后，苏杰生对苏戬的照顾并没有怠慢，他请了人专门去照应若子母子，只是他不再去看望他们。如今对苏杰生来说，这对母子就是他的罪证。他甚至觉得当初就是受了河合若子的诱惑——他本是一个规矩守礼的人，都是受了若子的诱惑，才会做下这荒唐的事，生下这荒唐的儿子。曾经的多情人，已然成了薄情郎。他已经忘记了曾经的心动。

　　对于苏杰生的厌弃，若子十分了然。有时偶尔碰见，若子也发现，当初苏杰生看向自己时眼里的炙热已经不复存在，取而代之的是冰冷的嫌弃和避之不及。若子本就涉世不深，她实在无法理解，一个人的心怎么能变得那么快，曾经深刻的爱怎么会离去得那样决然？为什么曾经有多么深情，现在就变得多么无情？

　　不久之后，若子一病不起。当她病下之后，是她的姐姐河合仙来照顾她的。而单纯的她并不知道，其实姐姐曾经与苏杰生也有过一段情，甚至姐姐比她的境遇要好上很多。河合仙是作为妾嫁给苏杰生的，他们还生了一个孩子，名叫苏焯。后来河合仙不堪忍受苏家的歧视待遇，才带着孩子离开了苏家。

　　若子知道姐姐的故事，却并不知道姐姐当初嫁的男人就是苏杰生。河合仙也十分后悔，后悔应该早些将一切都告诉若子，这样自己的妹妹就不会重蹈自己的覆辙。她实在没有想到，一对姐妹，竟然会沦陷在对同一个男人的情感之中，这究竟是孽缘还是前世欠的债？

　　对于若子的病，苏杰生隐隐是觉得庆幸的。若子的存在对他来说本就如芒刺在背，他碍于情分，更碍于若子是苏戬的母亲，才一直没有将她赶走。如今若子病倒了正是天合他意，如果若子就这样一病而亡，那苏杰生不但省了一个大麻烦，同时还不必背上背信弃义的罪名。只是，这样的心理，苏杰生是不敢承认的，他甚至对自己也不敢承认，因为他害怕自己变成一个残忍无情的人。

　　河合仙一边照顾病中的若子，一边照顾着幼小的苏戬。苏家虽然有专门照顾苏戬的人，但谁都知道这是个私生子，所以没人会对这个孩子上心。当河合仙发现苏戬的被子里有很多粪便却无人清理时，她既伤心又愤怒，就将照顾孩子的工作揽到自己身上。

虽然河合仙将若子照顾得无微不至，但若子的病还是一天比一天更厉害。一则是她积郁难解，二则苏家也不愿意给她买好药。河合仙眼看着若子的生命不断流逝，自己却无能为力。她时常抱着年幼的苏戬哭泣，她为自己可怜的妹妹感到痛惜，她更悲悯这个孩子可怜的命运。

她抱着苏戬来到若子的床边，让孩子好好看看自己的母亲。

小苏戬好似感觉到了悲伤的情绪，哇地大哭起来。若子想伸手去哄他，却发现自己的手已经无力抬起了。河合仙心中更加悲伤，她紧紧抱着小苏戬，想用自己身上的温度，来温暖这个可怜的孩子。如果说苏戬这一生还有什么幸运的事的话，那就是他还有这么一个关心他、爱护他的姨。

若子离去的那天，小苏戬才只有三个多月。河合仙将自己不多的钱财拿出来给小苏戬雇了奶妈，总算将他养得白白胖胖、招人喜欢。当若子死亡的消息传到苏杰生的耳中，他感觉自己胸口上的一块大石头总算是落地了。他嘱咐佣人为若子打理身后事，佣人草草将若子在附近埋了，并趁机偷藏了不少若子的首饰。

因为河合仙要照顾小苏戬，只能任由苏家处置妹妹的丧葬。一想到可怜的妹妹就这样结束了她短暂的一生，河合仙就倍觉心痛，她决定用自己的一生来呵护妹妹留下的这个可怜的孩子，把他当作自己的亲生儿子对待，竭尽自己所能地不让他受到伤害。

河合仙在苏家住了下来，住在若子简陋的房间里。她本来是想带走苏戬的，但她知道，苏杰生虽然对妹妹无情，对这个孩子总还是十分喜爱，她希望今后若有机会，还是能让这个孩子认祖归宗。

比起若子，河合仙是一个十分聪明的女人，她知道怎么做对孩子才是最好的。对此，苏杰生默许了，尽管他对河合仙也是不理不睬，但还是会适当给孩子带去些贴补，顺便看看孩子的成长情况。

河合仙无微不至地照料着小苏戬，看着他从爬到走，到学会说话，她已经把自己完全当做了苏戬的母亲，她如同世上所有爱护孩子的母亲那样关爱着这个幼子。河合仙因为在中国待过三年，所以中国话讲得不错。所以她从小就教苏戬讲中国话，这也是为日后做的打算。而在她的呵护下，小苏戬总算和其他幸福的小孩子一样，度过了一个还算快乐的童年。

至于苏家其他人，也渐渐喜欢上这个可爱的孩子。小苏戬天生聪慧，总是会把人哄得十分开心。他的童真童趣，为这个一向死气沉沉的苏宅带来了许多欢乐。就连苏杰生的心也渐渐柔软下来。天真的孩童，穿梭在各色的目光中，如同一缕柔暖的阳光，温暖地照耀在苏家。那段儿时的光阴也成为了苏戬一生中最柔软、快乐的时光。

惊艳的才

一块美玉就算藏在石中，无论多久也不会减淡它的成色，一旦被发现，雕砌成形，便是价值连城。人亦是如此，一个天生的才子，就算命运几多磨难，但是终有一天，他将会惊艳世人。

时光辗转，苏戬已经3岁。他已经能够流畅地背诵母亲教给他的诗词，并能够进行简单的运算。苏家的人都很喜欢逗他，给他出题让他来回答。他反应机敏，应答迅捷，大家更是对他喜爱倍加。

时光是痛苦的解药，三载光阴过后，河合仙对若子离去的悲伤已经淡了许多，在小苏戬的陪伴下，她笑的时候比愁的时候要多出许多来。加上大家对苏戬的关怀和爱护，让她感觉这孩子已经是苏家少爷了。或许是上天真的对这个孩子特别苛刻，对他来说，快活的日子总是太少。

这天，正是春花三月。这样的日子总是会让人心情疏朗，容易想起开心的事。苏戬在院子里开心地奔跑着，并喊着河合仙追自己。他们总爱这样嬉闹，苏戬叫河合仙母亲，他是完全将河合仙当作自己的母亲，小小的他尚不知晓，其实自己的生母早就已经离开了，他对生母的记忆被时光淹没。河合仙被他逗得开怀大笑，两个人就这样在院子里你追我跑地闹着，有些忘乎所以，没注意有个人来到了这里。

苏戬跑得太开心，直到他被眼前的人撞到时，才发现院子里还有一个人。他抬起头，天真地看着这个人。这是一个女人，看起来跟河合仙差不多大。他记得母亲告诉过自己，看到成年女人要叫阿姨，但他刚一开口，"阿"字还没喊出来，嘴就被河合仙抢先捂住了。小苏戬疑惑地回头看河合仙，而河合仙正诧异地看着来人，"姐……姐姐?"

那女人冷笑一声，低头看了看苏戬，冷笑说："原来这就是那个日本女人生的私生子啊，我还以为他已经死了，没想到还这么活蹦乱跳呢。"

苏戬虽然小，但他也能看出人的脸色了，他看出这女人来意不善，上前推了她一把，声音稚嫩地朝她喊："你不许欺负我母亲!"这一来那女人更是生气，她怒声地呵斥着苏戬，并狠狠地在苏戬的脸上掐了一下，苏戬粉嫩的小脸顿时红肿起来。

从没受过这种虐待的苏戬大哭起来，河合仙连忙将他抱起，轻轻抚摸他肿得很高的小脸，并怒瞪那个女人。河合仙并没有开口讲什么，她也知道她没办法讲什么，因为这个女人不是别人，正是苏杰生的正妻黄氏啊！若是日后苏戬认祖归宗了，他还要叫这个女人母亲，她怎么能再去加深他们之间的矛盾呢？

苏戬的哭声让黄氏更加愤怒，她怒气冲冲离开院子，决定直接去找苏杰生算账。河合仙看出了她的企图，她知道自己应该让苏戬过去给黄氏认错，但她就是挪不动步子，讲不出口。孩子有什么错，有什么错呢？仅仅因为父母的荒唐，仅仅因为可悲的地位，就要去低声下气求一个对自己心怀不善的人吗？这样的人生太苦了，太苦了。

黄氏这一次是特地从广东老家赶过来的。也许是因为若子的事情让家里人对苏杰生失去了信心，所以让黄氏来到横滨与他同住，以免他再做出什么荒唐的事。当然，最主要的原因还是黄氏自己想要来，她知道若子虽然死了，但那个孩子一直都在横滨，在苏杰生的身边。作为嫡妻，这是黄氏所不能忍的。她可以忍受苏杰生娶妾，却不能忍受他在外面拈花惹草。

那时候，苏家这样一个封建家族，对血统看得十分重要，与日本人生的孩子就是血统不正。这样不正的血统正是因为苏杰生的不检点所造成的。这也是苏家不接受苏戬，对苏杰生愤怒的原因之一。

黄氏这次来便是打算长住下去。毕竟夫妻长期分离也不是什么好事。她的来到，于情于理，都是应当的，谁也无权指责干预。苏杰生固然觉得束手束脚，也只能听从父母的安排。

黄氏的到来，最痛苦的就是河合仙了。河合仙很明显地感觉到黄氏对苏戬的敌意，她怕黄氏会伤害苏戬，可她却无能为力，她能做的，只是对苏戬多加留心照管。她并不在乎苏家那些乱七八糟的顾虑和想法，她唯一在乎的，只有苏戬的快乐和幸福。

黄氏来了之后，苏家给苏戬的补贴明显少了很多，衣服也只有些别人用过的旧衣服，吃的就更是简单。不出几个月，苏戬瘦了不少。那些日子里，河合仙经常趁着苏戬睡觉时偷着哭。有时候苏戬会忽然醒来为她擦拭眼泪。小小的苏戬并不明白母亲是为了什么哭泣，他只能隐约感觉到，母亲的哭泣跟那个新来的女人有关系。

命运是一个十分顽皮的操纵者，他在给了苏戬不幸的命运同时，又给了他一颗七窍玲珑心。尽管苏戬只有不到4岁，但已经知道该怎样哄人开心了。他知道当自己做出成绩时母亲就特别高兴，所以他就努力背诵母亲教过的诗歌，并努力书写那些母亲教给他的文字。

黄氏养了一只小兔子，苏戬也很喜欢那只小兔子，时常想上去逗兔子玩，但每一次都被河合仙严厉制止。河合仙知道一旦苏戬动了黄氏的东西会有怎样的后果，即使苏戬对那小兔子是如此喜爱，她也不会冒这样的险。而她更不敢为苏戬买一只小兔子玩，因为这样的行为无疑是在跟黄氏叫板，对苏戬更加不利。思来想去，聪明的河合仙决定带苏戬去动物园，她想，让苏戬多见识见识各种动物，他就不会对那小兔子那样新鲜了。

来到动物园，苏戬果然看什么都新鲜。这里的种种都是苏戬从来没有见过的，他觉得新鲜极了，高兴极了。看到苏戬快乐的样子，河合仙心中充满了喜悦。这世上还有什么比孩子的笑容更能让母亲觉得幸福的呢？

他们在动物园逛了整整一天。一直到傍晚回家时，苏戬仍然兴奋地跟河合仙重复着那些新学到的动物的名字。大象、狮子、老虎……河合仙则微笑着看他，同他一起快乐。也只有在这样的时候，她才能忘记那些苦恼的事情，才能完全沉浸在喜悦之中。她想，只要这孩子始终都是快乐的，那这世上就没有什么痛苦！只要她一直保护着这个孩子，那他就一定能快快乐乐过一辈子！

回到家中，吃过晚饭之后，苏戬早早就睡去了，大概是白天玩得太累了，他睡得很沉很香。在他睡去之后，河合仙才躺在他身边睡着。他们每天晚上都是这样睡，河合仙靠在床外面，他在里面。河合仙不敢睡得太沉，她始终担心着孩子，所以只要有个风吹草动，她就会立刻从睡梦中惊醒，只有看到在身旁沉睡的小苏戬，自己才再度睡去。

第二日清晨，当河合仙醒来，意外发现床上竟只有自己一个人。她的心顿时一沉，全身都变得冰凉了。她立刻起身四处寻找，她的心都快要停止跳动了，她真怕自己最担心的事情会真的发生。好在只是虚惊一场，她终于在院子里看到了小苏戬。原来小苏戬已经自己穿好了衣服，正在院子里不知玩什么。

河合仙凑近了看，却发现苏戬正在用粉笔作画。那粉笔是她为了教苏戬识字而买来的。最令她惊讶的是，苏戬画的恰是昨日在动物园看到的狮子。那狮子画得栩栩如生，完全不似出自一个4岁孩子的手。河合仙忽然意识到，这孩子也许是个绘画的天才！她忙回屋穿好了衣服，趁着苏杰生还没出门，带着苏戬去找苏杰生。

河合仙很少去找苏杰生，所以看到他们母子时，苏杰生是有些意外的。河合仙走过来，兴奋地告诉他："你知道吗？你们苏家出了一个天才啊！你根本想不到，他才这么小，就能画出一只漂亮的狮子了！"苏杰生闻言很是意外。

仿佛炫耀一件珍藏的藏品一样，河合仙自豪地领着苏戬，带着苏杰生来到他们的院子，并指着地上的那只粉笔画让苏杰生看。

苏杰生看了一眼，也露出了惊讶的表情。他本以为苏戬只是画了个比较像的简笔画，他万万没想到这只狮子竟然画得那么精致，连神情都那么有趣，简直跃然纸上了！

苏杰生谨慎地问苏戬："戬儿，这是你画的?"苏戬点了点头。"那……你能再画一个吗?"苏戬抬头看了看河合仙，看到她笑着点头，于是拿起粉笔，又在旁边画了一只大象。当他画完，苏杰生已经震惊得说不出话来了。

苏杰生这时哈哈大笑起来，他一把将苏戬抱起，高举着大笑着说："不愧是我苏杰生的好儿子！有朝一日，我一定要让你爷爷奶奶看看，他们的孙子有多聪明！爸爸会给你找最好的老师教你读书，你一定会成为我们苏家的骄傲!"

河合仙心里高兴极了。本来她只是打算等苏戬大了，让苏戬跟苏杰生搞好关系，等苏家二老都去世了，苏戬总能认祖归宗。现在看来，情况比她想得还要乐观。而苏杰生的话就如同一颗定心丸，让她对苏戬的未来充满了希望！

她笑着看着被苏杰生抱着转了好几圈的苏戬，心中溢满了感动，并不是因为这父子相抱的欢喜场面，而是为了苏戬的努力和才华。她知道在以后的日子里，苏戬也许会经历许多苦楚，但是她一定会用整个生命来爱护他。让他在承受着命运的凄风苦雨之时，能够有一处温暖的避风港。

第二章

归·是喜是忧还是愁

可笑的回归

血脉，被封建家族奉为生命的根，而当一种东西被过分地重视时，便会衍生出诸多悲辛故事。让人唏嘘叹惋，又无力抗拒。

尽管黄氏来到了横滨与苏杰生同住，却还是始终怀不上孩子。而他们在横滨的一切情况，都有人及时通知家乡中的苏家父母。对此，苏家很是着急。毕竟，对于一个家族米说，子嗣是最重要的，无子那就是绝了后了。苏杰生的小妾陈氏偶尔也会过来横滨待个十天半月，她倒是十分容易怀上，可惜生的都是女儿。无奈之下，苏家父母终于想起了那个曾经被他们挡在门外的日本女人生的孩子。

好歹也是苏家的血肉，更何况还是个儿子。苏家父母听闻这个孩子十分聪明好学，很有天分，于是派人给苏杰生送去消息，让他将孩子送回来认祖归宗。

　　说是认祖归宗，其实回去了也就回不来了，至少在成年之前是没有机会回来了。苏杰生长年居住横滨，在外飘泊，没有那么多的时间教育孩子。在家就不一样，家里的各种资源都比横滨要齐全，苏家能为苏戬请先生教书，还能将家训传给苏戬，免得人家说苏戬是没家教的孩子。

　　当苏杰生接到这个消息，无疑是十分高兴的。这代表父母已经接纳了这个孩子，他自己也总算不必再背个在外养私生子的罪名。他连忙将这消息告诉了河合仙，让河合仙为苏戬准备准备，到时候让黄氏带着他回广东老家。河合仙也是无比高兴，这一天终于被她盼来了！这一定是妹妹在天有灵在保佑这个孩子呢！她喜出望外地回到屋内，打算告诉苏戬这个好消息。

　　苏戬此时正在安静地看书，看到河合仙笑开了花的模样，他很不解地问："母亲遇到什么好事啦，怎么这么高兴？"河合仙上前抱住他，激动得流下了眼泪，她说："你知道吗？你的爷爷奶奶打算让你回家了！你可以回家了！"

　　"爷爷奶奶？"苏戬的脸沉了下来，"就是那些不喜欢我，不让我进门的人吗？"河合仙一愣，"你是从哪里听说这些的？""是那个黄阿姨说的！她说我爷爷奶奶根本不让我和母亲回家，还说我跟苏家没关系！"河合仙听了生气地"呸呸呸"了好几声，"别听她乱说！我跟你说，你不但是苏家的人，将来还要在苏家扬眉吐气，让苏家所有人都尊重你！你回到苏家以后，记得一定要孝顺你的爷爷奶奶，要把他们哄得高高兴兴的！你还要努力读书，将来有了大出息之后，再回来看我……"

　　苏戬眼睛忽然睁得大大的，"你说什么？你不跟我一起回去吗？"河合仙微笑着摇了摇头，虽然她在笑，眼角却是挂着泪的，"我不能跟你一起回去，那里是你的家，却不是我的，我得留在这，我等着你，等你长成一个了不起的大人了再来找我，好吗？"苏戡紧紧地抱住了她，坚定地说："不好！不好！我不跟母亲分开！什么叫'是我的家，不是你的'？只有母亲在的地方才是家！其他哪里都不是！"

"说什么蠢话！"河合仙生气地推开他，"你这个不懂事的孩子！你知道母亲等这天等了多少年吗?! 你知道你的亲生母亲是为什么去世的吗？你怎么能这么不听话！你是想气坏我吗？"她是真的在生气，虽然泪水早已无法抑制地流了下来。苏戡连忙再次抱住她，"母亲你不要生气！可是我真的不想跟母亲分开！我觉得这里很好，为什么非要回去找爷爷奶奶？他们又不喜欢我！"

河合仙叹了口气，她说："你现在还小，很多事情你都不明白。你只要听母亲的话，记住母亲嘱咐你的事情，日后你一定会明白母亲的苦心的！你要听话，母亲会在这边等你的。你一定要努力长成厉害的大人啊！"苏戡只是紧紧抱着她不说话，他哪里知道，此时河合仙的心都要碎成一摊了。河合仙轻轻抚摸着苏戡的头，她在心里说：可怜的孩子呀，日后母亲再也不能保护你了，你自己在那边可怎么办呢？一定会有很多人欺负你，你一定要坚强啊！母亲真想看着你一点点长大，可是看来这只能是个不切实际的愿望了……

尽管苏戡百般不愿，河合仙还是为他收拾好了一切东西。这次苏杰生因为生意太忙不能回去，所以由黄氏给他送回去。河合仙知道，既然苏家父母已经开了口，黄氏就不敢把这孩子怎么样。然而一些刻薄肯定是不可避免的，这除了靠苏戡自己坚强挺过去别无他法。河合仙看着苏戡小小的身躯，他才6岁啊！那么单薄的小身子，不知道要承受多少苦楚了。她忽然有些迷茫，不知道这个始终渴望的事情到底是对还是错，把他送回家去对他是幸还是不幸。

那一天，是河合仙将苏戡送上船的。黄氏一副不情愿的样子把苏戡接了过去。她但凡能生个一儿半女，都绝对不会带着这个孩子回苏家。她又悲又恨，悲的是自己身为嫡妻，却偏偏生育不出儿女，恨的是今后竟然要将这个孩子当作苏家少爷培养了，不论别人多喜欢这个孩子，她就是对他喜欢不起来，他们天生相克的。苏戬也不喜欢跟她一起上船，可是为了听河合仙的话，他只能跟她走。

这是苏戬第二次踏上从横滨到广东的轮船。第一次时，是他的亲生母亲抱着他的，那时他还懵懂，所有的事情都一无所知，不论看到任何东西都只会睁着天真的双眼，新奇地看着。而如今他已经懂了许多事，波澜壮阔的大海，广袤无垠的碧空，这些都无法再让他欢喜起来。他的心不在旅程的终点，而在他来时的路，在他渐行渐远的地方。这次旅程为他带不来半点喜悦。

黄氏看到一路苦着脸的苏戬，心中更是生气。中午吃饭的时候，她将苏戬叫了过去，挑了些好吃的东西放在苏戬的碗里。苏戬只是坐着，也不动。黄氏看着他，开口说："我知道你对我有意见，但是到了苏家，我就是你的母亲，你就得听我的。从今往后，教导你就是我的责任，如果你有了三长两短，别人会以为我故意虐待你。"说着，她指了指苏戬的饭碗，"你的饭是我为你盛的，你的菜也是我为你夹的，不论你愿意还是不愿意，今后我就要担起河合仙的角色。如果你真的聪明，最好听话。在广东虽说你是苏家少爷，但大家也都知道你的来历是什么，到了那边，除了我，你还能依靠谁呢？"

苏戬当然聪明，他知道黄氏是在威胁自己。到了苏家，他再也不是在河合仙保护下的宝贝了，以后的路他只能靠自己。苏戬于是拿起筷子，一口一口开始吃碗里的饭菜。黄氏看了很满意，她不希望带一个愁眉苦脸的苏戬回去见公婆。这段旅程的终点是在广州。到了港口之后，他们又换乘马车，赶路回到沥溪老家。

苏家在当地颇有威望，苏家的门面也十分漂亮，远比横滨的居所要气派许多。这一次，苏戬是跟随在黄氏身边风风光光走进苏家的，与上一次被闭门不见的待遇相比可谓是天差地别。人就是这样可悲又可笑的生物，威风起来了可以不顾别人的死活，发现家里生不出儿子了，又把当年被拒之门外的孩子接回来，那时逼死了孩子的母亲，这时又要求孩子对自己孝顺有加。而偏偏这样的故事每时每刻都在上演着，到处都不缺少这种滑稽剧。

到了苏家，苏戬的第一件事自是拜见祖父祖母。两位老人见到孙子可谓喜出望外，这时他们仿佛已经忘记这个孩子血统不纯，忘记这个孩子是私生子了。

一番寒暄之后，苏家下人为苏戬接风，家里早就为他准备好了房间，等他入住了。每一个人对这小少爷都是恭恭敬敬，这场景对于一般常年在外、希望认祖归宗的孩子来说，本是很值得高兴的，但苏戬却一点也不高兴。聪慧早熟的他知道这些人对自己都不是真心恭敬，这世上会真心待他的只有一个人，此时那个人已经被远隔在重洋之外了。

思念的情绪，在他的心中汪洋成海，无数个幽深的暗夜，他都乘着一叶小舟，划向横滨海岸。

巧遇恩师

来到苏家，是一个新的开始。然而，苏戬心中却没有种下任何新的渴望。他只希望回到故处，与他最爱的母亲相伴。然而，新的生活不管怎样，总还是开始了。他唯有接受，唯有努力地成长，才能使愿望得偿。

苏家对这个聪明的孩子可谓是百般喜欢，只有一点让人对他颇有微词，那就是他的口音。他的广东话是河合仙教的，并不标准，而且其中总是夹杂着日文。这些不标准的日腔粤语和不时蹦出来的日文都在提醒着苏家人，他有一半日本人的血统。为此，苏戬到苏家不久，苏家就将他送到了书塾，在学习知识的同时，最重要的是把他的恼人口音矫正过来。

这书塾是沥溪村的乡下书塾。教书先生虽然不似大城市里的先生那样博学多才，但也是颇有见解，至少教这些小孩子们是绰绰有余的。苏戬生得漂亮，一般人第一眼看到他总能对他产生好感，所以他一到书塾，先生苏若泉就特别喜欢他，总喜欢跟他谈话。上课的时候他听讲十分认真，到了休息的时候，先生就会把他叫过去，纠正他的口音，并为他讲了许多关于中国现状的事情，以及那些发生在外面的各种精彩的故事。

这天天气很是糟糕，清早天就阴沉沉的，待苏戬穿衣打扮好之后，一出门时，他发现天上已经飘下雨来了。平时与他一起上学的叔表亲们，都会在门口集合好了一起坐马车去书塾，但是现在门口却一个人也没有，不知道是大家都已经走了，还是他们看天下雨就不来了。苏戬等了一会儿，一直没见马车过来。他并不知道，上学的马车是苏杰生的妾——陈氏——负责的，看天上下雨，孩子们都不愿意上学，所以陈氏就没有安排马车，并通知了其他上学的孩子，唯独没有通知苏戬。

其实过去也有过这种情况，天下雨了或是有其他事了，大家就不去书塾，在家里待着。孩子们天性贪玩，都乐得不用上学。但是苏戬却不一样，比起待在苏家，他更想去书塾。因为他在苏家感受不到半点亲情，而在书塾，与教书先生在一起时，他才能觉得安心舒服一些。

所以，尽管这雨越下越大，尽管苏家没人为他准备一把伞，他还是只身

194

冲入雨中，背着书包奔跑着往书塾的方向去了。这场景若是让旁人看了，只会认为这是一个淘气的孩子跑到雨中去玩耍，没有人会知道，这个孩子身体本就很弱，这样淋雨只会让身体更差，还有可能患上病。若不是心中充满了渴望与期待，一个只有7岁的孩子又怎么会选择这种下下之策呢？

他也不知跑了多久，老天好像故意捉弄他似的，当他跑入雨中之后，雨下得越来越大，从一开始的丝丝细雨变成了倾盆大雨，这雨淋得他睁不开眼睛，只有低着头，眯起眼睛努力看前面的路。雨淋得地面上十分泥泞，苏戬的鞋上早已沾了厚厚的泥了，裤腿上面也都是泥点子，至于身上早就湿透了，这雨直凉进了小小的苏戬的骨子里，仿佛要将他冰冻起来。

因为看不清路，他一不小心绊到了一块石头，身体失去平衡，往前一跌，狠狠地摔倒在地。他从来都没有这样狼狈过。苏戬挣扎着想起身，但是泥水太重，要起身是非常费力的。苏戬就那么趴在泥里，趴在雨中，一动不动，就如同没有生命的尸体一样。

这样的看不到未来的日子，倒不如死了的好。小小年纪的苏戬竟然产生这样轻生的想法，转而，他立刻使劲摇了摇头。不可以！绝对不可以就这样死去，如果他死了，那还怎么长成一个厉害的大人物，怎么去见自己日思夜想的母亲河合仙，母亲，母亲，母亲正在日本等着他啊！他必须努力长大，长成一个博学多才、有担当的男子汉，这样才能让母亲欣慰！

想到这儿，苏戬又挣扎着起身，继续踏着泥水朝书塾的方向奔跑。还好他平时坐马车时总是看着风景，所以他记得去书塾的路。也不知道在大雨中淋了多久，也不知道身上变得多冷多冰了，他终于赶到了书塾。在快要到达书塾的时候他在想，自己这副狼狈的样子，到了那不知会被人怎样笑话呢。不过笑话就笑话吧，反正平时他们对自己也不见得有多么友好。

当他来到书塾时，发现书塾竟然只有教书先生一个人！先生见到他也十分惊讶，连忙放下手中的书本，上前接过他的书包。先生已经六十多岁了，看到这孩子可怜兮兮的样子，不禁心疼地问："下这么大雨你还来干什么呀？你怎么没坐马车来？为什么没打伞？"苏戬刚要回答，老师又说："算啦，你快跟我来，我给你找一套衣服换上！不不，我先给你打一盆热水吧，你先好好洗洗澡！"

教书先生的关怀让苏戬十分感激，没想到在这里还能有人对自己这么好，苏戬觉得鼻子有些发酸。先生带着他来到书塾后面自己居住的地方，先是帮苏戬换下了衣服，拿了个毯子把他包裹起来，接着又去烧热水。苏戬独自待在先生的房中，看着先生屋子里挂的山水画，他发觉那画真是太美了，美得让人仿佛身临其境。原来仅仅几笔简单的勾勒，就能构造出那样的人间仙境，他深深地沉醉其中。

不一会儿，先生把一个木盆端进了屋子，又拎了一个热水壶和一个冷水桶，调好水温之后，让苏戬放下毯子进去洗一洗。苏戬听话地进了木盆，水温刚刚好，可见先生的用心。舒服地洗澡换好衣服后，他才总算不那么狼狈了。说也气人，在他到了书塾之后，那雨反而不怎么下了，又变成了一开始的毛毛细雨。

这时先生又问："苏戬啊，你是不是直接从家里跑过来的啊？"苏戬点了点头："我还以为大家先过来了，我没赶上马车，只好自己跑过来。谢谢先生为我准备木盆洗澡，先生是我来这边之后，对我最好的人了！"先生闻言，有些心酸地叹了口气，这先生对苏戬的身世多少也知道一些，他可以想象得到苏戬在苏家会是怎样的待遇。先生认为不管大人犯了什么错，孩子总是无辜的，更何况这孩子还这么聪明。可惜这道理很多大人们偏偏参不透。

"谢什么呀。"先生慈爱地笑笑，"你有天生之才，往后肯定要有大出息的，到时候先生还要沾你的光呢，现在当然要对你好些啦！哈哈哈！"这老先生胡子很长，笑起来胡子一颤一颤的，十分滑稽。苏戬也跟着笑起来，他知道这老先生是说笑呢，往后的事谁能预料？只是今日的恩却是真真切切的。

　　待洗过澡换过衣服之后，他们又回到了书塾。先生说："虽然今天只有你一个人来了，但是既然来了学生，咱们就应该讲课啦，只不过今天咱们可以讲些别的，不知道你想听什么？"苏戬想了想，他问："先生，我听说现在外面非常乱，总有人在斗争，我们该怎么办呢？"先生笑呵呵地回答他："孩子，该怎么办还怎么办，该吃饭吃饭，该睡觉睡觉，好好活，总能活到天下太平的那天。""好好活……""孩子你听着，世事就是这样，有时候乱些，有时候稳些，这都是正常的。你生在乱世是你的不幸，但是在乱世中也一样有人活得很好。"

　　与先生的谈话是愉快的。苏戬在书塾待了一天，到了傍晚，夕阳西下，火红的云霞映在空中，阴霾了一天的天空总算露出了碧蓝。苏戬将自己已经晒干的衣服重新换好，告别先生又踏上了归家的路。来时虽然风雨凶残，但归时却是踏着金色的夕阳，令人无比惬意。

拉长的悲伤

时光是个顽皮的孩子，总是会把欢乐的时光偷偷藏起，把悲伤的故事拉长。

苏戬从书塾回来的晚上就病倒了。在苏家平时祖父祖母根本顾及不到他，他的起居一直是黄氏或者陈氏负责。她们对他不虐待已经是万幸，何谈关心。小苏戬半夜要上厕所，一下床，双腿一软，就倒在了地上，再要起身时，他才发现自己的双手双脚都失去了力气，身体就仿佛被抽空了一样。过去他也曾有过这种状况，但那时候有河合仙的照顾，所以病情也不会太恶化，现在只剩他自己了，他也不知该如何是好。他摸了摸头，发现头是滚烫的。

苏戬的心一下子有些慌乱了，他知道自己这是感染了风寒，这一定是白天淋雨的缘故。他强硬撑起身子，扶着墙去了厕所，然后强撑着回到床上躺下。先不说这大半夜的就不可能有人照应他，就算白天，又有谁会照应他呢？他躺在床上，看着窗外的月光，心想自己不会就这么死了吧。他并不想就这样死去，但是如果这是他的命运，他也是不能抗拒的。

他将被子往身上掖了掖，尽量不让凉风透进被子里。昏昏沉沉间，他又进入了梦乡，他恍惚觉得河合仙来到了他的身边，喂他喝水吃药，他吃过药之后就躺在她的怀里，在她的安抚下眯着眼睛享受睡眠。母亲的怀抱是那样地温暖，那样地让他依赖，让他无法割舍。如果说这世上有什么东西是最美妙的，那一定就是母亲的爱了。

苏戬的嘴角露出了笑容，只有在河合仙的怀里，他才会露出这样的微笑。

那是他的短暂的幸福时光。而当他被头痛痛醒的时候，却悲哀地发现，这房间仍旧是空无一人，没有母亲温暖的怀抱，他也没有喝水吃药，一切不过是虚幻的梦境，不过是他心底的渴望。他的床还是这样冰冷，他的房间还是这样冷清。

他张开嘴，想要喊叫，想要告诉别人，他病得难受，就快要死了。可是他只能发出微弱的嘶哑的声音。他努力支撑起了身子，扶着墙来到门外。也是巧，他刚出门，就看到陈氏正经过。不论陈氏平时对他如何，此时此刻，陈氏就是他的救命稻草。所以他踉跄着上前拦住了陈氏。

陈氏停下了脚步，冷冷地看着他，讽刺道："这不是我们的小少爷吗？怎么这么狼狈呀？"苏戬努力用嘶哑的声音说："姨娘，我……的头很热，不知道……""头很热？"陈氏俯下身摸了摸他的头，"果然很热。"她冷笑着说，"我都听说了，昨天你自己冒着大雨去书塾上学了？"苏戬只好点了点头。陈氏怒道："你这是什么意思？你是怪我们照顾不周吗？你这样丢人丢到外面去了，让别人怎么想苏家？别人会以为我们苏家穷得连个送孩子上书塾的车都雇不起！"

苏戬万万没有想到自己的举动会遭到这样的责备，他想辩解，但陈氏并没有让他讲话，而是继续训道："我们苏家怎么亏待你了？我怎么亏待你了？你简直就是明摆着告诉人家我们在虐待你啊！这话说出去还不知道会难听成什么样子，你人不大，心眼倒是不少！我问你，你知错吗?!"苏戬刚要回答，陈氏又说："我看你根本不知悔改，你就到柴房里去好好反省吧！"说罢，她拖着7岁的本就虚弱不堪的苏戬来到柴房，并在外面将门锁上。

没有想到自己的求助换来的只是更深的绝望。独自倒在柴房里的苏戬已经欲哭无泪。他感觉浑身一阵热一阵冷，生命仿佛要一点点被抽走了。那柴房十分破旧，里面除了木柴，还有许多苏家用过的废弃的东西。苏戡看到那里面有一个很厚的棉被，就缓缓爬过去，将那棉被裹在身上，自己则枕在一块稍大些的木头上面躺下。

他躺的位置刚刚好，正能看到柴房唯一的一个窗口，透过那窗口，苏戡可以看到外面的蓝天。他看着天上飘过的形态各异的白云。那些白云自由自在地飘着，无拘无束。他真想自己也能如那白云一般，能够摆脱这个沉重的身躯，漂浮在碧空之上。他更想同那白云一样没有悲欢离合，也没有病痛，自在、惬意地随心而动。

有时候苏戡能够听到柴房外面有人经过时说话的声音，有几次他想呼救，但是一来他根本没有足够的力气呼救，二来他担心如果真呼救了不知道自己会不会惹上更多的麻烦。他只有躺在那里，好在这棉被虽然破旧，却很暖和，裹在身上让他觉得舒服多了。当他看天看累了，就闭上眼睛睡一会儿，难受醒了就继续睁开眼睛开天。病痛中的他是感觉不到饥饿的，身体已经如此了，吃不吃饭又有什么用呢？

虽然苏戡只能通过一个窗口看外面，但当傍晚来临，他还是能看出天快黑了。他是很喜欢夕阳的，因为比起朝阳的活力，他更喜爱夕阳的温柔。过去，他最喜欢在傍晚时分找一个山坡，看着火红的夕阳一点一点沉入地平线的下面，就仿佛一位已经劳累了一天的母亲，想要躺下歇息一会儿。那场景就如同一幅画常在他脑海中浮现。此时在柴房的他自然是看不到夕阳的，但那窗口外偶尔飘过的红色的云霞，让他已经足够想象出日落西山时候的温柔。

天渐渐黑了下来，苏戡已经能看到，暗色的天空上出现了几颗忽明忽暗的星星。他感觉自己的双眼快要睁不开了，他似乎就要死去了。不论如何，让他好好睡上一觉吧，他也如同夕阳一样，需要好好地歇一歇。等他歇够了，也许是明天就能开心地去书塾了，又也许，就是下辈子了。

苏戬曾经听河合仙说过，人是有来生的，今生死了，来生还会投胎做人。河合仙曾经问苏戬，来生他想做什么，那时候他说，他想做一只自由自在的小鸟。而现在，他却想，如果有来生，他希望一生都在河合仙的身边，能够永远不离开她就好。他沉沉地睡去了，任由病痛慢慢夺去他的生命。也许是老天打算让他受的罪还没有受完，又也许是若子在天上的庇佑吧，半夜的时候，苏家老爷忽然出现在柴房中，命人将他抬了出去。

苏家老爷之所以会出现，是因为白天有人看到陈氏将苏戬拖进了柴房，那人发现苏戬的状态很不对劲，担心出什么事，就去告诉了苏家老爷。老爷虽然对这个孩子的出身颇有微词，但这毕竟是苏家的后人，含糊不得的，所以在训了陈氏一番之后，就带人去柴房找苏戬，果然看到苏戬已经气若游丝，奄奄一息了。

老爷找来大夫为苏戬看病。大夫在初步诊断了病情之后，告诉老爷，这孩子如果再晚半天就是神仙也救不活了。好在柴房里的棉被够暖，为他增加了活下去的机会，不然可能现在身体就已经冷了。大夫为他开了几味药，老爷则命人将这药熬好，并着下人喂给苏戬喝。

苏戬就这样在病床上躺了有一周之久，身体才稍有好转。这一次，他简直是在鬼门关转了一圈，连他自己也不相信自己竟然能活下来。不管怎么说，活下来了总是好事。往后的日子里，他又与大家一起坐马车去书塾。而从那以后，苏家也不敢再让他单独出门了，他算是多得到了一点关照，当然也是微乎其微的。

大病一场的苏戬仿佛是经历了一次生命，他仿佛一下子成熟了许多，他深深地记住了那些痛与挣扎，还有那柔暖的夕阳。他知道，未来的路，还会有更多的风雨，但是，他将义无反顾地一直走下去……

第三章 负·最美相遇又别离

在繁华里漂浮

时光辗转，苏戡只是漂浮在繁华的上海里的流萍，静静地等待着未来的命运。

经过了一段时间的寻找，苏杰生终于为苏戡找来了可以教他英文的老师。那是一个西班牙人，名叫庄湘。那个时候人们要在国与国之间穿梭并不像现在这样关卡重重，所以那时的上海有许多外国人，有些是来做生意的，也有些是来传教的。庄湘是一个文化底蕴很深的人，苏杰生选择他，不仅仅因为他外国人的身份，也因为他在文学方面的建树。如果能够得到他的亲传，那么苏戡不但能学好一口流利的英文，还能增加文学造诣。

在教育苏戡的问题上，苏杰生算得上是一个好父亲。虽然苏杰生也有光耀苏家的意图，但不管怎么说，他对苏戡的培养还是让苏戡不至于成为平庸之辈。若是没有他的培养，后世也不会有人知道 19 世纪末还有一个名叫苏曼殊的传奇人物了。

苏戡第一天被带到庄湘的家里时，就被庄湘家中的环境吸引了。庄湘的家是典型的西方绅士家庭，他的家中有一个大大的书架，散发着淡淡书香。与热衷做生意的苏家不同，庄湘家里到处都充满了文化的气息。他家的墙上挂着西方的油画，苏戡第一次看到这种画。从前他看到的只有山水画，几笔勾勒便成风景，西方油画则不同，这种画采用了厚厚的油彩，浓重涂抹着，将每一个细节，画面的深浅层次都描绘出来。如果说国画注重的是意，那么这种油画则注重了形，别有特色。

苏戡目光的变化很快被庄湘捕捉到了，他看出这是一个很有天分孩子，如果加以培养，日后定能成才，他十分高兴地收下了这个聪慧的学生。苏杰生向庄湘交代了一些事情，接着就离开了庄家，将自己的儿子彻底交给了庄湘。庄湘发现苏戡看油画看得入了神，于是也不打扰，悄悄去旁边冲咖啡了。苏戡直到闻到咖啡的香气时，才回过神来发现父亲已经走了，而庄湘正微笑地看着自己。

苏戡的人生说来也有趣。别人都是对家人亲，对生人警惕，苏戡偏偏相反，他只有在面对家人时才会警惕，当看到生人，他反而会放下警惕之心，变得轻松起来。他对庄湘说："先生，你家挂的画真好看。"庄湘笑着问："看来你对画很有研究？"苏戡摇摇头，"我不懂，我只是觉得。""天然的感觉和喜爱才是艺术的源头，看得出你很有艺术天分。如果你喜欢，每天可以在我的家里多待些时候，我家有很多书，绘画方面的也有不少。""那实在是太好啦！"苏戡十分高兴，仿佛发现新大陆一样高兴。他忽然觉得，在上海这个城市里，终于有了让他喜欢的地方，心情也忽然明朗起来。

"不如先来尝尝我泡的咖啡吧。"庄湘笑着说。苏戬来到沙发前坐下，看着那个散发着清香的黑乎乎的东西，问："这个就是咖啡吗？我听人说过，但是没喝过。""哦？你父亲不喝咖啡吗？"苏戬摇头，"父亲只喝茶，我们家里都是喝茶的。"庄湘笑了起来，"哈哈，这就是东方人与我们西方人的不同了，我们西方人特别喜欢喝咖啡，来，既然你没喝过，那就尝尝！"

苏戬也不客气，端起桌上的咖啡喝了起来，才喝一口，他就皱起了眉头。庄湘哈哈大笑，"哈哈哈，看来你的确是没喝过啊！"苏戬不解地问庄湘："先生，原来咖啡是这么苦的东西，可是为什么闻起来却很香呢？""这就是咖啡的魅力啦！你尝起来虽然觉得苦，但是苦的后面有着浓厚的香。这就好像你们中国人喝的茶，有的茶尝起来也苦，但苦后面藏着清香。咖啡与茶的区别就是，一个厚重，一个清淡。"苏戬点点头，他没想到这个洋老师对中国这么了解，而且见解也很深刻。的确，适才品尝后，仔细回味，这咖啡的苦味后是有种发腻的香气的，但茶却不同，茶香清如水，咖啡浓如油。有人喜爱咖啡的浓，也有人喜爱茶的淡。至于苏戬，他觉得两者都很好，但若要比做人生的话，他还是想要一个茶香一般的人生。这是一个十分愉快的会面。庄湘谈吐不凡，与苏杰生那样的生意人相比，苏戬更喜欢庄湘这样很有文学素养的人。才见面不久，苏戬对眼前的人倍感亲切。一杯咖啡终了，苏戬仿佛经历了一次由苦到香醇的人生。不知道现实的人生会不会也能如这咖啡一样，在苦过之后，给他一缕醇香。

苏戬来到庄湘家的第一天，庄湘并没有正式教他英文，而是给他讲了一些西方的习俗，以及世界的格局。他告诉苏戬，国与人不同，人在行为处世上总有道德的约束，国家之间的所谓信誉不过是权衡利弊。一旦哪个国家变得足够强，强到可以不受其他国家的制约，就会开始发动侵略，占领其他国家的土地；而如果哪个国家发展缓慢，变成弱国，就要面临被强国瓜分的危险。

"听起来像强盗的逻辑，是吧？"庄湘笑着问苏戬。苏戬点了点头。"但是你想，"庄湘又说，"强盗们犯了错，有官府去管，官府犯了错，有更大的官府去管。天皇老子犯了错，有起义的百姓去管。但是国呢？国犯了错，除了比它更强大的国家，谁又能管呢？若是没有比它更强大的国家，又有谁会管呢？"苏戬沉默了，他这才明白，原来只要没人能管，就可以不顾任何道义，就可以无法无天了。

庄湘说："所以，作为一个国家，若想不被列强瓜分，就只能从内部强大起来。我看现在中国有很多有见识的人，看起来崛起的日子也不远了。只是到时候又会有一番动乱了。"苏戬心中却想，国与国不论如何争斗，如何动荡，到头来受苦的不过是平民百姓们。现在很多的中国人对外国人都是怀有恨意的，但是外国人也有庄湘这样和蔼的先生，也有河合仙那样可怜又可爱的女人啊！

这时，庄湘忽然问苏戬："你呢？你日后想要做什么呢？"苏戬想了想，发现这个问题竟难以回答。而浮现在他脑海中的第一个画面，竟是寺庙里一个和尚敲钟的场景。他脱口而出："我想出家当和尚！"庄湘一愣，继而哈哈大笑，他只当这是小孩子的无心之说，他并不知晓，这是苏戬最原始的愿望，甚至是他一生的追求。庄湘问他："你就不想成为一个有用的人，为这个岌岌可危的国家贡献一份力量吗？"苏戬觉得有些惭愧，但他的确没有那么高尚的情操。他觉得，国家也好，家族也好，都不过是虚幻的影子，都是没有意义的，内心的宁静才是真正的归宿。只是这样的想法连他自己也觉得太不够热血了。

"看来你现在对中国的现状还没有足够的认识啊！没关系，以后我都会讲给你听。如果你喜欢看书，也可以通过我家的这些书本来了解。你的父亲把你送过来学英文，不过我觉得你可以先了解一下欧洲的这些国家，这样对你学习语言会更有帮助。"庄湘说。苏畋点头。就这样，庄湘又给他讲了很多英国、法国那边的风土人情，听得苏畋十分入神。直到傍晚，快到吃饭的时候了，苏畋才想起该回家了。

　　"在我家吃就好啦！"庄湘挽留他说。苏畋有些犹豫，毕竟父亲并没有说自己可以在先生家吃饭，如果做错了闹不好又要遭到陈氏的责备。庄湘笑着说："你放心吧，我会给你父亲打电话告诉他，你也尝尝我们西方的晚餐口味。""那就多谢先生了。"苏畋很开心。

　　在饭桌上，庄湘又对苏畋讲了许多。大概庄湘也是太久没遇到这样的孩子了，他的话匣子一被打开就合不上，一直说个不停。苏畋被他引得话也多了起来，他们如同两个老朋友一样开心地交谈着。交谈过程中，苏畋偶尔也会冒出一两个英文单词，这让庄湘十分惊讶。庄湘惊奇地问他："我记得你父亲对我说过，你完全没有任何英文基础，你的这些词是如何学来的？"苏畋纳闷庄湘的疑问，说："这正是之前先生提起过的啊。"

　　庄湘有些愣住了，他知道这是一个很聪明的孩子，但他没想到这孩子竟然这么聪明！那些词汇他只是一带而过的，因为他知道苏畋听不懂，所以他也没有着重使用英文单词，没想到只是提过一两次就被苏畋记住了，而且发音还那么准确。庄湘哑然失笑，他问苏畋："我说，过去的十几年里，有没有人说过……你是个天才？"

　　苏畋腼腆地点了点头："小时候有一个人说过，那是我的母亲。"庄湘笑着拍他的肩说："你的母亲并没有说错！你是一个了不起的天才，简直太了不起了！你这样的才能如果不加以使用，那就暴殄天物！不过你放心，我一定会用心教导你，至少不埋没你的才华！"

庄湘并没有说错，苏戡的确是一个非常有才华的人。如果他不是有那样不幸的人生，也许他就不会一心归佛，也不会年纪轻轻就死去，也许他会有更大的成就。只可惜，命运不会给他这样的也许。上天在赐给他惊人才华的同时，也夺走了他的平凡幸福。

纵是辜负

由于苏戡天生聪慧，所以学得很快。庄湘遇到这样聪明的学生更是异常高兴。才一个月，苏戡就已经完成了基本的英文入门，接下来就是增长他的词汇量和阅读量了。庄湘喜欢诗歌，就选了一些西方的英文诗歌教给苏戡，其中最多的都是英国诗人雪莱的佳作。雪莱的作品浪漫而优美，读起来让人口齿生香。这段学习英文的日子对苏戡来说与其说是学习，不如说是在享受了。

那是一段不错的日子。清晨，阳光斜斜地洒入庄湘的客厅，将客厅内的那些安静的摆设都变作了金黄色，更为这房间增添了一份柔情和浪漫。西方古典的花瓶静静立在书架上，仿佛在讲述着它与花儿们的美丽故事。这是一个如童话一般的客厅，苏戡坐在椅子上，轻声读着那些雪莱的诗句。在这之前，他从来没想过世上竟然还有这样优美的文字，原来文字还可以被这样运用，这样书写，这也让他心中生出了新的想法，他也想用自己的文字来书写自己心中的各种情怀。

　　苏戬本就有天分，在阅读的过程中，他在心中也勾勒出了一些独属于他自己的句子。这椅子坐起来十分舒服，这是庄湘的摇椅，因为庄湘要出门办事，所以留苏戬自己独自待在这里。虽然与庄湘交谈让苏戬很愉快，但是苏戬更享受这样独处的时光。阳光洒在他的身上，让他觉得暖暖的。这天他穿了蓝色的布衫，这布衫虽然不是什么名贵的料子，但是在阳光的照射下，显得十分干净飘逸。

　　连苏戬自己也没有注意到，此时的他，已经出落成一个十分俊美的男子了。虽然他还没有长成如父亲那样成熟，但是此时此刻，他已经足够吸引那些年轻女孩的目光了。苏家的男人长得都很漂亮，也许正是因为这样，才让苏杰生做出许多荒唐事来吧。当然，有了苏杰生的前车之鉴，今生苏戬是无论如何也不会做出辜负女子的事情来的。

　　就在这个时候，或许又是命运的安排，苏戬在读过一个非常温柔的句子之后，将头从书本中抬起，无意中抬头一瞥，却见到一个美丽的金发少女正从楼上走下来，眼睛一直在注视着自己。苏戬简直怀疑这莫不是书中的美人来到现实中了？这女孩子实在太过美丽，太过完美，完美得令人窒息！他们就这么彼此注视着，直到女子来到了苏戬的面前。

　　"你就是苏戬哥哥吧。"女孩子笑着说，她笑起来比春花还要美丽，让人甚至忘记了思考，"我知道你，父亲很喜欢你。你好，我叫雪鸿，我的父亲就是你的英文老师。"雪鸿大方地伸出手，苏戬知道这是握手礼，于是伸手与她相握。雪鸿呵呵笑起来，说："看来你还没有学会绅士之道嘛，不过没关系，我刚刚听到你读的诗，实在是太美了，就忍不住下楼要看看你。"

　　苏戬知道庄湘有一个女儿，只是他没有想到这个女儿竟然如此美丽。

208

"我的确是苏戡，很高兴认识你。"苏戡说。雪鸿开心地说："父亲一直不让我出门，不让我和别人交往过密。可是苏戡哥哥明明是很好的人啊！"她是那样天真烂漫，好似能让人忘记人世间的所有苦恼。苏戡轻叹口气，说："你父亲可能是怕我把你带坏吧。"

"怎么会呢？我自从来到上海之后就很少见人，如今总算能有个人陪我说话了，我高兴还来不及呢，怎么会更坏呢？"雪鸿天真地说。苏戡哑然失笑，看来这丫头太过天真，没明白所谓带坏的意思。不过苏戡也不存什么坏心，就与她开心地攀谈起来。

正当他们聊得开心的时候，庄湘从外面回来了。他意外地看到女儿的脸上出现了许久不见的笑容，心中欢喜不已。看到庄湘，雪鸿连忙蹦跳着扑过去说："爸爸！苏戡哥哥在给我讲他在广东遇见的有趣的事呢，苏戡哥哥真是个好人，他给我讲了很多有意思的事情！"庄湘笑着抚摸她的头："看来你和你苏戡哥哥很投缘啊！""是啊，而且苏戡哥哥也很喜欢雪莱，我喜欢的那些诗歌他都能背下来！""那还不是你爸爸的功劳！"

庄湘笑着来到苏戡面前，开玩笑说："没想到才半天工夫，你就和我的宝贝女儿成为朋友啦！我看你们都是很内向的人，没想到在一起反而多了很多话题，"苏戡微笑说："雪鸿姑娘天真烂漫，她的快乐正是我最向往的。"庄湘却说："嘿，你不知道，她来上海之后就没怎么笑过，我都怀疑她不会笑了，看来她快乐的源泉就是你啊！"

听到这话，苏戡心中泛起一阵波动，他看了看雪鸿，发现雪鸿也正在注视着自己。四目相对，雪鸿脸微红，低下了头，苏戡的脸也有些红了。庄湘看出两人之间的意思，也不点破。也是难怪，他们都是正当最好的年华，彼此情投意合倒也是情理之中的。而且两家门当户对，若是能快些结为亲家也是一番美事。当然，这也只是现在的想法而已，往后会怎么样，还要看两个年轻人的心了。

雪鸿的出现让苏戡对庄湘的家更加依赖。苏杰生看到苏戡每天往庄湘家跑得勤，加上听到他的英文说得越来越好，心下很是高兴，所以就私下嘱咐了陈氏不要对苏戡约束太严，小孩子喜欢在外面跑并不是坏事。陈氏也乐得看不到苏戡，一切皆大欢喜。

其实苏戡的英文已经基本不用庄湘教授了，他去庄湘家，都是自己取书来读，那些美妙的诗句简直是世上最好的精神食粮。刚好那段时间庄湘比较忙，经常不在家，苏戡就与雪鸿一起读书，并相互交流读书的见解。他们不仅仅在家中读，有时候，苏戡会带着雪鸿走出去，去公园里，柳树下。苏戡对上海的交通已经十分熟悉，他很喜欢带雪鸿去公园，因为那里环境优美，而且没有人打扰。

公园里的花草如果有记忆，那它们一定可以编出这世上最美妙的爱情百科全集。因为这世上最唯美的爱情往往都是诞生于此的，当然，也有很多是在此结束的。人们在这世间是如此匆匆而过，只有山石草木永远在那里，安静地充当着一个又一个故事的背景，听着来自每一个人的内心低诉。苏戡与雪鸿两个躺在公园的草地上，安静地看着天空。这个地方十分开阔，在这里看天不会被建筑物遮挡。苏戡偶尔会说出几句中文的诗句，雪鸿听不懂，问他是什么意思。

苏戡笑着说："我也说不好是什么意思，只是我知道哪些句子比较快乐，哪些句子比较悲伤。""那么你呢？你心中的那些句子是快乐的还是悲伤的呢？"苏戡想了想说："大概总是悲伤的多一些吧。""我们刚刚见面时，你给我讲了许多快乐的故事。""是啊……"苏戡无奈地说，"大概我的人生中，也只有那一点点快乐吧，看到了你，就想把那仅有的快乐传递给你。"

雪鸿轻轻握住了他的手，在他耳边柔声说："那我现在想听悲伤的了。把你的悲伤的故事也告诉我，好吗？我想了解关于你的全部，不论快乐还是悲伤。"于是苏戡开始讲诉他的故事，他并没有从自己讲起，而是从生母的故事讲起，他讲了一个负心的男人是如何辜负一个痴情女子的，又讲了一个伟大的养母是如何保护妹妹的儿子的。雪鸿听着听着，已经不禁泪流满面。

"你的故事太悲伤了，你母亲的故事也太悲伤了。为什么会有这么悲伤的故事呢？""也许是因为上天觉得给人间的幸福太多了，要用一些痛苦来平衡吧。""可是这样不公平呀！对承担痛苦的人来说太不公平了！""的确不公平，但是也总要有人承担呀！"苏戡笑着说。

"你太可怜了。"说着，雪鸿伸出手臂，搂过苏戡，想要用自己的怀抱来给苏戡多一些温暖。她也知道自己的温暖是微乎其微的，但是有总比没有好。这女子的拥抱让苏戡心中又泛起了一阵波澜，他想伸手回抱这女子，然而却发现自己无法做到。他担心，如果自己真的对雪鸿许诺了什么，若是无法实现又怎么办呢？他不能保证自己不会辜负她，所以一开始他就不敢迈出步伐。

雪鸿并没有理会他的忧郁，而是将他抱得更紧了。"苏戡哥哥，你的命太苦了。我真不知道该怎么安慰你才好。"苏戡笑着说："你不用担心我，我早就已经习惯了，现在我只希望在我的生命里不要出现更多的悲剧故事。过去的无法改变，但未来，我至少可以控制。"苏戡其实是想告诉雪鸿，他不会让自己重蹈父亲的覆辙，他不会在没有能力的时候就对雪鸿许诺什么。当然，天真的雪鸿并没有考虑那么多，她只是温柔地说："你说得对，我们都应该努力减少悲剧的发生。"

快要天黑的时候，苏戡与雪鸿手挽着手把她送回家，到了家门口，苏戡让她自己回去，而他则直接顺路回家。雪鸿恋恋不舍地看着他，但也只能目送他离开。这一幕被庄湘看在眼里，他知道女儿对苏戡情有独钟，若是能促成这个好事，庄湘倒也是十分乐意的。

然而独自踏在归家路途中的苏戡心情却十分复杂，他又想起了那青钟古寺，又想起了那声声木鱼。他忽然觉得，自己的归宿本就不应在红尘之中，而应该在世俗之外的。是的，他的归宿应当是做一个敲木鱼的僧人，而不是成家立业，娶妻生子。确定了这一点后，他告诉自己，既然如此，就千万不能与任何女人有过于密切的联系。因为注定要成为僧人的他，对女人只能是辜负。他不想让任何女人重复生母的悲剧了。

唯愿生一双翅膀

就在苏戡每天在庄湘家里快乐度日的时候，苏家老家忽然传来了老爷病重的消息。老爷病重，这对苏家来说是一件非常大的大事，所以苏杰生连忙带着陈氏赶回家看望父亲。临走之前，因为苏戡的学业不能中断，所以苏杰生便将苏戡留在他姑父的家里，让他姑父代为照顾。

而不论苏杰生不带苏戡回去的原因为何，苏戡都毫不在乎。他对那个大家族本来就是毫无感情的，就算告诉他自己在苏家的继承权被剥夺，他也丝毫不会觉得愤怒或者惋惜，因为在他的印象中，自己跟那个家族毫无关系，他在苏家不过是个寄宿的。他不想要苏家的一分一毫，所以也不想给苏家送去一分一毫的情感，哪怕他的亲祖父去世了，他也只能想到母亲去世时的孤苦和悲惨。

苏戬就这样留在了上海姑父的家里，在这里，他获得了更多的自由，并且认识了表哥林紫垣。林紫垣比苏戬大了不少，他的性情比较中庸，万事求稳。他很欣赏苏戬的才华，认为凭苏戬的天赋，日后要想光耀苏家是指日可待的事情。虽然林紫垣并非苏家人，但毕竟那是母亲的娘家，所以他对这个小表弟也是格外照顾。

林紫垣对苏戬与雪鸿之间的感情多少有些了解，他私底下劝过苏戬，要以学业和事业为重，不要把太多的精力放在女人身上。他自然不会了解，两个对诗歌都十分有见解的人，每天聚在一起不但不会影响学业，只会让彼此的学业更好。而且苏戬与雪鸿都不是那种会只沉浸在爱情中忘乎所以的人，所以林紫垣的担心多少是有些多余的。

在姑父家里，苏戬偶尔会与自己的长兄苏焯通信，苏焯告诉苏戬，河合仙在那边一切都好，除了想他就没什么了，让他不要太惦记。这样的信只会让苏戬更加思念母亲，他恨不得自己能生就一双翅膀，飞到母亲身边为她抚平脸上的皱纹。恨不得能每时每刻与母亲在一起，去重温母子亲情。

一日在吃晚饭的时候，林紫垣提起打算去日本求学。那时候日本的教学质量很高，与中国的关系还没变得糟糕，离中国又不似欧洲那般遥远，所以中国许多有钱人家的孩子都会选择去日本读书。听到这个消息，苏戬的心都快要跳出来了，日本那是有母亲的地方啊！表兄就要去母亲所在的国家了！如果他也能同去那该多好啊！

于是苏戬终于不再沉默，在饭桌上，他忽然开口说：“表兄要去日本的话，我也想去。毕竟那边的教育质量很高，如果去了那边学习，一定能学到更好的知识，我也希望自己可以早日成才。苏家现在的情况不是很好，如果我能早日光耀门楣，说不定能恢复家里往日的情景。"这是他第一次虚伪地隐藏自己的真实意愿，说些别人愿意听的话来提出要求。

　　果然，姑母听了他的话很高兴。姑母笑着说："本来我以为你这孩子没心没肺的，现在看起来还是挺懂事的嘛。我父亲去世了，哥哥做了这么多年生意又没什么起色，如果你能做出像样的成绩来，那当然是最好了！只不过如果你也跟你哥哥一起去的话，家里不免要多出一份开销。不过我会和你姑父仔细商量的。"苏戬忙点头，说："给姑母添麻烦了，但是我真的太想早日成才了。""我知道，你放心吧，我相信你姑父会同意的！"

　　这时候林紫垣也开口说道："如果表弟也去日本的话，我也可以帮衬一点。表弟是难得的天才，学什么都快。我也希望自己能有一个出人头地的表弟，往后我要做生意的话还能帮上些忙。"姑母于是接道："不过这件事总要跟你父亲商量了才能定下来。他这两天不在家，等他回家了再谈吧！"

　　不管怎么说，这事看起来是很靠谱的。苏戬心中别提有多欢喜了。一想到能与母亲见面，他的心就无法平静下来。不知道母亲变成什么样子了，这么多年不在她身边，她老了多少呢？自己现在到底算不算一个厉害的大人了呢？如果再见到母亲，不知道母亲对他会是失望还是满意。相信不管怎样，母亲都会一如既往地爱他的，因为那是自己的母亲啊！

　　之后的日子里，苏戬连走路时都快要跳起来了。当他来到庄湘的家中时，庄湘明显看出他与往日的不同，庄湘好奇地问："是遇到什么好事了，让我的小苏戬这么开心？"苏戬快活地说："先生！您一定无法相信！我可能很快就要去日本了！日本，那是母亲的家乡！到了那里，我就能看到爱我的母亲了！"庄湘对苏戬的身世早就已经十分了解，听到这个消息，他也由衷高兴：

"那实在是太好了！你是要去旅游吗?"

苏戬摇摇头说，"不，先生，我要去日本留学。""是留学啊，那就是要待上好多年了。""是呀！不过到了那边我会常给先生和雪鸿写信的！"说起雪鸿，庄湘终于决定问出他萦绕心头许久的事："苏戬啊，我看雪鸿对你一直十分钟情，你对雪鸿似乎也很有好感。你就要去日本了，我在想，要不要先找来你父亲，把两家的亲事定了?"

听到这句话，苏戬连忙对庄湘说："万万不可！先生！雪鸿是一个好姑娘，千万不要因为我而耽误了！有一句话我对所有人都没有说过，但是如果现在不说，那就可能要辜负一个好姑娘了！其实我是要投身佛堂的人，早晚有一天要出家为僧的！"这话让庄湘十分惊讶，虽然苏戬曾经对他说自己打算出家为僧，但他一直以为那是玩笑话。

"你在说什么？你确定不是在开玩笑吗?"庄湘很惊讶地问苏戬。苏戬摇摇头，他说："先生，不瞒你说，其实在很久以前，我就已经生出了看破红尘的想法。只不过那时候带着儿童心性，不小心破了戒，这件事情一直让我很遗憾。以后有机会我还是会出家，做一个彻彻底底的僧人。""可是为什么要如此呢？赚很多钱过优越的生活，又有美丽的女人陪伴，这样的人生不好吗？为什么要出家呢?"

苏戬苦笑道："我父亲一直过着您所说的这样的生活，但是事实证明，他的一生里只是在不停地辜负着伤害着一个又一个的女人。就算他过得再舒服又如何呢？他还是一个彻头彻尾的浑蛋啊！我不想成为那样的浑蛋，我对人世上的事已经看透了。雪鸿是个那么美好的姑娘，她不该嫁入苏家那样的地方，她应该嫁一个更加宽容更加温暖的家庭！"

庄湘叹气："我明白你的意思了……看来我是劝不动你的，但是你这样的才华如果出家实在太可惜了。我实在为你惋惜。算了，不说这些了，你不想跟雪鸿说些什么吗？"苏戬说："我现在还没确定会离开，等到了离开的那一天，我再与雪鸿告别吧。其实雪鸿比先生你更懂得我的心，我知道她对我的情感，而她也知道我心中的顾虑，所以我们一直保持着最高尚的友谊，我们希望能将这份友谊长久保持下去。"

"如果是这样，那我又能说什么呢？真是可惜啊，本来我一直觉得你是最完美的女婿。"庄湘遗憾地说。苏戬却说："先生看到的只有我自己，却没有看到我的家庭。女人一旦嫁人，就不是嫁给一个男人，而是嫁给一整个家庭。如果先生了解了苏家的各种事情，一定会庆幸没有将女儿嫁给我的。"庄湘点头："也许是我对你们中国人的了解还不够全面吧。不管怎么说，希望你最后能顺利去日本留学。""谢谢先生。"

苏戬说完这些话，心中就仿佛放下了一块很大的石头。对雪鸿，他总算没有辜负。不辜负就是最好的。接下来的日子，他们心照不宣地没有对雪鸿说留学的事情，每天苏戬还是照常去庄湘家学习，还是照常带着雪鸿在上海游玩。这说不定就是在上海的最后时光了，苏戬决定珍惜这段日子。

几天后，姑父回家了，姑母向姑父提出了让苏戬与林紫垣一同去日本留学的事，起初姑父并不同意，后来姑母好说歹说，加上林紫垣一旁帮腔，他才勉强答应。不管怎么说，姑父在上海的事业有很大一部分都来自于苏家的支持，所以苏家要培养人才，他也实在没有拒绝的理由。

一直到确定了离去的日子，苏戬才将这一消息告诉了雪鸿。雪鸿听了又开心又难过。"从今往后，我又是孤零零一个人啦。"雪鸿抱怨说。苏戬拉起她的手，对她说："你相信我，以后还会有别人代替我的，上海这么大，一定有能让雪鸿开心，能给雪鸿讲好听的笑话的人出现！而那个人肯定比我更好!"雪鸿却噘起嘴说:"你说得好听,还不只是安慰而已?"接着她又笑起来,"不过我真为你高兴,你就要见到世界上最爱你的人了!"

"是啊!我就要见到我的母亲了!"苏戬望着蓝天,望着遥远的东方,在那边,母亲是否也同样在抬头看天呢?他们看的会是同样的一片天空吗?到时候只要亲口问问就知道啦!一想到这里,他的心中就满是幸福。只有在母亲身边的孩子才是幸福的。雪鸿也拉起他的手,说:"你是那么可怜,比起你,我有爸爸疼,有母亲爱,我真是不该再苛求命运给我更多了。我希望能把自己的幸福分给你一些。"

苏戬紧紧地抱住了她,这个美丽而又善良的女孩子,在上海给了他最好的温柔,给了他最多的安慰。他告诉她:"你的关怀就让我足够幸福了。谢谢你在上海陪伴我这么久。"雪鸿没有讲话,只是安静地与他相拥,感受着他的快乐。

一对知己,用宽容与爱,演绎了一段温暖的青春故事,这个叫雪鸿的女孩也永远留在了苏戬美好的记忆里。

初嗅脱尘的味道

只有真正经历过人生风雨的人才懂得，有些爱与恨，与对错无关。也许是错的缘分，就爱上了，也许是错的命运，便恨上了，苏戬所承受的恨正是如此。

陈氏对苏戬充满敌意，这也是必然的。因为在苏戬来到苏家后，她已经连着生了三个女儿，就是生不下一个儿子。嫁入苏家，却不能给苏家带来一个后人，凭什么享受苏家的各种优越待遇？更何况她只是一个妾？正因为她接二连三地生女儿，苏家二老对她也是颇有微词，明面儿上、私下里没少说她。所以陈氏在苏家也算是个受气的角色。

许久以来，郁闷堆积在了胸口，陈氏必须要有一个发泄口。她不能朝自己的亲生女儿撒气，自然只有拿这个曾经被挡在门外、如今却又被当作宝贝接回来的小子撒气了。若没有这个小子，她还只能算是无能，可有了这个小子，就有了对比，她在无能之上又多了个不如人的名头。甚至有时候苏家二老还表示后悔当初没有让若子进门，不然，说不定苏家还能再多两个儿子。一来二去，陈氏连死去的若子也恨上了，自然就更不可能善待苏戬了。

她把苏戬关进柴房，也并不是一时愤怒之举。她也知道，就算苏戬死了，她只要说当初她把苏戬关进柴房时他还好好的，是进柴房后死的，那就不算故意害人了。更何况她还是苏家三个女儿的妈，苏家也不能把她怎么样。所以她的举动其实是真的想置苏戬于死地的。

说起来，若子就算没有死在横滨，如果当初苏家接纳了她，她大概也要死在苏家的。毕竟苏家这种环境，没个强悍的内心本就很难活得好。不过总算万幸，在经过了这一次事件之后，陈氏收敛了一些，苏戬的生命安全得到了保障。在后来的日子里，他每日同叔叔和哥哥们去书塾，一直都是相安无事的。

到了苏戬9岁那年，苏杰生从横滨回来了。他并不是风光地归乡，而是经营失败惨痛而归的。那时候世界格局动荡，经济也不景气，在日本做生意的他不但没得到多少好处，还因为错误的判断而导致横滨的生意再也做不下去。无奈之下，他只有带着苏家的人一起彻底离开了横滨，回到苏家。苏家虽然是大家，但是这些年来的收入主要是靠苏杰生做的生意。苏杰生生意失败归来，苏家就只能靠吃老本了。当然这都是大人的事情，是不需要小孩子操心的。

苏杰生回家后就找来了苏戬，他也想检验一下自己的儿子这两年在这边学得怎么样。他将苏戬叫到面前，问他："戬儿，这两年你在苏家待得怎么样？"苏戬想了想，说："一切安好。"苏杰生又问他："那这两年你在书塾都学会了什么？跟父亲说说！"苏戬便将在书塾学的东西跟他汇报了一下。苏杰生出了几个问题考他，他也是对答如流。这让苏杰生很满意，他就知道自己这个儿子不是庸才。

吃老本的日子说好不好，说坏也不坏，因为虽说是吃老本，但是苏家的老本足够他们吃上一百年的。不用在外奔波，不用考虑经济状况，不用每天算计，苏杰生也乐得在家休个清闲。而他的归来，对苏戬来说情况只有更加糟糕。因为不论陈氏、黄氏如何对他，他已早就习惯，习惯到可以不在乎了，但是苏杰生不同，对苏杰生，他心中是有恨意的。

好在上天在给了他一巴掌之后，又给了他一个恩惠。不久后，在外读书的苏家长子苏焯归来了。这苏焯不是别人，正是过去河合仙为苏家生下的儿子。想来也有趣，苏家不喜欢日本人，偏偏苏家的儿子尽是日本女人生的。苏戬早就知道自己有这个哥哥，他虽然不知道哥哥是怎样的人，但是既然是河合仙的儿子，就一定不会是坏人吧。所以，在苏焯归来的第二天，苏戬就破天荒地主动去敲响了苏焯房间的门。

苏焯打开门，看到这个小自己很多岁的弟弟，立刻将他让进屋内来。他知道这个小弟弟的事情，也听说过他在日本一直是河合仙在养育着。比起自己，这个弟弟其实倒是得到了更多的母爱了。苏戬走进门，苏焯为他倒了一杯茶。苏戬想说什么，但又不知道该说什么好。苏焯让他坐，他就坐下了，为他倒茶，他就喝了，进屋之后甚至没说一句话。苏焯坐下看了看他，笑了起来。

"母亲……在那边怎么样？"苏焯先开口问。苏戬摇了摇头，说："我离开的时候，她身体还好，现在不知道情况如何，我写过一些信过去，但是始终没有接到回信。"苏焯点了点头，苏焯明白，也许是那些信根本没被寄出去，也许是寄出去了，河合仙的回信又根本到不了苏戬的手中。因为苏家不会让自己家的孩子跟一个日本女人来往过密的。对苏家的种种，苏焯早已看得多了，甚至已经麻木了。

　　苏焯抬起手，摸了摸苏戬的头，关切地说："你这几年过得一定很辛苦吧。"苏戬看了看他，鼻子一酸，点了点头。苏焯叹气说："苏家就是这样的，我也和你一样，你经历过的一切我都曾经经历过。但是一切都会过去的，只要长大就好了。你看我现在不是活得好好的？我不但会活得好好的，将来我还要整个苏家都依赖我，到那个时候，就再也没有人敢欺负咱们了。"苏戬点了点头，说："母亲看到你现在的样子一定很高兴。"苏焯微笑，没有多说什么，他也不知道今生是否还有机会看到母亲。

　　苏焯忽然问苏戬："弟弟，你平时有没有去附近的山上玩过？"苏戬摇了摇头，他每日里都是待在书本中，从没有人带他玩，他哪有机会出去玩呢？于是苏焯拉起他的手，笑着说："哥哥带你去玩，去山上看看天，看看树，看看花草，你说好不好？"苏戬自然高兴，忙说："好！"苏焯又摸了摸他的头。这个小弟弟怕是他在苏家最亲的人了吧，他们都是中日混血，有着同样的出身和几乎同样的经历。他很希望苏戬能够少受些苦，能够多得到一些关怀，至少比自己当年能好过一些。

　　吃过早饭后，苏焯就带着苏戬离开苏家，一路奔跑来到了附近的小山上。这是苏戬来到苏家以后，第一次在户外玩得这么痛快。他们爬到山上，一会儿爬树，一会儿看花，不亦乐乎。苏戬不小心踩到一个石子，差点跌倒，好在苏焯手疾眼快，一把将他抱起来。"小心啊，弟弟，如果跌倒了，头磕在石头上就糟了！你身体不好，可千万要自己多留心啊！"

　　苏戬忙点头，他的眼眶有些湿润。这些年来，苏家人对他几乎是不闻不问，从来没有人会主动关心他。当他跌倒了，不论腿上手上受了多重的伤，也只能是自己挣扎着爬起来，当他病了，也只能是自己去找大夫开药，然后去陈氏那里领药钱。这几年下来，他早就学会了自强自立，早就学会了如何自己照顾自己。如今，这久违的呵护出现在他的身边，他简直是受宠若惊了！

苏焯见苏戬眼中有泪，更是惊慌，忙问："怎么了？还是磕到了吗？"苏戬摇了摇头说："哥哥，你对我真好……"苏焯笑了说："我是你大哥，我不对你好谁对你好呢？我看你总是一副心事重重的样子，这可不应该，这种表情不应该出现在你这个年龄的人的脸上。如果可以，我真想一直留在苏家，让谁也不敢欺负你。"苏戬惊讶问："你不会一直留在苏家吗？"

苏焯摇摇头说："我这次回来待不了多久就要走了。去哪里我也不知道，家里好像要安排我出去学经商，以后接管苏家的生意。"苏戬的眼神立刻黯淡下来。其实哥哥能出去学经商是好事，他应该支持的。只是……只是为什么关心他的人总是不能在他身边多做些停留呢？为什么幸福总是匆匆而来，匆匆而去呢？

苏焯看出弟弟的心事，笑着摸他的头说："傻瓜，就算我出去了，我也永远都是你大哥啊！你放心，以后如果我能自己经商了，就把你也一起带去！"苏戬这才转悲为喜说："说话要算数！""放心吧！"此时已经是下午，天微微转凉，两个人玩累了，就躺在草地上，透过树木间的缝隙看天。大自然的景色永远是最优雅最精致的画卷。苏戬很喜欢这样安静看着天空的感觉，阳光从枝叶间透过来，形成一道道的光束，洒在身上让人心生圣洁之感。比起红尘俗世，这超脱红尘的味道更让苏戬向往。

他们一直玩到天黑才回家。苏焯在家里的这段时间时常带苏戬出去玩，这让心情阴郁的苏戬变得开朗了许多，身体也好了许多，至少不会动辄得病了。可惜好景不长，数月之后，苏焯就被送到了横滨学习经商。苏焯没有想到自己去的地方竟然会是横滨，这也让苏戬十分羡慕。因为到了横滨，就意味着可以与母亲团聚了啊！可惜苏戬却不能同行，不过苏戬很快也不会留在苏家了，在不久之后，他也面临着另一场远行。

心向暮鼓晨钟

正所谓商人也爱权，官人也爱钱。当时，当官的人若是自身不那么高洁清廉，总希望通过自己的权力，利用各种手段为自己谋求钱财；而商人钱赚得多了，就希望通过自己的钱财为自己谋个一官半职。当官的为了钱出卖权力，商人为了权力交出金钱，这是一桩两全其美的交易，即便有许多钱权两空的前车之鉴，当时仍然有人对此交易乐此不疲，甚至成了官场和商场上的潜规则。

苏家是靠做生意起家的，与当时的商人一样，钱赚得多了就开始想要权力了。要想得到权力，苏家就得花人价钱打通官府关系，疏通各个渠道，以便让自己家的人被安排到官场中去。苏戬在苏家看透了商家的尔虞我诈，也看透了官场上的各种黑暗。世界丑陋的一面如画卷一般一点点展露在他的面前，让他窒息。

后来苏戬发现了一个可以逃避那不堪忍受的世俗的地方，那里没有虚伪的笑容，没有铜臭的味道，没有谄媚，没有龌龊，那里只有青灯古佛，只有暮鼓晨钟。那里离苏家比较远，也是苏戬偶然发现的，那就是寺庙。当苏戬踏进寺庙的门，他发现，原来这里才是他许多年来寻求的清静之地。

那一年苏戬 12 岁了。12 岁这个年纪，说大不大，说小也不小。12 岁的孩子，虽然对世界看得仍然不透彻，但自己已经很有想法，已经想脱离大人的束缚，独立自主。苏戬本就心思聪慧，再加上他的成长环境，所以 12 岁的他便已有看破红尘之意，打算远离尘世，投身佛门了。

所以在一个天气不错的日子里，苏戬只身来到那寺庙，找到了寺庙的住持和尚，并说明了来意。住持大师看着这个说话声还很稚嫩的少年，就问他："你说你看破了红尘，那我问你，如果有女孩子喜欢亲你抱你，你会不会拒绝呢？如果有好吃的肉菜摆在面前，你会不会吃呢？或者，如果有人惹你生气，你会不会动怒呢？"

苏戬愣住了，他只是向往寺庙的清静，没想到还得面对这么多事情。他想了想，没有回答。住持大师笑道："看来你现在六根还没清静，还没想通呢，等你哪天想通了再来这里吧！"苏戬觉得很是挫败，他没想到这唯一一个让他有好感的地方竟然也有那么多规矩，竟然也那么难加入其中。于是这一天，他悻悻地离开了那里。

回到家后，苏戬独自躺在床上，思索着住持大师的话。"如果有女孩子喜欢亲你抱你，你会不会拒绝呢？"苏戬已经 12 岁，对男女之事已经有了懵懂的想法，他的确是对女孩子开始有了些期待的，只是那又如何呢？他能给对方带来怎样的命运呢？如果他继续待在苏家，那女子面临的命运也许会和他的母亲一样悲惨，那他岂不是害了人家？至于吃肉、动怒等，都不是必须有的东西。本来苏戬这些年吃得也没有多好，不还是活下来了？就算吃得脑满肠肥又有什么用呢？不过是如那些贪官污吏那样活得极其难看罢了。至于动怒，如果能让自己心如止水，也没有什么做不到的。

于是第二天，苏戬打定主意，再次来到寺庙，来到那大师的面前，斩钉截铁地告诉大师："我的六根已经清静了。我只想出家当和尚。"大师见此，也不多说什么，就把他留在了寺庙。这大师是一个得道高僧，平日里活得清静平和，让人如沐春风。苏戬跟他在一起诵经念佛的时候，心中也变得开阔许多，宁静许多。每日看着云起云落，看着花谢花开，他觉得自己仿佛真的远离了红尘。

然而他毕竟只是一个12岁的孩子。他在寺庙仅仅待了一个多月，就因为偷偷吃了鸽子肉而破戒。住持大师早就料到会有这一天，一开始他不点出，是希望让苏戬自己体会出家与凡俗的区别，若是苏戬真的有佛缘，他就能适应出家的生活，若是他六根还未清静，待不小心破了戒，他自己也就明白了。所以大师微笑着将他送出了寺庙。无奈的苏戬只有远离那青灯古佛，再度赶回家中。

虽然此次出家未成，但苏戬与寺庙从此结下了不解之缘。那之后，苏戬一直没有放弃出家为僧的愿望，只不过他的情感太深，对这尘世的各种爱太让他难以割舍，所以他总是不能彻彻底底成功出家。但也正是因为这样，才造就了他半身尘世半身僧的性格。也许所谓出家本就不该有绝对定论吧。有时候人也不过是一脚在红尘之中，一脚在九天之外的。

虽然不能待在寺庙了，但是他待在苏家的日子也快到头了。因为不久后，他就接到了父亲苏杰生的来信。苏杰生并没有一直待在苏家，而是在几年之后就只身来到上海闯荡。那个时候，上海是个黄金遍地的地方，只是这些黄金并不是谁都能捡起来的。当时许多有点家底的人都会去上海淘金，希望能出人头地。当时苏家已经有些没落，为了发展苏家，苏杰生决定在上海从头开始。他在上海待了几年，站稳脚跟之后，就写信让儿子苏戡过去。

对于上海，苏戡只是听别人说起过，他知道那里是个繁华的大都市，是个十分漂亮的地方。可是那又如何呢？横滨也是很漂亮的，还不是成为了母亲的伤心之地？城市的繁华从来都是与他无关的，因为不论他走到哪里，他都是单独一个人，无人爱怜。

他的上海之行是与姑母同行的。这是他人生中的第二次迁徙。第一次他与黄氏坐船离开横滨来到广东，那时在他身后，是母亲的肝肠寸断，是他一生也难以割舍的牵绊和亲情。而这一次在他身后的，只有一个仿佛没有生命一般的苏家。那里没有他的牵绊，没有他的情。自从离开横滨，不论身在何处，都是他的异乡。

上海是一个多情而又无情的城市。在那里，有许多男男女女的浪漫故事，也有当面情深，转身数钱的凉薄。这城市看起来繁华，内里却充满了各种残酷而残忍的真相。苏戡来到上海，虽然这个大都市让他大开眼界，却并没有为他带来多少欢喜，相反，他觉得难受，觉得心乱如麻。他讨厌这种感觉，他需要安静。广东的家乡虽然无情，却也能给他一份安宁，到了这里，连这仅有的安宁也没了。

姑母带着苏戡来到苏杰生居住的地方。苏杰生此时正与陈氏和三个女儿居住在一起，苏戡来了，自然是直接交给陈氏照应。好在苏戡这时已经不是小孩子了，就算不给他饭吃他也能自己想办法弄吃的，所以他已经不再害怕陈氏。苏杰生此时正在上海与洋人做生意，他这次让苏戡来也是为了让他在这边好好学习英语，方便日后和洋人直接交流。所以苏戡一来，他就托人到处打听，寻找合适的老师教授儿子外语。

在上海，每天虽然早餐、午餐随便些，但是晚餐大家都是围坐在一起吃的。苏戬第一天到上海的时候，苏杰生和陈氏及三个孩子，加上姑母和苏戬都围坐在苏家的圆桌旁，可是准备碗筷时偏偏少了一副。

"怎么会少一副呢？"苏杰生有些不高兴地问。陈氏无奈地回答："哪里知道呢？家里只备了这些碗筷，没有料到会这么快添张嘴，所以没能及时添置碗筷，这也是没办法的。""你这样让我们怎么吃饭啊，都是家里人，还能让谁不吃饭啊？"苏杰生埋怨说。陈氏十分无辜地说："那怎么办呢？这么晚了，你不会让我现在出去买碗筷吧！"说话间，她的目光瞄了瞄苏戬，眼神里满是不善。苏戬明白她是什么意思，他本不是喜欢惹是生非的人，于是他主动站起身来说："我刚到上海，水土不服，也吃不下，父亲、姨娘、姑母，你们吃好。"说完，他离开餐桌，回到自己的屋子去了。

陈氏很满意，她发现许久不见，这个孩子长大了，也懂事了，至少不会让她心烦。而且这个下马威的效果还很好。本来她最担心的就是苏戬到了上海会伺机报复她，看起来情况并没有她想得那么坏。

充满仇恨的人心中，一定也是藏着诸多的不幸的。其实陈氏也是一个可怜的女人。她因为生不出儿子，每日里战战兢兢，生怕哪天自己就会被苏家遗弃。没有儿子就意味着失去了保障，将来女儿们都出嫁了，她孤老在苏家连个依靠也没有了。所以现在她必须时刻巩固自己的地位，每一日都是如履薄冰。而正因为她的可怜，才造就了她的可恨。这世上有些人因为可恨而可怜，也有些人是因为可怜而可恨。其实他们都不过是命运手中的玩物，都是悲惨地被人把玩的玩具。这个时代的封建思想，是所有人命运悲剧的根源。所有的悲哀，皆源于内心的自我束缚。

承受，是成长后的坚强

上海与横滨有所相似，却又并不相同。相似的是表面上的繁华，各种来来往往的匆忙生活的人，不同的是上海更加热闹，也更加混杂。那时候的上海就如同一个大杂烩，俗气的商人，高雅的文人，都能在这里找到自己的一席之地。然而，这里却没有苏戬渴望的去处。

苏戬初到上海，苏杰生还没有找到合适的可以教他英文的老师，他就只能是闲待在家里，偶尔出门逛一逛这个大都市。苏戬发现在附近有一个大教堂，那里据说是一个与寺庙有些相像的地方。他就选了一个阳光明媚的日子，只身来到教堂。那座教堂是欧美式的，与中国的寺庙有一种异曲同工的美感和庄严。苏戬走进去，看到许多虔诚祈祷的人。他也像模像样地学起了他们的样子，认真地祈祷。然而，当他双手握在胸前，闭起眼睛的时候，却不知道要祈祷什么。

是祈祷希望远在横滨的母亲幸福安康？还是祈祷能与母亲早日团聚？苏戬想起，自己也曾经跪在佛祖面前替河合仙祈福，不知道佛祖是否听到了他的诉求，是否真能将他的祝福传递到横滨去。如果他现在再来求耶稣，佛祖是否会生气呢？如果佛祖和耶稣真的是天底下最无私，最大爱的人，那他们一定不会生气吧。

于是苏戬就这么认真地祈祷起来，想起河合仙，他的心中总是不能平静。

尽管分离了这样久，他仍然很容易就被思念的情绪淹没了。这世上，也只有这一个人让他思念，让他惦记了。不知道再相聚还要等到何时呢？会不会还未到那一天，自己就先死了呢？还是不要，就算是死，他也要死在母亲的身边才好呀！

离开教堂后，苏戬觉得自己的心情好了一些。看到街上的车来车往，人来人往，苏戬忽然觉得，自己仿佛不属于这个世界的。虽然不断有人在他身旁穿梭，但他总觉得自己与他们是不在一个空间里的。他是孤独的，没有人看得到他，如果他大喊，可能也没有人会听得到他。每个人的脸上都是风尘仆仆，谁会在乎一个毫无关系的路人呢？

苏戬有些迷茫了，他往家的方向走去，途中，他看到一个乞讨的小男孩正在街边安静地坐着。男孩的面前放了一个破碗，碗里有点零钱但是不多。那小男孩脸上脏兮兮的，表情有点腼腆，又有点倔强。他看起来和其他街边乞讨的孩子不同，他太安静了，安静得让人心疼。苏戬走到他的身旁，掏了掏衣服。他并没有什么钱，平时的花销都是家长在管，虽然每个月会给他一点零花钱，但那是很少。到了上海之后，陈氏更是完全不给他零花钱，在陈氏的眼中，给他饭吃已经是最大的恩惠了。

苏戬找了很久，终于在裤子的兜里找出了一个铜板，这也不知道是什么时候留在裤子里的。他高兴地把钱放在那男孩面前的碗里。男孩朝他鞠躬，并说了声"谢谢"。苏戬心中好奇，他也不知道为什么，对这个小男孩特别在意，他很少对什么事情是如此在意的。苏家的人都说他无情，说他不懂感恩，只有他自己知道，那是苏家对他苛刻在先的。但这个男孩却不同，他一看到这个男孩，就觉得这男孩身上有自己的影子。

苏戬蹲下身问男孩子："我看你不像是生来要饭的，你是发生了什么事吗?"男孩子看了看他,只是冷冷地说:"就算我说了,你也不会相信的。"苏戬却摇摇头,说:"我相信你。"男孩子还是冷冷地说:"不,你会觉得我是编故事骗钱的。""就算是故事,我也想知道,你就当给我讲了个故事吧。"

男孩子想了想,于是说:"我家里本来是很有钱的。我爸爸……呸!那个生了我的男人是做生意的,很有钱,我母亲也对他很好。可是后来,那个男人又认识了一个女人,那个女人要他赶走母亲,自己住进家里来,他就同意了。我不愿意,跟他吵,他就把我也赶了出来!现在我跟母亲相依为命,母亲被那个男人气得生病了,现在卧在病床上不能动,我只能出来要饭,才能买些米粮给母亲做些吃的。"

听了男孩子讲的话,苏戬心中难过极了。为什么这世上要有这么多可怜的人呢?难道老天折磨他一个还不够吗?可惜他身上也没有钱了,不然他是多么想帮帮这个可怜的孩子,和那个可怜的母亲!男孩子看了看他,问:"你真的相信我的故事吗?"苏戬点了点头,说:"我相信。""那谢谢你了。"苏戬想了想,他从脖子上摘下一块玉,这块玉是祖母送给他的,他将玉交给男孩子,并说:"这块玉大概值些钱,你拿去卖了,给母亲治病吧。"

男孩子惊讶地看着他,许久,男孩说:"你就不怕我是编故事骗你的吗?他们都是这样编故事骗人,让人给钱的!"苏戬摇了摇头,说:"我知道你不是在编故事。"男孩问:"为什么?"苏戬说:"不为什么,就是相信。"苏戬其实知道为什么,因为他懂得男孩子的眼神,懂得那种悲伤,和无能为力。这种感觉只有亲身经历过的人才知道。

男孩子接下了那块玉,感激地朝苏戬磕了三个头。男孩的心被苏戬打开了,他哭了出来:"为什么,为什么母亲的命那么苦啊!为什么会有那么狠心的男人啊!他过去对母亲那么好,怎么说翻脸就翻脸了呢?!我前两天还看到那个男人开着车，车旁坐着那个女人，女人穿得那么漂亮……那个男人是真的完全忘记母亲了呀！"

苏戬上前抱住他，他知道男孩的心痛，更知道男孩的无能为力。这世上总是有许多不公平的故事，有许多可怜的人，而偏偏不论他们怎么努力，都抗争不过命运，最终只能无奈接受老天的安排。如傀儡一般，上演着一幕幕的悲情故事。男孩在苏戬的怀里哭泣着，这不过是一个可怜的人与另一个可怜人的相拥。他们除了互相安慰之外，是别无他法。现实并不是故事传说，不会有一个大侠从天而降，收他们为徒，让他们变成武林高手，更不会出现什么神仙，给他们百万黄金，让他们去照顾自己最爱的人。在现实中，他们能做的，除了挣扎，也只能是哭泣了。

哭过了，痛过了，也就罢了。之后，他们仍然要继续各自的人生，谁也拯救不了谁。自身尚且难保，哪里还能去帮助别人呢？痴心妄想罢了。这样的无奈，这样的无助，一生平安幸福的人又如何能理解呢？不仅仅是苏戬，不仅仅是这个男孩，哪怕陈氏也是一样，他们都是不幸的人，他们永远都无法露出平凡幸福人家的最简单的笑容。他们渴望的幸福，被时代卷走。后来，男孩带着那块玉去玉石商场了，苏戬只希望商人们能对这个男孩宽容些，多给他些钱，也不用太多，只要够他医治好母亲的病就够了。而苏戬，则是继续走回家，走回那个毫无亲情的冰冷的家中。回到家中，苏戬就对上了怒气冲冲的陈氏。"你到哪里去了？出去前为什么不说一声？"陈氏怒问。苏戬当然知道这不是出于关心，他淡淡答道："我去外面散散步，透透气。""透气？"陈氏冷笑道："你的意思是这家里让你喘不过气来吗？既然这样你为什么要来呢？为什么要来破坏我们平静的生活？你不能回广东老家去吗？听说你还要出家，上海也有寺庙，你就去出家啊！家里本来就没钱，你不知道你来了之后家里多了多少开销吗?!"

对于她，苏戡只是默默受着。他已经习惯了，对此太过习以为常，以至于不论陈氏说得多么难听，都激不起他心中的半点波澜了。对于家，对于父亲，对于姨娘，他的心早已麻木。

陈氏在发泄一通，并做出不许他吃晚饭的惩罚后，才让他回到屋子里。苏杰生在上海闯荡，时常几天不回家。家里自然是万事由陈氏说了算。而苏戡经过上次差点被陈氏关在柴房弄死的事情之后，他在陈氏面前总是小心翼翼，生怕一不小心说错什么做错什么又会遭到厄运。当然，不吃饭这种小事倒没什么，他还可以承受。只要别像上次那样，让他那样无助，连爬起来的力气也没有了就好。

虽然已经是尘世中的可怜人，苏戡只想让自己不会变得更加可怜而已。如今，命运里的凄风苦雨，他已经渐渐学会了如何承受。是成长，亦是无奈的坚强。

第五章
游·翻越东洋复又还

风筝线的那一端

日本，不是他渴望的国家，却有一片他魂牵梦绕的土地，那里有承载着他成长的故事，还有他思念的母亲。这一次，他终于来了。这里终于不再是他荒芜的梦境，而是真实地跳入了他的眼中。

林紫垣说是去日本留学，其实主要是去日本做生意。他在日本学习的主要也是经商之道。所以他们在日本的费用并不需要林家支付太多，多数都是林紫垣自己负担的。这等于资助苏戬求学的人就是他的表哥林紫垣。林紫垣是一个老老实实的生意人，不喜欢多生事端，苏戬也性情温和，所以林紫垣非常喜欢他，也乐得培养他。

当时在日本已经有了许多华人。中国人在国内不论有怎样的矛盾，到了国外时基本都是团结在一起的。这些华人在一起建了一所大同学校，主要供在日本的华人和华人子弟读书。苏戬到了横滨之后自然就直接被安排进了大同学校。苏戬的年纪不大，所以进的是乙班，先学习一些基础知识，打好基础之后才能升入甲班。虽然他的年纪不大，但他的才学很快就在大同学校显现出来，他刚到日本不多时，就有很多人都知道了这个聪明的天才一样的小弟弟。

当然苏戬的心并不在此，他来到日本的目的主要是为了寻找母亲河合仙。虽然说母亲就在日本，但是日本说大不大，说小也不小，在日本要找一个人那也是十分困难的。苏戬只能依靠在日的华人同学们帮他打听。他一方面打听母亲的下落，另一方面则安心住在表哥家，努力用功学习。他必须在学校做出成绩，这样才会让表哥觉得带他来日本并非是错误的。就算他来这里不是为了学习，也要用学习成绩作为自己在此停留的依据。

大同学校打开了苏戬的另一扇大门，那里都是风华正茂的同学少年，每一个人都意气风发，谈吐不凡。大家都有着崇高的理想，有着超脱世俗的气质。在这里，苏戬第一次发现原来人还可以活得这样潇洒，这样痛快。他最先认识的朋友是一个名叫冯自由的同学，这个同学有些微胖，平时讲话十分有趣，苏戬和他在一起总有说不完的欢笑。在这所学校里，每天都散发着阳光的气息，这让苏戬明白了人间并非是只有阴郁的，人间还有这些不被世俗所扰，不被凡俗所累的莘莘学子，他们不必考虑柴米油盐，不必考虑家乡困苦，他们只要将心埋在书本中，努力学习知识就好。

原来当学生学习是这么美妙的事情，原来离开了苏家，离开了父亲之后，天地可以这么广袤！在这片土地上，苏戬感觉呼吸变得无比顺畅，心情也变得畅快多了！他每天除了和同学们在一起运动聊天，就一头扎在图书馆里，图书馆是知识的海洋，那里有无穷尽的秘密等待着苏戬去探知，那里能无限满足学子们的求知欲。只有到了图书馆，你才会发现，这世上的书你哪怕用一辈子去读也读不完，那时候你就会明白自己的生命是多么渺小，世界是多么巨大了。

苏戬读的书越多，谈吐就越发不凡。他生来英俊漂亮，外表出类拔萃，又内秀十足，这样的少年不引人注意是不可能的。所以很快，他的名声就从大同学校传了出去，并时常引来当地一些淑女名媛们的偷视。在这里生活的一切，都在告诉苏戬，往事已经过去，他要享受当下，享受未来。在这里，没有尘世的作弄，没有命运的不公。大家都是来自祖国各地，有着各自的生活，大家到了这里就是一家人，这是热血阳光的一家人，充满了欣欣向荣的力量。

冯自由因为与苏戬来往最多，所以对苏戬家的事情多少有了些了解，对于苏戬的人生，冯自由在同情的一方面，也有着不同的看法。他告诉苏戬："其实你的悲剧并不只是你自己一个人的悲剧，这是当时的整个社会造成的。因为人们对异国恋情有偏见，而且你的家族有着旧社会的种种观念，所以才会出现这样的可怜故事。你的嫡母，你的庶母其实都是那个社会的可怜牺牲品。这样的事情现在也不会停止发生，但是我真是希望哪一天在中国大地上，再也不会有这种不公平的事了！"

冯自由的话为苏戬打开了尘封已久的心。苏戬很喜欢他看问题的视角，他总是喜欢忧国忧民，很多时候都能站在一个很高的高度去想问题。冯自由经常跟他说现在中国社会的种种不好的现象，他认为这些现象都应该更改。比如三妻四妾的传统，比如女性的低下地位，还有人们对血统认识的不足，只有改变了整个国家，才能改变这些细枝末节。

冯自由的心很宽广，他总希望通过现在的年轻人们的力量来给中国从底朝天翻个新。苏戬从来也不敢想冯自由说的事情，他甚至没想过要改变那个让他深恶痛绝的苏家，更何况是整个中国了！冯自由的观念激发起了他心中的一腔热血，是啊，其实这一切都是可以改变的，一切悲剧都是可以避免的！当年生母的命运本不该由苏家两个老人来操纵，当年陈氏也不该因为只生女儿就患得患失，这一切都是错误的啊！

苏戡与冯自由的交往可以说改变了他的整个人生轨迹，而不久后，另一件事情让苏戡的心情彻底明朗了起来，那就是有人找到了他的养母河合仙！这是他来日本的最终目的啊！他的最亲的亲人原来就在距离横滨不远处的一个小村落里，他恨不得立刻奔到母亲的身边，扑进母亲的怀抱！只是现在还不行，他不能为了看望母亲而中断学业。他只有默默等待，默默忍受心中的相思之苦，一直等到学校放假，他就第一时间奔赴那个小村庄，奔赴河合仙的家。

来到河合仙家门口，苏戡心下十分忐忑，他有些不敢敲开门。不知道见了母亲之后，她会不会对现在的自己失望。现在他还是一事无成，还是要靠别人供养，并没有成为一个彻底独立的人。不知道这样的自己是否有资格去见母亲。这种近乡情怯的感觉折磨着他，直到门自己打开了。一个熟悉却已经苍老的妇人的脸出现在苏戡的面前，看到苏戡，妇人吓了一跳。

"你是谁呀？"妇人诧异地问。她不知道一大早怎么会有这么个年轻人站在自己家的门口。听到这问话，苏戡的眼泪再也止不住，唰地流了下来。他跪在妇人的面前，哭泣着说："母亲，是我呀！我是苏戡呀！您不认得我了吗？我好想你呀！"听到苏戡这个名字，河合仙先是一愣，接着也哭了起来，她立刻扶起苏戡，高兴地看着他，"戡儿啊，没想到你已经长得这么大啦！这真的是我的戡儿啊！我真的又看到我的戡儿啦！"苏戡哭得泣不成声，他哽咽说："是的，真的是我呀！母亲，你的戡儿来日本读书了，我再也不回去了，我要一直在这里陪伴你!"河合仙连忙点头，"好! 好! 真是太好了! 我的戬儿回来了，我终于不用看着你的照片想你了!"

河合仙把苏戬迎进屋，得知他还没吃早饭，就去为他准备早点。这熟悉的感觉让苏戬几次落泪又几次止住。这才是他的家，才是他的亲人啊! 他的情，他的归宿，他的漂泊之后的落足点，牵着他这只风筝的线的另一端! 还好，还好，现在他们都活着，还好他们都还很健康，原来只要活下去，就有团聚的希望! 苏戬现在无比庆幸当初在苏家没有因为陈氏的迫害而死去，不然他就永远没有今天了，那样的话母亲该有多么痛苦啊!

想来他离开横滨已经有九年了，九年的时间里，河合仙不知道过的是怎样的日子，才会让她现在看起来这样苍老。苏戬真想把她额头上多出的几道皱纹全部抚平了。他知道那一定是因为思念他才出现的。

不一会儿，河合仙端着做好的爱心早点送到苏戬面前，苏戬一边吃着早点一边哭泣，他感觉这一早上，他已经把积攒了九年的泪水都流出来了。在苏家被虐待的时候，他没有哭; 差点在病痛中死去的时候，他也没有哭。因为他知道，就算那时他哭了，也不会有人怜惜他，不会有人可怜他。而只有现在，他才能忘情地哭泣，才能敞开所有的心扉。因为人只有在疼爱自己的人的面前才哭得出来呀!

苏戬就这样在河合仙的家中住了下来，继续九年前未竟的天伦之乐。他庆幸自己还有这样一个归宿，还有这样一个家。他想，自己虽然不幸，但总比那些父母双亡、彻底漂泊天涯的人要幸运多了。这样看来，老天对他也算不薄。现在他在生活上有表哥林紫垣的资助，感情上又有河合仙的照顾，他的幸福简直快要溢出来了! 什么青灯古佛呀，什么暮鼓晨钟呀，都被他抛在了脑后! 此时的他，只想尽情享受这红尘的美好，享受人间的多情。

心泛柔波

重拾的母爱，让苏戳敞开了心胸。他开始对外面的一切事物都感兴趣了，他不再看淡花开花落，身边的一草一木都开始变得充满勃勃生机，他开始努力关爱目所能及的一切。他爱远山，爱碧空，爱浮云，爱山石草木，他心中的爱太多了，怎么爱也爱不完。这都是河合仙赋予他的，都是这幸福的一切赋予他的。他终于明白，为什么能有人每天那样努力地爱别人，那一定是因为他们的生活很幸福啊！只有幸福的人才会让心中充满了爱！

而这个年轻英俊的男子的到来，也给这个小村落增添不少光彩。这小村落不大，人也不多，年轻人就更是少而又少，忽然出现了这样一位年轻人，据说还才华横溢、外表出众，必然会引起当地年轻女子们的注意。那时候，在这个村落有一个跟他年岁相当的女孩子，名叫菊子。菊子是一个有些内向，却很有才学的女孩子，她长相清秀，如同清泉碧玉一般，让人看了就容易生怜惜之意。

一个偶然间，菊子看到从自己家门前经过的苏戳，顿时对这个男子一见钟情。可是她太内向了，不知该怎样表达自己的心意。她就悄悄打听这个新来的男子的消息，知道了他是在河合仙家寄宿的，同时还是大同学校的学生。菊子努力了很多次，制造了很多次与苏戳偶遇的机会，但都因为她的内向腼腆而错过了与苏戳交谈的机会。恼恨不已的菊子忽然发现自己养的信鸽，她觉得也许利用信鸽是一个好主意。

于是菊子写下了许多诗句，多数都是描述自己的心情，她的寂寞和哀伤，她的孤单和无助，她将这样的心情写在字条上，并绑在了信鸽的腿上。她猜想，如果苏戬懂得她的心，看了信鸽上的句子一定会前来寻她，如果苏戬不解风情，那么她也就可以死了这条心了。

就在一个春风如沐的清晨，菊子放飞了这些信鸽，它们在村落的上空盘旋，有的落在树上，有的落在房檐上，也有的落在别人家的窗口，其中就有一只落在了河合仙家的窗前。苏戬看到了那只鸽子，他发现鸽子腿上绑了字条，就好奇地上前将字条拆下，然后读出了上面的诗句。这诗句如同泉水一样滴在苏戬的心上，泛起了一圈又一圈的柔波。

是怎样的人才会写出这样哀伤而又秀美的句子啊！苏戬不禁充满了好奇，他甚至迫不及待地想要看到这诗句的主人。于是他拿着鸽子走出门，放手让鸽子飞去，自己则跟在鸽子的后面，想要看看这只鸽子会落在什么地方。他的双眼不敢离开鸽子，生怕跟丢了，为此，他还差点跌了一跤。最后，他看到这鸽子停在了一座房子的窗前，他远远地看着，看到一个美丽的少女接回了鸽子，温柔地抚摸那只小信鸽。

那女子是如此柔美，苏戬虽然站得远，但他也能感受到女子抚摸鸽子时的轻柔。有那么一瞬间，他忽然觉得，如果自己可以成为那只信鸽该多好！他一方面担心被那女子发现他的注视，一方面又舍不得挪开目光。如果被发现了，自己一定会被当作登徒子怒骂一顿吧！可是就算被骂了，他还是想多看这位女子几眼，只那么几眼，这位女子就已经彻底驻进了他的心里，无论如何也赶不走了。一直到女子离开窗前，苏戬才遗憾地离开回家。

回到家中，早已准备好早点的河合仙问苏戬去哪里了，苏戬一开始含含糊糊不想说，后来才忍不住问她："母亲，住在距离这里不远的那个蓝顶房子，还养了许多鸽子的那家你认识吗？"河合仙想了想说："你说的是菊子他们家吧！我知道的呀，怎么了？"苏戬忙问："母亲，菊子是谁？是他们家的女儿吗？"河合仙点头说："是啊！"苏戬无法言说自己的心情，他看着桌上的早点，眼前又浮起了女子的影子。他的这副失魂落魄的模样让河合仙觉得有些好笑。

"你到底是怎么了呀，我的孩子？好像丢了魂似的！"河合仙问。苏戬这才缓缓地说："母亲……我……我大概是恋爱了。"这倒非常出乎河合仙的意料。河合仙先是一愣，接着微笑起来说："是啊，戬儿已经长大了，已经不再是当初的小孩子啦！我早该看出来呀！你是看上了菊子姑娘吗？那可真是一个好姑娘啊，又温柔又懂事，就是太腼腆了不爱讲话。你们两个倒是挺合适的呢！"

苏戬忙睁大眼睛，抓住河合仙的手说："你也这样认为吗？母亲？可是我该怎么办呢？我总不能上门去找她，这样太突兀了！"河合仙想了想说："我记得菊子姑娘很喜欢去附近的小河边看鱼……如果你经常去那里，说不定能有机会碰到她！"苏戬喜出望外，他忙抱住河合仙说："谢谢母亲！真是太感谢你了！"河合仙也紧紧抱住他，欣慰地说："傻孩子，你真是一个傻孩子！你一定要幸福啊！"苏戬开心地连忙点头。

从这天开始，每天苏戬吃过饭后就去小河边散步，他时刻关注着河边的人，生怕漏看了菊子的身影。第三天早上，他一来到小河边，就看到正蹲在河边看河里的鱼的菊子姑娘。他走上前去，带着忐忑的心情，开口说："蹲在这里可不好啊，姑娘。"菊子仿佛被惊到了，她"呀"了一声，连忙转身，一不小心脚下一滑，眼看就要掉进河里了。苏戬忙上前拦腰将她抱回来，才避免了一场落汤鸡的灾难。

菊子看着眼前这个抱着自己的男子，万万没有想到竟然就是自己朝思暮想的苏戬，小脸立刻变得通红。苏戬待菊子站稳，忙放开她，道歉说："抱歉姑娘，我惊到你了。"菊子摇摇头，微笑说："不是你的错，你没有说错，蹲在这里是很不好的，我有好几次都差点掉进河里，甚至有几次我真的掉了进去，只有狼狈地回家换衣服。"苏戬笑了，眼前这个女子是这样可爱，这样惹人怜惜！

"既然知道不好，为什么还要一直这么做呢？"苏戬问。菊子脸红着回答："因为……我喜欢看这河里游来游去的小鱼，看到它们自由自在的样子，我就觉得很开心，我特别羡慕它们，我真希望自己也能变得和它们一样。可惜我只能每天待在这小村庄里，看着熟悉的天，数着熟悉的星星。"苏戬笑着说："可是就算远在千里，看到的也是同样的天和星星呀。"菊子刚要解释什么，苏戬又说："不过我明白你的心情。"他掏出藏在衣兜里的字条，说："这是你写的吧？"

菊子只有红着脸点头，这字条被当面呈在她的面前，让她有种小阴谋被揭穿的窘迫感。苏戬仿佛没有看到她的窘迫，说道："这上面的句子是如此哀伤，也只有你这样的女孩子才能写得出。我……我真想把你的哀伤全部抹去，让你换上快乐的笑容！"菊子的脸更红了，这幸福来得太快，甚至让她来不及反应。她本来还担心苏戬是个不解风情的书呆子，没想到他这样懂得自己的心！

他们在小河边愉快地交谈，熟悉了之后，菊子总算能正常地跟苏戬对话而不脸红了。他们聊了许多，关于诗歌，关于文学。菊子给他讲述了发生在这小村庄的故事，一桩桩一件件，都如同发生在眼前一般，被菊子描绘得十分生动。谁说她不善言辞，谁说她不爱说话呢？苏戬心想，人们说她不爱讲话，大概只是因为她不喜欢与那些不懂她心的人讲话吧！

美好的时光总是短暂。太阳很快来到了他们的头顶，已经是正午时分了，菊子必须要回家吃饭，而苏戬也得回河合仙那里吃些东西。他们隐隐地都觉得这段交往不能被人发现，虽然他们在河边大方地攀谈，但是心中都不敢将这份大方延续到家里。菊子就更是如此，一个未出阁的少女，与一个男子交往密切，这可不是什么好听的事。

"我必须要离开了。"菊子柔声说。她微微低着头，面颊上的红润显得她是那样娇羞可爱，苏戬看着她看得快要痴了。"我知道。"苏戬说。话虽如此，他的手却始终牵着菊子的，不愿放开。菊子又说了一句："我……真的要离开了。"苏戬仍说："我知道。"而手却握得更紧了。菊子脸更红，不知道该说什么，这时苏戬忽然将她拥入怀中，动情地吻上了她。他们的心都跳得很快，仿佛周围的一切都不存在了，这世界上只有他们两个人，只剩他们两个人了！

过了许久，二人才不情愿地分开。菊子的声音已经仿佛如蚊子般大小，"我，该回家了……"苏戬这才松开她的手，目送着菊子离去。他的心中涌动着如波涛一般的情感。他是那样对她难以割舍，不知道她的心情是否也如自己一般呢？当初在上海，苏戬也曾与雪鸿知心交往，但却从来没有过这般热烈的向往和想念。也许是因为在上海时他还在压抑着自己，而到了这边，因为与河合仙的相聚，让他彻底打开心扉，所以才能这样快地投入这场热恋吧！

苏戬终于品尝到了恋爱的美好！难怪书中的男男女女都那样痴情，会演绎出那么多的动人传说，原来情到深处，真的是一刻也不想与对方分开的！原来海枯石烂的故事并非只是夸张，原来爱情竟是如同深海一样，会把一个人彻彻底底淹没在海底，无法自拔！他渴望着能与菊子姑娘再度相见，这渴望的心情已经强烈到让他吃不好饭，睡不好觉了！

从那之后，苏戬每天到河边都能看到菊子，他们之间已经形成了默契，小河边也成为了他们固定的约会场所。他们背着家人，背着父母，就这样在河边享受恋爱的喜悦。他们之间似乎是有着说不完的话，有着诉不完的情，每次都是到中午时分深情拥吻后各自归家。

回到家中之后，他们仍然难以抑制对对方的思念。好在有信鸽这一可爱的小动物，菊子每天会将对苏戬的思念写在字条上让信鸽带给苏戬，而苏戬则让信鸽寄回他的字条。他们的绵绵情话、一切衷肠都在这些字条上面显现。他们用最美的语言，舒展着自己内心最纯净的爱恋与想念。

因为爱，每一个日子，仿佛都灿烂许多，每一朵花儿，都更加柔美。

无声的悲剧

热恋仍在继续着，而且不断升温。在一个天气有些阴冷的日子里，小河边不似往常那样有三两人来往，那天小河边的世界完全属于苏戬与菊子二人。这样的环境让他们变得肆无忌惮，终于在河边的一棵柳树下，他们偷尝了禁果。他们都知道这样不好，但是这禁果是如此美丽，让他们欲罢不能。美丽的爱情早已经淹没了他们的心，更淹没了他们的理智。

回到家中后，苏戬回想起那一幕幕，心中仍是激动不已，他将这份激动写在字条上寄给菊子，菊子则一边摸着自己滚烫的脸，一边回信给苏戬。两个年轻人在爱情的甜蜜中畅游着，他们觉得自己是世界上最幸福的人。菊子轻柔地抚摸着信鸽，这些信鸽都是她的功臣呀，都是因为它们的帮忙，才让自己拥有了这般美丽的爱情！

可惜欢乐的日子总是短暂，苏戬毕竟还是要回到学校读书的。那时候他就无法与菊子相聚了，一想到这，他就难过起来。离开了村子，他该会有多么思念她呀！这种思念，不知道菊子能否明白呢？

苏戬在河边告诉菊子自己三天后就要离开这里回学校读书了，菊子的眼神立刻变得黯然，她伤心地说："没想到你这么快就要走了……我真希望每天都能和你在一起！"苏戬拉住她的手，说："我又何尝不是呢？可是我的学业是不能荒废的，表哥对我抱了很大的期望，我不能辜负他，他花钱资助我学习，如果我不努力，又怎么能对得起他呢？"

菊子笑了，她轻轻拍打他说："别露出这种表情呀！我当然了解你的心情，我又不会阻止你！否则我成什么人了啊！你放心吧，我会在这边等你的！只是你有时间一定要回来看我啊！"苏戬连忙点头："我一回来就让信鸽送去我归来的消息！""嗯！"苏戬紧紧拉着菊子的手，他感激菊子的理解，她是那样懂事，那样善良！只是苏戬却忘记了，他现在是没有能力对菊子许诺什么的。可惜沉浸在爱情中的他，早已将那些他曾经亲口对庄湘说的话忘在脑后了。大概幸福真的会让人失去冷静吧，与河合仙的相聚让他已经失去了判断。

回到学校的苏戬精神状态显然与之前不同了，冯自由看出了他的蹊跷，问他："你是不是恋爱了？"苏戬很惊讶地说："你懂得读心的吗？"冯自由哈哈大笑说："还用读心吗？你的脸上已经写上大大的'恋爱'两个字了！你这个小傻瓜呀，喜怒哀乐都挂在脸上，让人一眼就看到心里去了！"苏戬脸微红，"原来我是这么容易被看穿的啊，我还以为自己埋藏得很深呢！"冯自由一把搂住他说："你就是一个单纯天真的小子，心思单纯、性情天真，我早就看透你啦！为了庆祝你的恋爱，中午我请客，请你吃大餐！"

苏戬很高兴，中午时候，他跟冯自由讲述了自己的故事，冯自由也听得十分神往。在听过之后，冯自由感慨地说："爱情真是美妙啊！不知道我什么时候能收获属于我的爱情呢？"苏戬笑着说："会来的。"冯自由却无奈叹气，"我就没你的本事了，女孩子们见了我都是把我当哥哥，没人对我有那种感觉。说起来，我还真没看出你小子在恋爱方面竟然这么擅长，这一点我真是没想到！"

其实苏戬也没想到，他身上竟然隐藏了那样的恋爱的才能，这也算是一种天分吧。这种天分应该是苏家独有的。苏家虽然家教严格，却从来都不缺多情种子，也恰是因为如此，苏家才会诞生许多悲情故事。苏杰生在谈恋爱方面就是一个能手，他做生意的才能没怎么传给苏戬，谈恋爱的才能倒是彻底让苏戬遗传了下来。

冯自由又感慨："这可真是同人不同命！你看看你，简直就是天之骄子，学什么都快！学语言，最晚入门却最早拿到成绩，学绘画，也是很快就超过了同期的学子，就连追女孩，都能迅速追到手，可恨，可恨呀！"苏戬笑笑，他知道师哥是在跟自己开玩笑呢。不过他也的确没说错，苏戬确实是天之骄子，只是这倒未必就是多么好的事，有时候一个人如果笨一些、蠢一些，反而能活得更轻松，而一个人如果太聪明了，就容易活得很累很痛了。

苏戬并没有辜负菊子的思念，即使学校里只有短暂的休假，他也会立刻赶到小村子里河合仙的家中，第一件事就是为菊子送出信鸽。在吃过饭后，就去河边与菊子相会。久别重逢的滋味比刚刚坠入爱河的感觉更加强烈。一见面，他们就迫不及待地深情拥吻。他们恨不得将对方装在自己的眼里心里，最好走到哪里都能随时相见。

苏戬给菊子讲了一些在学校里有趣的事，逗得菊子开心地笑着。与雪鸿的开朗大方不同，菊子有着日本女人独有的柔顺和内敛，这样的女子更容易激起男子的保护欲望。可惜苏戬现在的双肩还不够壮实，羽翼还不够硬，无法彻底将菊子保护在自己的房檐下，他甚至还无法鼓起勇气去菊子家中，向菊子父母坦诚这段恋爱。

有时候人世的安排就是这样不合理。最容易陷入爱情中的男男女女们，往往都是那些还不能自己决定命运的少男少女，他们在父母或亲人的保护下生活着，甚至无法决定自己明天去往何方。在这种境况下，他们如何给自己心爱的人许诺一个圆满的未来呢？然而就算无法做到，他们仍然不能阻止彼此相爱相拥的心情，仍然要背着父母亲人尝试禁果。而到了他们可以决定自己人生的时候，曾经的那段恋爱却早已经面目全非了。

这故事几千年前在上演着，几千年后仍在上演着，层出不穷。这仿佛是上天为了折磨人们，故意在人间安排的错误。

苏家在日本始终有生意往来。不久后，苏戬的叔父也来到日本做生意，来这边之后，他首先要去看看苏戬。不管怎么说，苏戬是苏家为数不多的男孩，又天生奇才出类拔萃，将来很可能会成为苏家的顶梁柱。所以作为长辈，必然要时刻关注他的成长，看看他的学业进行得如何了。叔父先是来到大同学校，经过打听，得知苏戬放假时候就住在河合仙的家里，于是前去看望。

来到河合仙家里时，苏戬刚好外出。叔父就去苏戬的屋子里看看他的生活情况，他先是看到苏戬桌案上的厚厚的书籍，很是满意，接着，他就看到了那些压在书籍下面的小字条。他好奇地将字条拿起来，终于看到了那些写在上面的绵绵情话，在他来说，这些都是不堪入目的淫词秽语。盛怒之时，一只信鸽飞到苏戬窗前，他拿起那信鸽，摘下上面的字条，又是一样的淫词秽语。

一怒之下，叔父拿着那些字条质问河合仙："这就是我们苏家的好儿子做出来的事吗？你就是这样教他的吗？我早知道你不怀好心！"河合仙十分愤怒，她对苏戬的叔父说："孩子已经长大了！他有自己的情感，有自己的判断！你无权说什么！""哈哈，是吗？原来他的情感、他的判断就是和他父亲一样，找一个肮脏的日本女人，做些苟且的事！他是不是也想让这个女人生个儿子，过个七八年之后再把这儿子送到苏家夺取苏家的地位啊？"

这话刺痛了河合仙的心，她当然知道他的意思，她气得浑身发抖，说："你怎么能这么说？怎么能这么说?!""为什么不能？你们勾引苏家的人为的是什么？还不是为了苏家的钱和地位？别妄想了，苏家有过你们姐妹两个日本女人已经够了！"

盛怒之下，叔父拿着那些字条和鸽子走出门去，他要挨家挨户地问，直到问出鸽子的主人为止！看着他离去的背影，河合仙又悲又怒，她没想到过了十几年了，悲剧仍然如一开始那样在循环上演着。原来是她自己想得太天真了，她以为苏戬只要长大成人就能自己决定人生，原来她错了，她错了啊！虽然苏戬长大了，但在苏家，他还只是一个孩子，他没有权力选择自己的爱情。如果菊子是一个中国女人倒还好，可惜她是个日本姑娘，而苏家一直对日本人存有偏见。早知今日，她当初一定会阻止他们的交往的。河合仙心中觉得十分绝望，她觉得自己真的是太对不起苏戬了，太对不起这两个孩子了。

经过叔父一闹，苏戬与菊子的爱情被全村的人都知道了。这件事让菊子的父母感到了奇耻大辱，他们怒打了菊子一顿，他们没想到自己竟然养出了这样不知廉耻的女儿。菊子本来就内向，自尊心又极强，在村里人的舆论压迫和父母的责骂下，她一时间想不开，独自跑到那河边，投身跳入了河水中。

当苏戬回到家中时，一切都已经晚了，他看到的只有菊子冰冷的尸体，和全村人冰冷的责备。苏戬感到天都要塌了，他仿佛失去了知觉，直接倒了下去，河合仙哭泣着接住了他。她不明白，为什么这可怜的孩子命总是这样苦？她看着他长大，看着他从小经历人世的种种不公，只能是无能为力地安慰他。到如今，她再次感到了这份无能为力。

天地何其悲，大雨很快倾盆落下，仿佛为这人间的悲剧哭泣一样。一个年轻生命的陨落是那样简单，那小小的身躯是那样单薄。无人怜惜，无人在意，每个人都认为他们走到这一步是活该，只有一些心软的老人和女人背后悄悄说些别人听不清的话，还有林间的虫儿在低声述说。

苏戬终于明白，原来自己是没有资格获得幸福的，原来在他的生命里，欢乐不过是一场泡影。他忽然觉得，或许自己是不应该存在的，他的到来只是给这世界添加一桩桩悲剧而已。如果当初生母没有怀上他，就不必遭到苏家的侮辱，就不会郁郁而终，后来河合仙也就不会将所有精力放在他的身上，不必一边照顾他一边忍受苏家的刻薄。至于菊子，也就不会碰上他，不会死了。原来一切悲剧的源头都是因为他，都是因为他啊！

他觉得万念俱灰，曾经有多么喜悦，此时就有多么绝望。带着这份绝望，他离开了河合仙的家，离开了日本，踏上回广州的轮船。

他记得在白云山上有一个蒲涧寺，他决定到那里出家为僧。这红尘俗世并不属于他，一切喜乐悲欢不过是泡沫，不过是过眼云烟。原来只要轻轻一戳，就什么都化为虚无了。

山中的岁月是幽静的。在山上，苏戬每日诵经念佛，渐渐地，他的悲伤减轻了许多。与其说减轻，不如说他已经看淡了。他来到这世上，感受过了最慈爱的母亲之情，这情不久就被剥夺了，他又感受到了最炙热的男女爱情，这情不久后也被熄灭了。看来万象到头皆是空，只有这幽静山林，只有这青灯古佛才是最终的红尘归宿。

然而，你不惹红尘，红尘自惹人。来到广州出家的苏戬并没有彻底获得宁静。他仍然时常与远在日本的河合仙、同学、友人们通信。冯自由给他讲着一些发生在学校的事情，在表达了他们打算成立组织推翻旧制的意愿的同时，又期盼着苏戬能早日回去与他们共商大业。在经过了几个月的宁静之后，苏戬心中的热血再度被激起。

是了，一切的悲剧都是因为那个已经腐朽陈旧的世界！冯自由并没有说错，如果不是那个腐朽的世界，苏家又凭什么干涉他的爱与恨？凭什么逼死他的生母，凭什么逼死他的爱人？于是，苏戬穿着僧袍再度踏上远渡东洋的轮渡，回到了大同学校。

在大同学校里，苏戬对国家的认识与往日已经截然不同。他受到其他华人子弟的感染，终于意识到，自己也是炎黄子孙，是华夏儿女！

苏戬的才赋很快让他在大同学校完成了自己从一个悲情故事的主角到一个具有国家大义的年轻人的转变。到了 19 岁那年，他已经成长为了一位十分出色的青年。才华横溢，英俊偶傥，又富有责任感。

在冯自由的帮助下，他来到东京的早稻田大学的高等预科中国留学生部读书。在这里，包括冯自由等人在内的青年学子们组成了青年会，这个组织可以说是中国推翻封建社会的最初的力量。这些人也包括陈独秀、叶澜等人。他们虽然身在日本，但是每天都在进行着反清复明的活动。

不久后，青年会的成员与兴中会的成员在一起活动，苏戬结识了廖仲恺、何香凝等人。大家都很喜欢这个个性率直又才华横溢的年轻人。苏戬埋藏在心中的热血被彻底激发了出来，每天与这些年轻人在一起，他感觉自己仿佛化作了一名战士，正战斗在推翻旧制的伟大事业上。不论这事业最后是成是败，都是意义非凡的。苏戬庆幸自己能够参与到这样的事业中去，他的人生再也不是一无是处，他第一次感觉到自己手中的力量。

清风，清风

苏戡一直渴望那个自由的世界，他在心中建立起未来的图腾，那是他生命的希望，亦成了他的责任。所以，他要让这理想的芽儿，在现实中生长。然而，现实里充满了风雨，任何事物的成长也必定会承受坎坷。

苏戡的行动引起了一直资助他读书的表哥——林紫垣——的警觉。林紫垣早就听说在早稻田大学有一个不安分的同学会。他见到表弟近些日子行为有异，便试探着询问苏戡。林紫垣一开始并没有明说，而是问他最近在学校怎么样。苏戡开心地告诉他，学校里一切都好，同学们都相处得很愉快，他的学业也一直十分顺利。

"你们除了在一起学习，有没有什么业余活动呢？"林紫垣问。聪明如苏戡自然明白他在说什么，苏戡沉默了一阵，没有回答。林紫垣又问："我听说你们这些学生总是喜欢做一些不切实际的事，不知道你有没有参与其中呢？""不切实际的事？"苏戡笑了："也许在你来看的确是些不切实际的事吧，但是对我来说，却是重生！我从来没有想过，人竟然可以那样活！你能理解吗？在一个世界里，没有男女尊卑，女人可以自由地与男人在一起工作，男人和女人可以自由地恋爱，可以在不告知父母的情况下就自行结婚……"

"放肆！"林紫垣愤怒地止住了他的话："你知不知道你在说什么？！我本以为你是一个懂事聪明的人，没想到你竟然说出这样荒唐的话！难道你要跟你的父亲一样，做出荒唐的事情来吗？"苏戡也不示弱，他高声道："父亲正是因为在那样男尊女卑的世界里，才会让我的母亲受到那样不公平的待遇！表哥，你看看现在坐在紫禁城里的那个朝廷吧！那里早就已经烂了！已经烂透了！"

林紫垣冷笑道："就是那个烂透了的朝廷，养活了你们苏家，让你们苏家能够获得富贵，能够兴旺！""这种富贵、这种兴旺根本毫无意义！在苏家，除了当家的那个人，还有谁喜欢那样的生活？女人们活得战战兢兢、束手束脚，孩子们活在家族责任的重压下！这种家庭早就不该存在了！""住口！"林紫垣气得浑身发抖，他发现自己错了，真的错了，原来他出钱资助的不过是一个逆子，是一个会为苏家带来不幸的不孝子！这如何对得起他出身苏家的母亲啊！

林紫垣尽量压下自己的怒气，他努力保持平静说："我不知道你一直抱着这样的想法。原来你之前所谓的要为苏家光耀门楣不过是句漂亮话，你现在说的话才是出自真心的。我不能再资助你了，我怕你将来翅膀硬了，会给苏家带来大麻烦。你走吧，自生自灭，是留在日本，还是回到广州，我都不会再管了。"

苏戬是一个自尊心很强的人，林紫垣已经说出这样的话，他也没有脸继续恳求什么。一直以来，如果不是林紫垣的资助，恐怕他也没有机会在日本学习，更没有机会认识冯自由这些人。不论如何，他是感激林紫垣的。他站起身，向着林紫垣鞠了一躬，收拾起东西，直接离开了林家。这一年，苏戬20岁。

没有了经济来源，苏戬在早稻田大学的学业也就无法继续了。他在日本举目无亲，一时之间不知如何是好。他向冯自由说出了自己的窘境，冯自由明白他的难处，于是帮他写了一封信，并给他带了一笔钱，让他回国之后去香港找陈少白。陈少白也是当时的青年义士，他受到孙中山的委托，正在香港着手创办《中国日报》。冯自由私底下与陈少白也有些交往，所以希望苏戬可以到陈少白那里谋求一份差事。

苏戬就这样踏上了回国前往香港的道路。想到林紫垣的不理解，他的热血已经被熄灭了一半。仅仅是他的表哥，他就无法说服，他又凭什么去说服中国的亿万人民呢？之前他总觉得革命斗争会是一件很简单的事，可现在看来，原来要推翻一个时代，不仅仅很难，而且是几乎无法实现的。他在想，仅凭他们这些人，这微乎其微的力量，怎么可能去撼动大清江山呢？

这时候，他又想革命本就需要坚定的决心和义无反顾的执着！面对着汪洋大海，苏戬心中的热血再度被激起，他回到船舱中，执笔写下一封信，打算在回国之后就寄给日本的林紫垣。他告诉林紫垣，自己反抗大清，反抗封建社会的决心不会停止，就算走投无路，他宁肯自杀，也绝不低头！

接着他又写下一首小诗："蹈海鲁连不帝秦，茫茫烟水着浮身。国民孤愤英雄泪，撒上鲛绡赠故人。"在诗里，他再度表达了自己舍生取义的决心。他感觉自己如同自古那些忠君为国的人们一样，将为了理想而不顾一切！哪怕前方是刀山火海，哪怕一投身就会失去生命，他也义无反顾！

最后，轮船终于在上海着陆了。到了上海，苏戬并没有立刻转行去香港找陈少白，虽然冯自由帮他给陈少白写了介绍信，但他决定先在上海看看国内形势再说。他少年在日本生活，后来又去广东，他所掌握的语言只有日语和粤语，虽然在日本读书的时候与同学们学习了一些汉语，但是毕竟只是日常所用，他对汉语的掌握并不够全面。

之前苏戬在早稻田大学与陈独秀关系不错。后来陈独秀回国与章士钊等人一起办报纸宣传新思想，苏戬知道他现在就在上海，所以决定先去找陈独秀，在了解国内形势的同时，顺便向陈独秀这个大才子请教一些汉语言文学方面的事情。

当苏戬找到陈独秀的时候，陈独秀正在致力兴办《国民日日报》。在那之前，章士钊等人一直在为《苏报》投稿，并在上面发表了许多震惊当时的文章。那些文章引起了很大的反响。正是受了那些文章的影响，在上海及周边等地，许多青年人都觉醒起来，并投身到了章士钊他们带领的革命运动中。而这些文章也被当时的南京衙门注意到了，南京衙门十分害怕这股新生的力量，所以下了很大的力气去查办《苏报》的相关事情。

当时《苏报》的办报地点在英租界。南京衙门要求英租界查禁《苏报》，并逮捕编辑们。身为编辑的章士钊等人及时得到了消息，立刻进行转移。可惜章太炎、邹容等编辑仍然被逮捕了。他们都是国民革命的先锋力量，是了不起的英雄。之后，为了继续进行革命活动，章士钊等人才创立了《国民日日报》。陈独秀等人回国之后，也开始积极为《国民日日报》撰稿。

讽刺的是，《国民日日报》之所以能够存活，是因为它在英领事署进行了注册登记。没想到这场为了国人而进行的斗争，却只有在被列强割去的土地上才能进行。这场斗争充满了悲情的意味。最大的指挥官身在日本保证自身安全，而先锋们也只能利用租借地来生存。保护了这些中国希望的力量，竟然都来自于那些对中国虎视眈眈的国家。

苏戬的到来为章士钊、陈独秀他们带来了一股新鲜的气息。与热血的他们不同，苏戬有时候对革命很感兴趣，有时候又显得有些无所谓，这也与他的成长环境有关。章士钊他们在苏戬身上，往往能暂时忘却革命的沉重，获得短暂的轻松与快乐。苏戬是一个很可爱的年轻人，正如冯自由说的，他的一举一动都坦坦荡荡，喜怒哀乐都写在脸上，与他相处不需要多费神。虽然苏戬总是忧愁多于欢乐，却从来不会将他的愁绪加在别人身上，不论心情多么低落，他也会尽量微笑，不给别人带来麻烦。

苏戬也会在《国民日日报》上发表文章，但他发表的往往并不是那种煽动性很强的号召革命的文章，而多是更重视文学性的文章。当时《国民日日报》也正好需要这样的文章。因为对一份报纸来说，阅读性、文学性是必须要有的，甚至这才是一份报纸销量的保证。没有人会为了被煽动而买一份报纸，大家更喜欢读报纸上面的那些小诗歌、小故事。

苏戬在为报纸撰稿的同时，偶尔还会去苏州的吴中公学教书。他教书的主要目的是为了赚些钱供自己生活，当然他也很喜欢与学生们在一起。在与林紫垣决裂之后，他与苏家也彻底割断了联系，唯一的经济来源就是在上海的稿费和在苏州的教学活动了。他也彻底从一个大少爷变成了一个穷书生。当然，他宁可过这样穷书生的生活，也不愿再和苏家有任何的牵连。

后来，报馆再次被查封，章士钊、陈独秀等人自然不会放弃，他们在一起策划着继续办报的事情，苏戬则不如他们那样积极。他自然愿意为朋友们贡献一份力量，但却从来不会是主动组织的人。他的性格也决定了他不可能成为一个领导者，他更适合做一个给人帮忙的助手，上面吩咐下来让他舒心的工作，他就安心做，这样就好。他从小到大已经习惯了忍受，主动出击并不是他会做的事。

所以报馆查封后，苏戬就心生去意。他想起了冯自由交给他的写给陈少白的信，他想去香港碰碰运气。他还没去过香港，正好可以过去见见世面。所以在短暂的告别之后，苏戬就踏上了前往香港的旅途。章士钊、陈独秀等人对他都是十分不舍，虽然他对革命工作出力不多，但大家都很喜欢他，他就像清风一样，只要在人们的身边吹过，就能让人感到清凉舒爽。

心向佛堂的突破口

我们始终都在微笑，终于成为不敢哭的人。

中国人虽然多，但是很多人的思想都不够独立，不够坚定，只要稍加劝说，他们就很容易相信你，并且投靠你。陈少白回到香港，很快就将《中国日报》办了起来，并且开始和康有为等人进行了几番论战。

苏戬到了香港之后，拿着冯自由的介绍信去找陈少白。陈少白看了介绍信之后接纳了他。只不过，陈少白与章士钊、陈独秀他们不同，他是一个彻底的革命派、战斗派。比起温和的《国民日日报》，《中国日报》是一个更加尖锐，更加突出革命意图的报纸。陈少白并不是很喜欢苏戬写的那些软绵绵的东西，虽然他很欣赏苏戬的才华，但是他觉得苏戬太过单纯，并不适合进行革命行动。

所以，虽然苏戬在《中国日报》社住下了，但是他并没有得到重用。在报社里，他只是偶尔出入跑跑腿，主编很少交给他重任，就算他翻译出一些文学作品，或者自己作些小诗，也会被陈少白以没什么用为理由打回去了。无奈中，苏戬翻看报纸，他发现上面都是各种斗争性的文章，充满了煽动的情绪。这让他感觉有点累。这样的日子太紧张，他不是很喜欢。而看到里面那些言辞激烈的文章时，他自己也被感染了。

　　陈少白并没有看错，苏戬的心思的确是太过单纯了。他的思想太容易被动摇，太容易受到环境的影响。苏戬不像他们，从小接受优秀的教育，他虽然有家，有亲人，但他很多年来的生活都是漂泊状态的。他已经习惯了让自己去适应环境，早已经没有能够改变环境的能力了。

　　这一日，苏戬因为无聊，就独自坐在一旁看报纸，他看到康有为仍在对这些革命行动表达着反对意见。而《中国日报》的编辑们也在积极发表文章——驳斥康有为的观点。苏戬看着这些文章，心中非常愤慨。他想，既然大家都在针对康有为这个人，那么如果这人不存在了，革命一定就会顺利得多了！想到这里，苏戬回到自己的房间，拿起了当初从日本带过来的手枪！

　　在那个时候，各种刺杀行动层出不穷。苏戬带着悲壮的情绪，带着赴死的心，持着手枪要走出报社，打算去暗杀康有为！报社的其他人看到他手中拿着手枪，连忙拦下了他，"你想要干什么？"苏戬怒道："我要去暗杀康有为！为革命出一份力！"

　　大家都很惊讶，这个平时不吱声的小子怎么忽然间就爆发了？而且还爆发得那么极端？正在慌乱间，有人将此事告知了陈少白。陈少白连忙赶过来，愤怒地夺下了苏戬的手枪。

　　陈少白怒道："一直以来，我以为你只是天真，没想到你简直就是愚蠢！

你是不是以为只要我们杀了康有为革命就成功了？是不是以为我们这么多的革命党，就只有康有为一个敌人？"苏戬愣住了，他还真的没有想过这个问题，他只知道大家都对康有为很愤怒，都在写文章驳斥康有为。他从来没有想过为什么会这样，从来没有想过在这些行为背后有什么意义。

陈少白接着说："你知道吗？康有为的存在，对我们非但不是害处，反而是非常有利的！因为他一直在发表保皇观点，我们才能对他一一驳斥，才能将我们革命党的理论通过这样辩论的形式传达给大家！我相信热血的青年们会有越来越多的人站在我们这边！我们的敌人从来就不是康有为，而是远在紫禁城的清朝政府！如果我们去暗杀了康有为，人们不会称赞革命党，只会认为革命党是乌合之众，是扶不起来的乱党！"

这一番话说得苏戬目瞪口呆。没想到自己投身革命这么多年，到现在，连革命的意义都没有弄明白。他忽然觉得万念俱灰，满腔的热血瞬间被浇成了冰。他觉得自己很可笑，想来自己这么多年到底是在激动什么，兴奋什么呢？他这样跟着大家奔波，到底是为了什么呢？

陈少白怒气还未消，他有些恨铁不成钢地看了看苏戬，没好气地说："你的枪我没收了！我担心枪在你手里，以后还不知道会出什么乱子。你好好反省吧！"说完，他拿着苏戬的手枪回到主编室。其他人还没见过陈少白生这么大的气，他们看到苏戬可怜兮兮的样子，也不忍心再多苛责什么，都纷纷散去回到各自的岗位上了。

而苏戬就如同霜打的茄子一般。不但自己一直以来的革命决心被熄灭，连枪也没了。他也不知道自己是怎么回到住处的，他的大脑一片空白，最后躺在床上，看着窗外的云。多年以来对自己的肯定和确定的理想再度化为泡影。他从小就学会了忍耐忍受，学会了努力不让人挑出毛病，幼年的经历让他变得敏感，变得很怕别人的责备。好在他天资聪颖，又出落得十分英俊漂亮，所以就算平时做出什么愚蠢的事来，大家也对他很宽容，这才让他在革命党的队伍中留有了一席之地。而这么多年来，好不容易建立起的一切，都被陈少白的一番话给打碎了。

他想，原来自己终究是一个无用的人啊。原来革命队伍需要的从来都不是他这样的只会冲动只会给人惹麻烦的人啊！要革命就得硬气，就得义无反顾，而不能像他这样软绵绵的。革命，需要的是陈少白那样的人，并不需要他这种人。他感到很绝望，如果连革命党的队伍也没有了他的容身之处，那他还能去哪里呢？还能去哪里呢？

苏戬再度想起了广东的那些寺庙。是了，只有寺庙才是他的归宿，只有出家为僧才是他真正的归宿。他无论到哪里都只会给人惹麻烦，只有到了寺庙，才不会给人惹麻烦了，因为那里本就没有什么麻烦。难不成他还能一把火烧了寺庙吗？若是真有那一天，这世上就再也没有他的半点容身之处了。到那时，他就只好一死了之以谢罪了！

好在他现在还不用死，天下之大，还有佛堂能够供他寻求宁静。他本就该是佛门中人，只是尘心不死时常回到红尘。也许他的前世是一个六根不净的僧人吧，所以今生佛祖要给他足够的历练，历练够了，他就能真正地皈依佛门了。想到这里，他的心里总算是好受了些，就仿佛是一个困兽终于找到突破口一样。他平静地睡去，带着对佛堂的向往，也带着对这尘世的厌倦。了却繁华与喧嚣。

心出凡尘

一夜的沉睡，却是灵魂的苏醒。

第二日，苏戬来到陈少白的面前，平静地对昨天的事情表示了歉意，并表达了自己打算归去的决心。陈少白有些失望地看着他说："怎么？被责备了就想走了？"苏戬只摇头说："并不是这样，我只是担心再给报社添麻烦，而且我本就有意皈依佛门，昨天的事只是加深了我对佛堂的向往。"陈少白叹气说："说到底还是因为被说了不高兴嘛，你呀，你看看这里这些人，哪个没犯过错？哪个没挨过训？我知道我平时对大家过于严厉了，但这都是为了革命啊！你还年轻，不要想不开！"

苏戬仍是摇头说："我不是想不开，只是我对佛门向往已久。我会向佛祖祈求，希望佛祖能够保佑这场革命的胜利。我的力量太过薄弱，我的心也不够坚定，未来有朝一日你们革命成功时，我一定会赶过来为你们道贺。"话已至此，陈少白知道自己留不住他。而且这些日子下来，陈少白也看出这个青年太过敏感，太过单纯，确实不适合革命这样残酷的行动。

陈少白叹气，说："既然如此，我也就不挽留你了。也许留在寺庙对你来说是好事。你走吧，只是不要忘记这里的朋友，更不要忘记曾经与你共患难的那些投身革命的人们。"苏戬点头，转身离开。自从来到香港，他一直过得不痛快，现在这样反倒让他放松了很多。

在苏戬走出报社后，一个年轻人出来追上了他，并将一个小袋子交到了苏戡的手中。那年轻人笑着说："这个是陈主编让我给你的。陈主编知道如果他当面给你你一定不好意思收，所以让我交给你。你可一定要收下，不然我又要挨训了！"苏戡十分惊讶，没想到陈少白对他竟然这样照顾，自己这样任性实在是有些对不住他。但如果继续留下来，惹麻烦了恐怕只会更加对不起他。他收下了那个袋子，他不用看就知道里面必定是给他的盘缠。他感激地说："请你一定转告主编，是苏戡对不住他，日后苏戡一定会在佛祖面前为他，为你们多上几炷香，保佑你们革命胜利！""那就借你吉言啦！兄弟，一路顺风！"年轻人笑呵呵地说完，又返回了报社。

苏戡转过身离开，他知道身后的报社仍在匆匆忙忙地工作着，他们每时每刻都在作斗争，只是这些都与他无关了。一切都散了吧，散了吧，一切都变得无所谓了。天地也好，康有为也好，梁启超也好，大清朝也好，革命党也好，散了吧，散了吧，不如归去，不如归去。后面那些红尘滚滚只不过是过眼烟云，百年之后你再看又如何？也许这世界很精彩，但那毕竟与他无关。世界是多姿多彩的，但他却是黑白的，从一开始，他与这个人间就格格不入。

离开报社，苏戡带着简单的行李踏上了前往广州的路。香港与广州并不远，他很快就找到了一间最近的寺庙。那庙很小很破，但是无所谓，和尚要出家，还管庙破不破吗？既然都是幻象，宝相庄严又如何呢？平添烦恼罢了。

苏戡走进那家破庙，见到庙里有个年迈的僧人正在扫地。僧人一边扫地，一边吟诵着诗歌："扫地扫地扫心地，心底不扫空扫地，人人都把心底扫，世上无处不净地。"苏戡仔细琢磨着他的话，发现真的是太有道理了。是啊，这世上的地每天都有人扫，总是扫不干净，但是在扫地的过程中，如果同时清扫心中的尘埃，那么人必然能活得宁静，活得舒心了。

苏戡闭上双眼，仔细探视内心，他发现自己的心已蒙上了一层厚厚的尘埃。那尘埃上面，有对苏家的恨，有对河合仙的依恋，有对失去菊子的悔，还有在投身革命时的浮躁，这一切一切，都如同戏剧一般在他的眼前转过。有些滑稽，有些悲伤。苏戬仔细想想，其实这些都是很可笑的，尘世的牵绊只是让他变得越来越愚蠢了。若是将这一切尽数扫去了，那么他就真的能心如明镜台，做个得道的僧人了。

苏戬于是又往里走去，扫地的僧人拦住了他问："敢问施主有何事情？"苏戬对他作揖说："我想出家。"扫地僧人点了点头，说："那去吧。"说完，僧人继续扫地上的灰尘和树叶。这庙虽然破，却打扫得十分干净，地上的落叶应是风吹的缘故，扫地僧人将它们扫到一起，再装进筐里，等筐装满了，他就背着筐到后面去把筐倒干净继续扫地。这僧人仿佛对什么都不在意，在他的世界里，好似只有这一把扫帚，一个筐，以及这满园的灰尘和树叶了。

苏戬心想，自己到了晚年，不知道是不是会变得和这个僧人一样呢？如果变成了和他一样的人，不知那时自己的心里是会遗憾还是会宁静呢？看这僧人面容枯槁，似乎已经早就没有了喜怒哀乐，他的人生又曾经经历过怎样的故事呢？他是否也如自己一般，是因为看过了太多悲伤的故事，才看破红尘的呢？苏戬轻叹口气，这世上，每个人都有自己的故事，自己的人生尚且过不好，谁又能顾及别人呢？他最后看了僧人的背影一眼，就走进了寺庙中。

庙里，一个住持老和尚正在给几个年轻和尚讲经。苏戬来到老和尚的身旁，刚要开口，却见老和尚挥挥手，示意他在旁边等候。苏戬不敢怠慢，就坐到了旁边的垫子上，跟着这些僧人一起听老和尚讲经。这寺庙在山林之上，偶尔能听到外面的鸟叫虫鸣。除了木鱼声，讲经声，就再也听不到什么声音了。那岌岌可危的清政府也好，那致力推翻旧社会的革命党也好，那轰轰烈烈的革命运动也好，在这里完全体现不出半点。仿佛这寺庙里千百年前如何，千百年后仍是如何。红尘是什么，不过是海市蜃楼罢了。

这才是真正的世外桃源啊！远离了纷扰，远离了争斗，天下如何谁在乎？苏戬安静地听着住持的讲经。住持讲的不过是佛经中的一些佛祖及佛祖的弟子们的故事。佛门的故事十分有趣，充满了各种因果循环的逻辑，这些逻辑恰恰是大自然的天道轮回。苏戬很喜欢听这样的故事，因为在故事里，恶人都得到了恶报，善人最后都得到了好的解脱。就算善人死了，也是去了西天成佛，善莫大焉。

苏戬在想，不知道现实生活中，是不是也是这样的呢？自己的生母虽然被逼死了，但也许她死后就去了极乐世界享福了呢。而且在那样的时代里，死了要比活着更轻松。苏家虽然做了许多恶事，但是苏家现在也早已没落，更何况还出了他这样的逆子，这算不算是报应呢？至于他自己，他不想害任何人，但他的出生就害了他的生母，他的爱情又害死了一个正当好年华的女孩子，他的存在也害得河合仙忍辱负重，日后，他是会得到善报，还是恶报呢？如果说他的出生就是恶，那么他从小到大遭受到的痛苦和虐待，就是上天给的报应吗？倘真如此，那么他得到的报应也够多了，不知道有没有抵消了他的罪孽啊。

住持讲完经后，才问苏戬："我刚刚听到施主在外面说你想出家？"苏戬点头，"还望大师接纳！"住持问他："你的六根可清净了？你确定自己可以接受剃度，从此皈依我佛吗？"苏戬点点头："我确定。我已经看破一切，现在只求大师能给予解脱。""好吧。"住持嘱咐一个年轻的僧人去准备受戒仪式，并让苏戬在一旁稍作等待。过了一会儿，僧人端来剃度需要的用品，住持便开始为苏戬剃度了。

苏戬跪在垫子上，双手合十看着佛祖，他的烦恼丝在住持的手中纷纷飘落。从今往后，他就与凡尘彻底割断联系了。主持又拿着香开始为苏戬受戒。苏戬感受着来自头顶的疼痛，每痛一次，就割断了一层他的牵绊。从此情也好，爱也好，贪也好，怒也好，都随他远去。他就要获得真正的宁静了。这一次他的出家比从前要彻底许多，他不但受了戒，还获得了自己的法号"曼殊"。从此人间再也没有苏戬，只有僧人曼殊了。

　　这一次出家，苏曼殊心中平静了很多。大概人只有看得多了，才能放得多。一个人如果将尘世的一切都经历一遍，他也能够彻底看透了。平时不诵经的时候，他会安心作画。他一直都很喜欢作画，只是很少有机会。时局动荡，他总是不断颠簸，能够安静下来作画的时候简直是少而又少。如今他待在这小破庙中，望着远山，望着山下红尘，看着山林中的飞鸟鸣虫，心中无限惬意。苏曼殊将这一切都交付在了画卷之中。在他的画里，飞鸟们自由自在地遨游在天空上，没有痛苦，也没有悲伤。这山石草木若是懂得人言，不知道会说出怎样的故事，讲出怎样的经历呢？

　　苏曼殊每日与天地为伴，与花鸟为友，想来神仙也不过是如此了。当然，他与神仙还是有所不同的，神仙毕竟可以吞风饮雾，他却不能，他是肉体凡胎，是要吃饭穿衣的。这破庙平时没有人来，自然也就没有香火钱。大家想要吃饱饭，就得出去化缘。有很多意志不坚定的小和尚因为受不了这里的苦，都纷纷回家去了。渐渐地，苏曼殊也有些坚持不下去了，而且在宁静了几个月之后，苏曼殊又有些怀念外面的凡尘。

　　后人常说，苏曼殊是一个亦僧亦俗的才子，其实也的确如此。他在红尘之中时，想着青灯古寺，在古寺之中时，却又怀念红尘。他总是一脚在红尘之外，一脚又在人世之中，一直到人生的最后，他仍然处在僧与俗的中间。

或许，僧与俗本就没有什么明确界限。既然一切都是幻象，那么是僧是俗又能有多大区别呢？非要定个界限加以区分的话，不过是徒增烦恼罢了。

叶，只有在飞舞飘落的瞬间，才是最美丽动人的。

云游僧人

微风带走的，是不堪回首的昨天，岁月带不走的，却是长久的依恋。

在破庙最后只剩下住持老和尚和苏曼殊的时候。苏曼殊借着一个化缘的机会离开了寺庙，并开始了他的云游僧人的生涯。虽然离开了寺庙，他却没有离开佛，苏曼殊彻底抛弃了自己在苏家的身份，身上的袈裟再也没有脱下来过，与人相处的时候，他也告诉别人，自己是曼殊和尚。至于苏戬这个名字，那已经是前世的事情了，不足提起。

离开了广东的苏曼殊先是回到了香港，之后又回到了上海。当他踏上上海的街道，心中生出一种物是人非的感觉。上海还是那个上海，繁华的港口城市，承载着一代又一代淘金者的梦想。有人在这里找到了归宿，也有人在这里破碎了理想。此时此刻，上海与其他的繁华城市一样，也在上演着革命党与守旧派的争斗，还有各种投机分子希望利用乱世大捞一笔，至于那些执着于权力的人，发国难财的人就更是层出不穷。

他先是去见了陈独秀，陈独秀一看到他大吃一惊，说："我是听说过你想出家，没想到你还真出家了啊！没道理啊！你这么心思细腻的人，就算出家了大概也会六根不净，我看你还是还俗吧！"苏曼殊笑笑，说："僧俗不过是世俗的看法，我已经不在乎了。我现在可以僧也可以俗，现在的状态很好，让我很冷静。""那就好。其实我也一直觉得你不适合跟我们这群人搞在一起，你呀，太柔和，太安静，不像是能揭竿起义的人！我看你不如享受现在，适当地别忘了写点小诗给我们投过来，我们正缺你那种类型的稿子呢！"苏曼殊笑着回答："遵命，遵命。"

从陈独秀处告辞出来，苏曼殊想起回国之后还一直没能去拜见庄湘先生，也不知道先生的家是不是还在上海，是不是还在老地方。记得离开上海时，苏曼殊曾经对庄湘说过，自己的心是在佛门的，日后也一定是要皈依佛门。如今他真的当了和尚，他也该去拜见一下庄湘先生，让先生知道自己并非是食言而肥的人，也并非是故意找借口拒绝他的女儿雪鸿。

虽然过了很多年，但上海的街道依然如故，并没有太多的变化。如果说上海与几年前有什么不同的话，大概就是那些藏在角落里的蠢蠢欲动的各种势力和力量吧。即使你走在大街上，偶尔投过来的不善眼神，以及街角边的窃窃私语，都能让人感觉到这个城市的紧张。不光是上海，在中国，略繁华些的城市都是这种紧张的状态，似乎所有人都在绷着一根弦，随时随地都有可能爆发。

那时候，如果你时常驻足在上海的街头，你一定能听到偶尔传来的枪声，如果"幸运"的话，你还能亲眼见到暗杀现场。一个从黄包车上下来的人忽然失去了性命，或者一个从商场走出的人忽然脑门被子弹穿透，这已经让人见怪不怪了。如果死的人是一位名流人士，那么当时就会引起各个报纸的头条讨论，也会引发社会慌乱。如果死的只是一个普通人，那么虽然不会引起什么恐慌，却很可能对某个藏在暗中的组织造成了不可磨灭的伤害。

好在苏曼殊并没有见到这样的现场，不然恐怕他的心里又要留下阴影了。他循着记忆的路线，来到了庄湘居住的地方。来到门前，他按响了门铃。其实他并没有抱太大希望，毕竟局势已经这么紧张了，庄湘老师身为一个西班牙人，很可能早就已经回国避难去了。苏曼殊等了一会儿，见无人出来，正打算转身离开，却忽然见到一个熟悉的身影打开了门。

　　"先生！"苏曼殊激动地看着这个启蒙了自己对世界看法的老师。庄湘第一眼并没有认出苏曼殊，直到听到他的声音，才惊讶地说："你是苏戬！？"苏曼殊开心地笑道："是我啊先生！不过我已经不是苏戬了，我现在已经出家为僧，法号曼殊，先生叫我曼殊就好。"庄湘惊异地看着苏曼殊，他万万没有想到当初那个英俊的少年真的剃度做和尚了。"曼殊，曼殊，真是太让人惊讶了，来来来，进屋坐吧！"

　　苏曼殊开心地走进了那间熟悉的屋子，在大厅里那个熟悉的沙发上坐下。苏曼殊环视四周，发现除了家具变得旧了一些之外，并没有太多变化。只是很多值钱的东西似乎都不见了。苏曼殊坐好后开口说道："没想到先生还在上海，我还以为先生已经回国去了呢！"庄湘叹气说道："我的确是要回去啦，如果你再晚来两个月，你就看不到我了！多年不见啦，我先去给你冲杯咖啡。"

　　庄湘去一边冲泡咖啡，而苏曼殊则仔细环视四周。庄湘泡好咖啡，端着来到苏曼殊面前时，看到苏曼殊的神情，笑道："雪鸿已经不在这里啦，她已经跟她妈妈回国了。我也快要回去了，你看，家里值钱的东西基本都已经被我卖掉了。"说着，他坐在苏曼殊面前，将咖啡放在桌上。

　　没能见到雪鸿，这让苏曼殊有些遗憾，不过能见到先生总是好的。还好他赶在先生离开前见了先生一面。庄湘问苏曼殊："你现在出家了，日后可有什么打算吗?"苏曼殊说:"我受戒的那家庙实在太破,无法继续停留,而我始终记得先生对我讲述的欧洲和东南亚那边的风土人情,我希望利用往后的日子到处去游历。""那你现在还是由你表哥资助吗?"苏曼殊摇摇头,"我早就与表哥决裂了,也与苏家决裂了,我不可能再和他们扯上任何关系。至于游历的费用,我会一边化缘,一边向报社投稿子,或者到当地找个学校教书,反正人总是有办法活下来的。"

庄湘点点头,他说:"这样吧,我在这边变卖的大部分钱财也拿不走,不如我就把这些钱财交给你,你就拿着这些钱去游历,这样也省了许多麻烦。"苏曼殊连忙拒绝:"这怎么可以?曼殊何德何能?哪有资格拿先生的钱?"庄湘却无所谓地摆手道:"不要这么说,老实说,过去我一直希望你能成为我的女婿,可是你说你要出家,这事也就罢了。虽然不能做女婿,我还是希望把你当作我的儿子一样。更何况以后我回到自己的国家,这边的很多东西都顾不上了。往后也不过是留给外人践踏,倒不如都给了你的好。"

苏曼殊万分感激,连忙称谢。其实苏曼殊并没有说错,他从来都没有在意过钱财。小时候,他在苏家,虽然苏家是大家大业的,但是那些钱财基本都与他无关。就算身在名门,他一样要过着穷苦人家孩子的日子。后来长大了,家里为了让他光耀门楣就花钱送他学习。所以一直以来,他对钱都没什么向往。有钱又如何,苏家是有钱,但是都在做着龌龊的事情,他自己没有钱倒也落得清闲。所以他的一生都没有为钱财苦恼过。如果说他有佛缘的话,大概就是这份天生的淡然了吧。

不管怎么说,得到了庄湘的资助,苏戬就更能放开手脚开始他的云游僧人的生涯了。僧人向佛,世间处处有佛。僧人无家,一草一木处皆为家。苏曼殊的人生,有很多人十分羡慕,毕竟游历四方并不是谁都能做到的。但是谁又希望有苏曼殊那样的家庭背景呢？就算平凡一生，也好过成为这种故事的主人公啊。

庄湘就要离开上海了。在他离开前的这段日子，一直都是苏曼殊在与他做伴。闲时他们会讨论那些欧洲的诗歌。苏曼殊在日本的图书馆看过很多精彩的著作，他将这些作品的内容讲述给庄湘听，令庄湘赞叹不已。庄湘知道，自己的这个学生如果不是生在乱世，必然能成为一位很好的学者。可惜这个时代并不容许学者的存在，叹只叹这孩子生不逢时了。

西班牙那边时常来信催庄湘尽快回去，他的妻子和孩子都不希望他在这边停留过久，他也觉得既然有了苏曼殊，这边的事情也就不用再怎么打理了。他将剩下的事情都交给了苏曼殊，让他代为安排，自己则选择了一个好日子离开。

那天为庄湘送别的只有苏曼殊一个人。这也是情理之中的，在这乱世之中，谁还能顾及谁呢？庄湘问苏曼殊："你要旅行的话，打算先去哪里呢？"苏曼殊想了想，说："我想先去东南亚看看，我还没去那边看过。先生说的那些名胜我都想亲眼见一见。"庄湘点头，说："很好很好，你不如将你的所见所闻记录下来，若是能编撰成册，也不失为一件美事了。"苏曼殊点头。

轮船就要开了，他们不得不分别。苏曼殊紧紧拥抱着庄湘，这个亦父亦友亦师的人，这个打开了他的眼界的人，这一分别，大概今生再没有相见之日了。一个人活得越久，就会遇到越多的人，遇到越多的人，就会经历越多的分别。苏曼殊不喜欢分别的感觉，但却无可奈何。人在这世上辗转奔波，不知道何时是尽头呢？只有死亡才算是尽头吗？

苏曼殊缓缓放开庄湘，庄湘眼中含泪向他告别，并转身踏上了轮船，踏上归乡的旅程。苏曼殊眼看着轮船开走，往海天的那一边驶去，渐渐消失在海平线的另一端。再望眼前的大海，只有几声海鸟鸣叫罢了。

第七章
行·踏遍万丈红尘

亲人离世

　　离别和相逢，是生命常常演绎的故事。也因此，每一个人生才会悲喜交集。然而，经历过命运沉浮的人懂得，相逢与别离，皆是命运恩遇的缘分。

　　就在苏曼殊离开寺庙去香港的那段日子里，他偶然遇到了当初在广东的同乡。这位同乡起先并不敢认苏曼殊，他无法确定这个人就是儿时的那个苏戬，无奈他越看越像。后米他终于鼓起勇气，上前拦住了苏曼殊，礼貌地问："这位大师，我看你与我一位故人十分相像，不知道您是否知道一个名叫苏戬的人？"苏曼殊看了看他，仔细想了想，方才想起，说："你是某某？"这位同乡更是惊讶，说："这么说你真的是苏戬？！"

　　"阿弥陀佛……"苏曼殊双手合十说："苏戬已经不在了，贫僧苏曼殊。"同乡只是感慨道："不论你是苏戬还是苏曼殊，我可总算是找到你了！"苏曼殊问："施主找我何事？"同乡说："你这些年与家里割断了联系，你大概不知道，你的父亲苏杰生现在身患重病，就快要死了，你身为他的儿子，临死前最好还是去见他一面吧！"苏曼殊听了这个消息，心中竟激不起半点波澜，他仿佛在听别人家的故事一样。他说："苏曼殊已经出家为僧，六根清净，无父无母。施主若无他事，曼殊要走了。"同乡见此，连忙拦住他说道："好好好，你既然这么说，我也没办法说什么。不知道你现在住在哪里？你我同乡一场，再次相见也算缘分，改日我还要再上门与你相聚。"

苏曼殊想了想，告诉了他地址。毕竟苏曼殊并没有打算在香港长留，那也只是一个临时的住址，就算告诉他地址倒也没有什么。他将地址给了同乡之后则离开继续化缘。同乡得到他的地址，并没有继续在香港停留，而是直接返回了苏家，将遇见苏曼殊一事告知了苏家的人。

这位同乡完全是存着一番好心。他感念苏杰生命不久矣，看着一个生命垂危的老人完全失去了往日的生机，而他临死前最大的愿望就是再见儿子一面，作为一个有血有肉的人，又怎能不动容呢？不管苏曼殊怎么想，至少他一定要为这位老人尽一份绵薄之力。此时的苏家早已没了往日的辉煌。随着时代的动荡，大清朝的没落，这个依附于大清的家族也就跟着没落了。当时很多的家族都如这个家庭一样，他们不过是被时代淘汰的废弃品。

苏曼殊在香港多驻留了些日子，他也不知道自己是为什么在此驻留的，也许是心中在暗暗期待着什么吧，又也许只是希望一切都能有一个最终的交代。几天之后，他的住处就接到了苏家来信，信中说苏杰生的病已经十分严重，几乎是奄奄一息了，苏杰生吊着一口气全是为了等待儿子回家，只有看儿子一眼，他才能瞑目。

苏曼殊看了信，心中想到的却是，当初生母若子在死的时候是否瞑目了呢？那时候若子一定也是期盼在临死前能够重新寻回苏杰生的温柔吧，可是苏杰生又是如何对待她的呢？他不过是弃自己的儿子和女人不管，把他们当作洪水猛兽般躲避着。那时候，又有谁怜惜过那个可怜的女人呢？现在这个想要见儿子的父亲摆出一副可怜的样子接受着大家的同情，可是当初又有谁同情过若子呢？当初他苏曼殊在柴房里奄奄一息快要死去的时候，又有谁同情过他呢？

可笑啊可笑，也许这就是天理循环、报应不爽吧！当苏曼殊想到这一切，他看信时心底生出的柔软再度变为了坚硬。他心想，你想见我，不过是因为我是与你有血缘关系的儿子，是你生命的延续。当初你改变了母亲整个人的命运时，你是那样快乐，那样肆意；当母亲死时，你对她弃之如敝屣。说到底，是因为母亲跟你没有血缘关系。

苏曼殊直接将信撕掉。他就当完全不知道这些事情，继续在香港化缘。偶尔的时候，他会去与之前在香港认识的朋友相聚，谈一谈天下，谈一谈风月。当年的同学都没想到这个男孩子竟然会出家，出家也就算了，他竟然还出家得这么不安分，不是在庙里老实待着，而是到处走，到处活动。但看他言谈举止，又的确是一个世外僧人的样子。大家都觉得他十分矛盾，觉得他不僧不俗的。但他却是乐在其中，享受着亦僧亦俗的人生。

没过多久，苏曼殊又接到了一封信。信中斥责了他的不孝，并告知了他苏杰生已经去世的消息，说如果他还有一点良知就回家奔个丧，也算是尽孝了。然而苏曼殊已经不想和苏家有任何来往。他在香港停留了这么久，也许隐约间他就是在等待这样一个消息，这样一个能让他的心也尘埃落定的消息。苏家的祖父祖母死了，苏家的父亲死了，那些伤害过他生母和养母的人都死了。你看，人就算是再横，也横不过时间。难怪当初河合仙会对他说让他活下去，因为只要活下去，就能看到那些当初飞扬跋扈的人的下场，就能获得真正的解脱。

苏曼殊看了看天空，不知道生母若子此时是否在天空中微笑呢？苏杰生死了会去哪里呢？会去与若子团聚吗？苏杰生会去找到若子，对她说一声"对不起"吗？也许人死了，也就是真的死了，什么都没了。死了以后就彻底安静了，什么都放下了。就好像睡着了一样，人睡着的时候什么都不知道，所以死后大概也是如此的。什么爱啊，憎啊，恨啊，也就都没有了。

这个时候，远在广东的苏家已经开始为苏杰生出殡了。他一生女儿多儿子少，临死了连个给送终的儿子都没有，这真是一种悲哀。当然，死了的人也感觉不到悲哀了。苏家人在为他奔丧的同时，也在痛斥苏戬这个逆子。

"当初家里就不该把他接回来，你看看他现在都在做什么，自己出息了就彻底抛弃生他养他培育他的苏家了。也只有他做得出啊！"抱怨声在送葬队伍中不绝于耳，让棺木里的死人也不能安宁归天。

"只是可怜了老爷，他吊着一口气，等了那么多天，就是为了看儿子一眼啊！那个白眼狼竟然狠心到那种地步！""都说是白眼狼了，不狠心能叫白眼狼么？"大家责骂起来，让各自心中的悲伤情绪减轻了很多。最后这场送行竟然变成了对苏曼殊的批判大会。

人就是这样，谁都只能看到眼前的果，却没有人去想想曾经的因。如果一个做了恶事的人真的得到了报应，也没有人会承认这是因为做了恶事的结果，他们只会埋怨老天的不公。人人都渴求在世间寻求一份公平，但是谁又能做到公平呢？如果公平，就不会"朱门酒肉臭，路有冻死骨"，如果公平，就不会有那么多冤魂徘徊在轮回门前，不肯转生了。

苏曼殊在得到苏杰生死亡的消息之后，觉得自己的尘缘真的是彻底了了。

当他在上海送走庄湘之后，又多停留了几天，帮助庄湘打理离去后的事宜。当一切都妥当之后，他拿着庄湘资助的钱财，准备开始他环游世界的旅程。了无牵挂，迈着脚步，踏遍万丈红尘。

旅行，辗转

多年以后，才懂得，原来旅游和旅行是两件事。前者是身体踏上异乡，后者是灵魂的远行。

苏曼殊的旅程并不似现在的旅游团那样，坐着飞机，嗖地一下就到达目的地。一到目的地便开始疯狂购物，买完了再去下一个地方，看几个名胜古迹，拍几张照片，玩一圈之后再坐飞机回去。

苏曼殊的行程，与其说是旅行，不如说是苦行，更多了一种体验生命的韵味。虽然他得到了庄湘的资助，但他还是更愿意如一切苦行僧人那样，徒步而行。他先是坐船来到南亚地区，然后随心而走，随心而落。有时候能够找到落脚点，他就住得舒服些，找不到落脚点，他就找个能避风的地方睡下。有时候他会花钱买路边的小吃，有时候，他会摘树上的果子。南亚那边的果子都是热带水果，倒也是营养十足的。

他先是到了越南。作为一个僧人，无论到了哪里，都是寻找当地寺庙。他在越南的一个无名寺庙里停留下来，如一切苦行僧那样，在寺庙中拜佛入禅。这寺庙经常有苦行僧人等经过，庙中和尚也都习以为常，不过这个从中国来的年轻人还是让他们好奇了。

　　苏曼殊在这寺庙中住了几日，东南亚的风情与中国有很大的区别，那里光是天气的炎热就让人不适应。他袒露着右肩，与当地僧人做同样打扮。他对那边的语言并不大熟悉，不过还是能与其他僧人们做些简单交流。僧人们也十分喜欢与他来往，苏曼殊身上的那种宁静的气息让他们十分喜欢，他们觉得眼前这位大师身上很有佛气，都想来沾一沾佛缘。

　　在越南做了短暂的停留之后，他又来到老挝，最后在暹罗停留了很长一段时间。他的停留主要是为了一个原因：在暹罗有一位得道高僧，是乔悉磨长老。这位长老最引以为傲的就是对梵文的精通。要知道，不论在何时，懂得梵文都是佛教中最受尊敬的能力。因为佛经中的许多高深部分都是由梵文撰写的，懂得梵文的人才能看懂那些佛经，才能将佛经传给其他僧人。

　　苏曼殊早在中国的时候就已经对这位僧人十分神往，这次能够来到暹罗亲自会见这位高僧，他自然不会错过机会。一到暹罗，他就立刻找到这位高僧的所居之地，上门拜访。这时候的他对当地的语言已经有了一定程度的掌握。当他见到乔悉磨的时候，简单说明了来意。乔悉磨一见这位年轻的僧人，就对他颇有好感，于是将他请入寺中，与其攀谈。

　　通过攀谈，乔悉磨长老发现苏曼殊是一个别具慧根的年轻人。他不论是在语言学习方面，还是在对佛经的理解方面，都颇有独到见解。而乔悉磨长老是见过很多世面的人，他看出眼前这个年轻人与佛十分有缘。就算今生只有一只脚踏在佛门内，他也是佛祖在人间的弟子。所以他很快就喜欢上了这个异国的僧人，并答应在接下来的日子里，传授他梵文。

　　学习梵文的过程是愉快的。苏曼殊本就是一个对语言学习十分有天赋的人。小时候，他从日本来到广东，在很短的时间里就学会了广东话，后来去了上海，他又很快掌握了当地语言，之后学习英文，他的接受速度让他的英文老师庄湘非常吃惊。在学习语言的问题上，他从来都没有吃力过。他简直就是享受着学习语言的过程。因为，多学一门语言就意味着多打开了一个新的世界，就意味着他在阅读的选择上又多了一个区域。当初学会英语之后，他就为那些欧洲的诗歌、戏剧、小说等沉迷，他不但翻译了雨果的《悲惨世界》、小仲马的《茶花女》，还品读了雪莱、拜伦的曼妙诗篇。

现在我们在书店的书架上面总能看到许多从国外翻译过来的作品。所以我们哪怕只是一个初中生，也能遍读那些来自世界各国的优秀作品。但其实我们读到的不过是译者的二次创作。如果我们找到原文品读，就会发现很多滋味都和翻译过来的不一样。所以，即使在现在，如果我们多掌握一门语言，也是可以享受更多的阅读乐趣的。

苏曼殊因为急于想品读那些佛经，所以十分积极地学习梵文。与乔悉磨长老学习的过程是十分愉快的，乔悉磨长老是一位非常和蔼可亲的老人，他时常会冒出一些玩笑话让苏曼殊措手不及，待苏曼殊不知所措的时候，他又哈哈大笑起来，仿佛胜利了一般。这个长老就如同孩子那样天真可爱。苏曼殊也非常喜欢同他交往。每当苏曼殊多学了一些内容时，他就能多读一些佛经。一开始，他试着去理解佛经中的句子。理解对了，乔悉磨就微笑颔首，理解错了，乔悉磨就会为他讲解。苏曼殊在阅读的过程中，循序渐进着学习梵文，这样他掌握梵文的速度就更快了。

乔悉磨还从来没有见到过这么聪明的年轻人，苏曼殊的机智令他惊讶。一直到苏曼殊离去，他都对这个年轻的僧人恋恋不舍。他知道，再假以时日，这个年轻人一定能做出不凡的成就来的，当然，前提是这年轻人要活到那个年纪。虽然在暹罗的日子让苏曼殊很愉快，但是乔悉磨却看出这个年轻人是体弱多病的。这样的身体，也不知道会为他支撑多少年。只是不要太早陨落就好，不然实在太可惜了。

离开暹罗之后，苏曼殊又去了印度半岛。他已经熟练掌握梵文了，正可以去印度"取经"。他忽然想，自己此时就如同唐僧一样，虽然他没有孙悟空、猪八戒、沙和尚为他护航，但是途中也没有妖魔鬼怪阻他行程，只有各地友好的僧人，以及和善的老百姓们。到了印度，他并没有作过多停留，而是直接来到印度半岛最南边的锡兰。锡兰有一个十分有名的寺庙，苏曼殊直接住了进去。对僧人来说，全天下的僧人都是朋友，所以对于他的入住，锡兰的寺庙是十分欢迎的。

苏曼殊来到锡兰之后，首先投入到寺庙中那些如同瑰宝一样的佛经当中。因为他已经有了梵文基础，读那些佛经丝毫不费力。阅读这一世上最美好的活动让他简直忘记了一切。当地的僧人对这个通晓梵文的中土僧人十分尊敬，都敬爱地称呼他为"曼殊法师"。对于苏曼殊来说，这一番旅程才是真正地出家了。沿途一路拜佛，让他觉得自己离佛祖更加接近了。

苏曼殊在那里停留了几个月，到了 7 月的时候，他听说当初在日本的朋友秦效鲁回到了长沙，于是回到中国前去拜访。这个时候的秦效鲁正在湖南实业学堂任教务监督。苏曼殊到了那里，接受了秦效鲁的邀请，开始在实业学堂任教。比起闹革命，苏曼殊更喜欢这样的教书生活，因为与学生交往时，他不用有过于激烈的情绪，只要平静教书就好。能够让自己学习的知识派上用场，苏曼殊也很高兴。

中华大地上，革命仍在进行着，并且已经颇有成效。而清朝已经即将走向破灭，其中一个典型的标志，就是科举制度的废除。当这个消息被传扬开来时，所有书生都如同丢了魂一样痛苦起来。十年寒窗苦读，等的不就是有朝一日高中榜首的那天？如今科举制度废除，他们怕是再也没有出头之日了。不论如何，慈禧的这一举动为时局的动荡又添了一笔华彩。

同年，"中国同盟会"在日本横滨组成。同时确定了同盟会的宗旨："驱除鞑虏，恢复中华，建立民国，平均地权"。苏曼殊的很多同学都加入了同盟会。唯独苏曼殊本人对这些并不感兴趣。他更享受在学堂安静教书的感觉。

眼看着同学们一个个都在积极参与革命活动，苏曼殊却只能漫无目的地在长沙等地四处游荡。他想找来同学一起聚一聚，但是大家明显都很忙，无暇陪他闲聊。无聊中，他在没有课的时候，就在家把玩诗词。他的闲散，与众人的积极热血形成了鲜明的对比。这让苏曼殊感到苦闷起来，仿佛整个世界都和他脱了节一样。当年时常在一起谈笑的同学们，为什么都在渐渐与他疏远了呢？

他又变成了孤单的一个人。朋友们的活动，他无法融入，朋友们的热血，他受不到感染。而他的清静，他的情怀，更无人理解。他开始闭门造车，在家里作画。有时候，他作出一幅让自己十分满意的画卷，想着要让同学们一起来欣赏，然而一想到现在同学们都在忙着闹革命，根本没人能理会他，他就黯然地将画扔在地上了。无人欣赏的画，留着它们又有什么意思呢？苏曼殊觉得很无趣，就将那些画都烧掉了。

可是他心中寂寞难耐，不知如何排解，只好继续作画，画了之后又继续烧掉。他变得矛盾极了，这种矛盾的情绪简直快要把他逼疯了。于是他的性情开始变得喜怒无常，变得时常大悲大喜，这不论在佛家而言，还是在养生而言，都是大忌，但是他又能怎么办呢？他总是与周围格格不入，谁又能明白他的心呢？

有一次，他去上海找秦效鲁，同时还叫来了许多朋友去吃西餐。因为朋友不多，他就让朋友们再叫些朋友来，人越多越好。他是太寂寞，太需要热闹一下子了。秦效鲁不明白他这是要干什么，他只是笑笑说："人少了没意思。"他的笑容里写满了寂寞，只是忙于搞革命活动的秦效鲁并没有注意到。

　　到了吃饭的那一天，果然来了很多人。苏曼殊十分高兴，他高声说："今天来到这里的人，都是我苏曼殊的朋友！我不论你们姓甚名谁，只知道你们都是当今的有识之士！你们是中国未来的希望，往后推翻旧社会，建立起民主自由的新世界，就全靠你们了！"说完，他也不理会其他人，自己开始吃起来。大家见餐桌上各种食品丰富，也不客气，大方吃起来，吃完之后各自离去，全由苏曼殊一人结账。大家没想到这个僧人竟然这么有钱，出手这么阔绰。秦效鲁也惊叹道："苏曼殊上人当真是游戏人间，视金钱为粪土啊！"至于他心中的落寞，根本无人知晓。

　　因为爱过，所以他才懂得真正的慈悲。他付人以温柔和疼惜，却再不会予人以深情。

　　江南是一个十分美好的地方，在那里，许多文人骚客们都留下了自己的情，留下了自己的爱恋。苏曼殊在杭州停留了许久，在那里，他的内心暂时安宁了下来，并安心作画。他将画作好之后，想起仍在革命队伍中奋斗在第一线的陈独秀，便把画作寄给了他。他是很佩服陈独秀、章士钊这些人的，他佩服他们能有坚定的决心，能激发起无穷的热血，为这个国家奉献力量。偏偏他自己就无法做到这一点，好在他与这些人都是朋友，这也算是他心中的一点安慰了。

　　苏曼殊总是居无定所，那时候，他在一个地方停留不久，就会换一个地方。如果在哪里待久了，他就会烦闷得不行，难受得不行。只有换了地方，他才会重新寻回心中的安宁。离开杭州后，他又去往南京。在那里，他在陆军小学谋求了一份英文老师的工作。他当然是不缺钱的，他之所以要找工作，只是因为必须给自己找点事干，不然他会寂寞得发疯。

在陆军小学，他遇到了当初在日本认识的刘三。刘三名叫刘季平，当初在日本，他与苏曼殊、陈独秀、邹容等人都是非常好的朋友。苏曼殊十分怀念那段时光，那时每个人都有自己的特点，他们彼此呼应，彼此相衬，彼此互补，十分愉快。他们经常在一起谈天饮酒，其中最爱饮酒的就数刘季平刘三了。苏曼殊特别喜欢刘季平，大概是因为二人性格相合的关系吧。刘季平爱喝酒，活得肆意而痛快，这恰好与敏感易悲的苏曼殊形成了互补。

他们都是在尘世上漂流的过客，有人选择取义成仁，有人选择皈依佛门，这都是人各有志的事情，无可厚非。苏曼殊唯一能做的，就是经常为这些同学们送去精神上的支持，以及适当的物质上的支持。他既然没有革命的热血，也就只好作为一个朋友，为朋友们送去绵薄之力了。后来刘季平因为参与了刺杀两江总督，被捕入狱，半年后才因为多方好友的努力而出狱。为了暂时避开锋芒，刘季平再次东渡日本，那段时间是刘季平最苦闷的日子，苏曼殊很懂得那种苦闷，所以时常与他联系，安慰他的情绪。

苏曼殊后来又去了长沙明德学堂教书，之后又去了芜湖，最后到皖江中学教书。虽然苏曼殊没有直接投身革命，但他所任教的学校，都是当时革命党开办的学校，他也算是通过自己的学识，间接为革命奉献了自己的力量。他虽然没有战斗的决心，却有着丰富的知识，在他的课堂上，学生们听着他的课，听他讲述那些各种新奇的事情，都被他深深影响和感染了。曾经，他的老师们为他开启了一个又一个的新世界，而他做的，不过是将那些钥匙交到学生们的手中，在开阔了学生的眼界的同时，也指引他们继续在知识的海洋里遨游。

在当时的皖江中学，当初在日本的那些同学们再度聚在了一起，其中包括陈独秀、章士钊等人。他们将在日本学到的新思想传播到了这江南的土地上，传播到了华夏子弟的心里。陈独秀他们知道，革命要想成功，最重要的就是这些孩子们，他们才是革命的未来，是希望。要想保证中国的未来，就要兴办学堂。在皖江中学，陈独秀也看到了未来的方向。

暑假的时候，苏曼殊想要去日本看望他的养母河合仙。陈独秀也刚好打算去日本组织革命党的工作，两个人就一同离开了芜湖，坐上了前往东洋的渡轮。一想到河合仙，苏曼殊心中最为细腻柔软的部分就被触动了。在他的一生中，河合仙是他唯一的牵挂。原来对于他来说，家乡从来都不在中国，也不在日本，只在河合仙的心里。河合仙走到哪里，哪里就是家了。

到了日本，他们先是来到了河合仙之前居住的那个小村落。这村落有山有水，其实是非常美好的地方。他们来到河合仙的住处，却发现房门紧闭，经过打听，才知道原来河合仙不知何时已经外出了。问及何时归来，邻居也说不知道。据说河合仙已经离开许多日子，不知道是不是搬走了。失望之下，苏曼殊只好随陈独秀来到了东京民报社住下。这一次归家寻母，却发现母亲已不知去向何方，苏曼殊感觉自己就仿佛是断了线的风筝一样。如果没有了家，那四处游行的浪子又该心归何处呢？

到了东京民报社，苏曼殊认识了章太炎。章太炎素有"国学大师"之称，苏曼殊早就对他颇为神往，并期望可以拜他为师，希望能够学习诗歌创作。苏曼殊的绘画水平一直很高，但是诗作的根底较浅，文学底蕴不够深，而他又偏偏希望能够在自己的画作旁题诗，所以才希望抓住这次机会，好好学习国学。章太炎见苏曼殊根底不深，就先找来些古诗词集，让苏曼殊先研读这些诗集。

暑假很快便结束，陈独秀与苏曼殊又踏上了回到芜湖的路程。这个时候，时局不断动荡，芜湖的根据地已经被发现，不再安全。陈独秀他们开始辗转他方，而苏曼殊则在南京、上海和杭州之间游荡。

苏曼殊的一生都仿似浮萍。他唯一的牵绊就是河合仙了，这次东渡日本寻母不成，他的情绪一度变得十分低落。那段日子里，他因为之前挥霍无度，身上已经没有多少钱了。无奈之下，他只有向朋友求助。朋友们都是很大方的人，愿意解囊相助，但是他也不好意思总向人借，到后来，他那些朋友几乎都被他借遍了。好在这个时候刘季平一直在接济他，让他不至于饿死街头。

河合仙，那个温柔的女子，从他的生命开始时，就长在了他的灵魂里，是他生生世世放不下的牵挂。

千里千寻

母爱，是最伟大的，也是每个人最想追寻的人世间最美的感情。他相信，纵使度过万水千山他也会找到她。他相信彼此间有一种命运的牵引，他一定会找到她。

刘师培和何震夫妇打算东渡日本，苏曼殊听闻，立刻提出要与他们一同前往。他希望抓住这次机会再次寻找母亲。刘师培夫妇自然不会拒绝他的要求，他不断寻母的事情已经在这些朋友里传开了，大家都对他与养母的感情十分感动，所以能帮忙的都愿意主动帮忙。

到了东京之后，苏曼殊再次住进东京民报社。在那里，他每日与章太炎和陈独秀在一起，因为章太炎和陈独秀都是在国学上很有建树的人，所以苏曼殊很喜欢与他们交往。那段时间里，他通过翻译梵文书籍而赚了一些钱，总算摆脱了经济窘困的局面。在日本，他积极向章太炎请教诗词方面的问题，章太炎也很喜欢跟这个聪明的年轻人交谈。因为章太炎的指导，他在诗歌方面的进步很快。大家也都为他高兴。有的时候，他甚至十几天都躲在屋子里写诗读诗。国学的优美让他沉浸在其中，也只有在文学中，才能让他有如找到归宿一般欢喜。

后来，他把自己所作的诗歌拿给章太炎看，章太炎连连称赞。章太炎没想到之前见到他时，他的根基还浅，才过了不长的日子，他竟然就能进步这么快。难怪大家都说苏曼殊是语言方面的天才！章太炎甚至说，苏曼殊的天赋本身就是一首绝赞的诗篇！令人惊讶，令人赞叹！章太炎的肯定给了苏曼殊极大的鼓舞。苏曼殊更加积极作诗，希望有朝一日，他能将自己的诗词标注在画作的旁边。

在学诗的同时，苏曼殊始终没有放弃寻找河合仙。经过几番打听，苏曼殊终于找到了河合仙的住处！在陈独秀的陪同下，苏曼殊来到河合仙现在居住的地方。那时候，河合仙已经是一位六十多岁的白发老人了。看到母亲苍老的模样，苏曼殊不禁一阵心酸，他后悔自己不能一直陪伴在母亲的身边，不能随时照顾她。苏曼殊许久不用日语，对日文已经生疏了。

好在还有陈独秀这个经常来往于日中两地的日语通在，苏曼殊听不懂的地方，都由陈独秀替他翻译，而苏曼殊说的话，也由他翻译给河合仙。河合仙告诉苏曼殊，自己已经找到了新的丈夫，他是一个很好的日本老人。苏曼殊由衷为她感到高兴，没想到她孤苦一生，最终可以老有所依，这就是佛家所说的善有善报吧。现在她嫁的这个人家家境富裕，又没有任何烦心事，她可以安心在这里养老了。陈独秀也为这个坚强的女人感到高兴。

苏曼殊告诉了河合仙苏杰生去世的消息，他也告诉了她自己并没有去见父亲最后一面的事情。河合仙听了并没有责备他，她知道，不论这个孩子怎么做，都是有他的道理的。她安静地听着苏曼殊讲着这许多年来的境遇，她心中有些后悔，也许当初她就不该放苏曼殊回到广东去。只是她一个弱小的女子，又哪能拗得过苏家呢？到最后也不过是一声叹息罢了。好在现在他们都不错，好在苏曼殊顺利长大了，而且还长成了一个十分优秀的青年。

陈独秀告诉河合仙，苏曼殊在绘画和文学上的造诣都很深，国内的学者们都十分喜欢他。河合仙更是打心里高兴。这一次相遇，他们是经历了种种辗转之后的难得的相聚。河合仙翻开相册，找到了苏曼殊幼年时候的照片。那时候，他还那么小，还天真得不知道人间疾苦。其中有一张是他在 3 岁的时候，穿着和服坐在河合仙的腿上。苏曼殊对童年的记忆已经模糊了很多，他唯一记得的就是对河合仙的依恋，如今再看这些照片，已经是恍如隔世。

苏曼殊虽然想每天陪伴在河合仙的身边，但是他知道，母亲已经有了自己的生活，如果他过多打扰，也许只会给母亲添麻烦而已。因此，在日本的日子里，他多数时候都是与刘季平等朋友们在一起，对母亲不论有多大的依恋，他也只能是放在心里了。而朋友们都很好，他们心照不宣地都没有说什么。不管怎么说，河合仙有了好的归宿，苏曼殊也不必过多牵挂，他知道母亲过得很好就够了。

话虽如此，当午夜梦回的时候，苏曼殊心中仍是涌起一股悲痛。母亲已经再嫁，与他的联系也越来越疏远了。他的家已经变成了别人的家，他的牵挂也变成了别人的牵挂。他知道，为了母亲，这是最好的结局，他只有独自忍受这样的悲苦之情。那时候，他给刘季平写信说：九年面壁成空相，万里归来一病身。泪眼更谁愁似我？亲前犹自忆词人。他将心中的悲伤对刘季平述说了出来，尽管他也知道这只是杯水车薪罢了。

在那之后的日子里，苏曼殊每日与文字为伴。在他向章太炎学习国学的同时，章太炎也向他讨教了许多佛经方面的事情。苏曼殊就将自己在东南亚的经历向章太炎讲述出来。章太炎被他的描述深深迷住了，他希望有朝一日能与苏曼殊一起，去看看那些苏曼殊说过的寺庙，拜访那些得道高僧。苏曼殊也十分乐意与之同游，希望日后还能有重游东南亚的机会。不过因为章太炎太忙，所以这个计划一直都未能实施。

那段时间里，苏曼殊因为心情低落，再次停止了赚钱活动，他开始寄宿在刘师培夫妇的家中，吃住都用刘师培的。刘师培倒也不缺他的口粮，所以也乐于接济，而这样的关系，终于在章太炎与刘师培闹掰之后结束了。

失去了接济的苏曼殊重新拾起翻译的工作。他开始翻译《拜伦诗选》。说起翻译这本书也是有渊源的。那还是苏曼殊在上海学习英文的时候，雪鸿曾经拜托过他，希望他能够将拜伦诗歌的美妙传入中国。在当时那个英文还不够盛行的年代，图书行业是没有多少翻译本的。我们现在所读到的翻译过来的国外著作，有很多都是 19 世纪末 20 世纪初的那些先觉者的勤奋结晶。那时在中国，翻译英文诗歌的人可谓是少之又少。所以雪鸿才会向他发出这样的请求，她认为拜伦那样美妙的诗句不应该只流传于欧洲，应该让更多的人读到。当时苏曼殊十分郑重地答应了她。

如今，苏曼殊想起曾经对雪鸿的承诺，加上他生活的困窘，便开始了对

《拜伦诗选》的翻译工作。翻译的过程是美妙的，因为二次创作的时候，他不仅仅要熟读诗歌，还要去探寻诗歌背后的意味。当一首诗翻译完了，也等于将这首诗用自己的方式品读了一番。苏曼殊的英文启迪者便是拜伦和雪莱，他们的诗让他十分神往。

拜伦与苏曼殊不同，他是一个彻头彻尾的斗士。当年希腊发生战争，拜伦为了支援革命，站在了革命队伍的第一线。他甚至自己花钱招兵买马，为了让革命胜利而奉献出所有的积蓄。后来，拜伦死去的时候，整个希腊都为之悲痛，希腊甚至为拜伦举行了国葬。他获得了整个国家的尊敬和爱戴，这是苏曼殊所无法企及的。

其实苏曼殊是向往那些可以完全将自己投身于革命中的人的，就好像刘季平、邹容他们，他们都是那样义无反顾，偏偏他就做不到。他与邹容、刘季平他们是不同的，他的身世决定了他注定要对革命若即若离。更何况他本就是一个可怜人啊！

所以他对拜伦也只能是向往，只能是钦佩罢了，至于他自己，他也只能在矛盾之中无限遗憾。当他将《拜伦诗选》翻译完后，又在日本出版了《文学因缘》，那之后，他就离开日本回到了中国。他本来是要回上海的，却在路过杭州的时候遇到了刘季平。与刘季平相聚的时候，他们说起了章太炎与刘师培的事情。苏曼殊无论如何也不明白他们之间到底发生了什么事。虽然自己被无辜牵连其中，但他更在意的是一段友情为何会破裂得这么痛快，这样决绝。他不知道，刘季平自然也不知道。他们唯一能做的，也只能是在饮茶的时候，为他们唏嘘而已了。

命运总是有诸多无奈，这也许同样是苏曼殊在佛前参问无数次的迷惑吧。也因为迷惑，所以，他始终有一半的生命未能跳出红尘。

樱花落

一年又一年，樱花开了又落，苏曼殊就如同一瓣樱花，在命运之风的吹拂下经历着人生的沉浮。这一生，他都与樱花缠绵着解不开的缘分。

在上海没有停留多久，苏曼殊渐感身体不适，去医院检查，才发现患上了脑病。通常脑病都是因为过久的忧愁引起的，对于苏曼殊这样的人来说，会患上这种病其实一点都不奇怪。为了养病，他再度来到东京。也许他的中日混血的血统就已经预兆了他的一生都要在中国和日本两地来回奔波吧。日本的樱花让他仿佛进入了幻境之中，他想，如果自己死在这里，也算不错了。

病稍好之后，他与友人在小石川居住下来，他们的居所是日本的一个寺庙，在那里，苏曼殊与同伴们继续每日每夜翻译拜伦诗歌。翻译诗歌的过程十分美妙，他们沉浸其中，苏曼殊暂时忘记了病痛。当时，苏曼殊的梵文造诣在文学圈内十分出名，所以不久后，他就找到了一份新的工作，就是在日本梵学会做一名译师。他的脑病已经越来越重，但是这并没有阻止他的工作热情，做学问方面的工作是他最喜欢的，也最容易投入其中的。他每天在梵学会翻译印度的《婆罗门僧传》。

除了翻译，章太炎还给苏曼殊分配了一个新的任务。那时候，有一个精通梵文的印度人来到日本东京，章太炎希望他能够做大家的讲师，教大家梵文。章太炎自从在与苏曼殊相识之后，就一直对印度心心向往，同时也对学习梵文产生了浓厚的兴趣。他找来十几个同样喜欢学习梵文的人，一同跟随这个印度人学习。然而，因为这个印度人不懂中文，无法与他们交流，章太炎就找来了苏曼殊为他们做翻译。

苏曼殊虽然对革命并不热情，但对朋友一直都是非常仗义的，尤其是对他敬佩的章太炎老师，他更是会尽一切努力帮助他。所以，尽管苏曼殊的脑疾已经越来越重，他还是每天保持两个半小时在课上帮助他们进行翻译。在那之前，医生就劝过他最好每天只工作一个小时，但是苏曼殊知道，在当时的日本，能胜任这个工作的只有他自己，所以他并没有听从医生的嘱咐，而是每天坚持两个半小时的翻译。也是在那期间，他的《拜伦诗选》终于全部翻译完成，他将诗集拿给了陈独秀，陈独秀帮他矫正过后，这本书终于顺利出版。

苏曼殊感觉到自己命不久矣，在生命走到尽头之前，他希望还能与河合仙享受母子的天伦之乐，于是再度找到了河合仙。那个夏天，苏曼殊与河合仙在一个海滨的度假村度过了一段非常美好的日子。河合仙虽然年事已高，但她的身体还不错，这让苏曼殊十分欣慰。苏曼殊不敢告诉她自己已经患上不治之症的事实，他不想让老人伤心。在度过了那个夏天之后，不久，苏曼殊便离开日本回到上海。

回到上海之后，苏曼殊与蔡哲夫会晤，蔡哲夫引荐他认识了当时的英国领事佛莱蔗。佛莱蔗是一个十分有才华的人，他对苏曼殊早就神往，如今亲眼见了，发现这果然是一个相貌不凡的年轻才俊。他们相遇的地方是佛莱蔗的家，他的家装修得十分有文化气息，苏曼殊很喜欢这样的环境，他对这种泛着书香的地方总是有着别样情感。佛莱蔗先是为他们沏了茶，在饮茶的过程中，彼此交流在文学与绘画方面的见解。

佛莱蔗发现苏曼殊看起来似乎十分憔悴，十分关切地询问："听闻曼殊先生是一个风华正茂的年轻僧人，可是现在看来为何如此苍老？按道理曼殊

先生每日里沉浸在学术之中，不至于苍老至此啊!"苏曼殊听了，轻轻笑道:
"不瞒先生，其实曼殊已经身患顽疾，不知道还剩多少时间可活了。"这样的
回答令佛莱蔗十分惊讶，他没想到苏曼殊才这么年轻就会患上顽疾，更令他
惋惜不已。唏嘘间，佛莱蔗不再继续这个话题。

　　谈论间，他们说起了苏曼殊正打算出版的画册。苏曼殊的画作记录了他
每一个时期的心情，所以他希望能在活着的时候，将所有的画集成书册，也
算是给自己的人生一个交代。佛莱蔗看了他的画册，惊讶于他画作的不凡，
并提出想为这画册拟个题，苏曼殊自然愿意。这次的见面太过匆匆，佛莱蔗
虽然百般不舍，但当下时局动荡，他没办法与苏曼殊整日交往，无奈之下，
他只有目送这个大才子离开，不舍地看着他前往杭州。

　　这一次来到杭州，他自然是再度投身在刘季平的家里。刘季平是苏曼殊
最好的朋友，只有在刘季平的身边，他才能将自己的情感全部显露。说来也
悲哀，苏曼殊对朋友一直都是真心以待，但是能让他敞开心扉将自己最痛楚
的一面展现出来的人却不多。也许是因为他就是这样内向的人吧。内向的人
总是比外向的人活得辛苦。

　　说起在杭州期间，还有一件事情直接说明了苏曼殊和刘季平性格的差异。
就在那时候，刘师培忽然变节，出卖了许多革命党人。因为在此之前苏曼殊
曾经与刘师培有过交往，所以有革命党人怀疑苏曼殊也是与刘师培同流合污
的人，并给苏曼殊去信，警告他最好老实一些。苏曼殊接到了信，当即离开
杭州奔赴上海，以证明自己的清白。他没有实际投身过革命运动，发生了事
情时，反而有人怀疑到他头上，这怎能不让他心寒呢?

　　倒是刘季平对此十分看得开，他作诗安慰苏曼殊，并告诉他，这件事情
本来就与苏曼殊毫无关系，他根本无须理会的。刘季平是个活得坦坦荡荡的

人，但是苏曼殊不同，他从小到大经常被冤枉，被迁怒。如果他自己不去辩白，他就很有可能遭到迫害。他活得很累，很辛苦。他很羡慕刘季平能够那样轻松地活着，他是做不到了，只有等下辈子吧。

不久后，《拜伦诗选》正式发行了，这让苏曼殊的一颗心总算落了地。书出版之后，他又能赚到一点钱，有了钱，他的心就又不安分，又想出去旅行了。这一次，他来到了新加坡。新加坡虽然是个小国，却五脏俱全，而且人民生活富足。苏曼殊在那里待了些日子，感觉自己的身体也变得好了很多。他听说自己当初的恩师庄湘和女儿也在新加坡，便只身前去拜访。

如今，庄湘的年事已高，面上却红光依旧。苏曼殊真心为他高兴，他自己虽然身体残破不堪，但看到昔日那些疼爱自己的人们都生活得很好，心中也觉得十分安慰。庄湘能再度看到苏曼殊，也是很开心，而且这次他的女儿雪鸿还在。当初的亭亭玉立的小女孩，如今已经长成一个气质出众的少妇了。雪鸿还是那样美丽，或者说，随着时间的推移，岁月在她的身上又刻下了另外一种美丽。如果说过去她是青涩之美，那么现在就是成熟之美。

"雪鸿变得越来越美丽了。"两个人在散步的时候，苏曼殊对庄湘说。他又笑着说："而先生还是如从前一般，完全不显得老。"庄湘哈哈大笑，他说："但是你看起来的变化却非常大！"庄湘十分理解地看着苏曼殊，感叹道："看来这些年里你过得并不快活。"苏曼殊却说："哪里？我十分快活，我简直快活极了。你看，我的朋友们都在展开革命活动，他们一个个都是那么勇敢，而且他们的活动已经初见成效了。我由衷为他们感到高兴！还有，我还出版了当初答应雪鸿的《拜伦诗选》，另外我还翻译了许多梵文书籍，在这些过程里，我始终快活极了！"

苏曼殊一串的辩解只是让他看起来更加可怜而已。庄湘不知道该怎样安慰他，他知道，没有人能够走进苏曼殊的心，就算走进去了，他也没有力量把里面的那些阴霾全部拽出来。那些阴霾太沉重，根深蒂固了。苏曼殊的人生，说是悲剧也可以，说是正剧也可以，如果说成是励志剧也不算错。然而苏曼殊的性情，他的心，却是永远留在悲情的层面上的。不论他的一生做出多少了不起的成就，都无法改变他心中的那一份沉痛的悲。造成这份悲伤的有很多原因，童年的经历是最主要的原因。而谁又能回到过去，去改变一个人的童年呢？就算可以回到过去，又有谁能够有那样强大的力量，能够许给苏曼殊一个幸福圆满的人生呢？

这个可怜的孩子，他注定了一生的悲剧。他拥有过爱情，却不敢为爱情做下许诺，他拥有过亲情，却与亲人聚少离多。在他的生命里，幸福总是转瞬即逝，只有痛苦，只有悲伤才是他人生的主旋律。到最后，庄湘也不过是叹气，他唯一能做的也就只有叹气而已了。

到了苏曼殊要离开新加坡的那一天，庄湘将自己珍藏的许多书籍赠送给苏曼殊，这是他唯一能够为他做的。他虽然知道苏曼殊只能采用逃避的方式来减缓心中的悲苦，但是既然能够逃避，那他就帮助他逃避吧。苏曼殊逃避的方式就是读书，就是无限地阅读，只要他把自己沉浸在书本中，他就什么都可以忘记。所以庄湘将许多他认为苏曼殊会喜欢的诗集都赠送给了他，希望能在某个冰冷的午夜里，如果苏曼殊忽然从悲伤中醒来，可以随时用这些书本来抚平心上的伤痛。

离开新加坡之后，苏曼殊又来到爪哇国。他在那里被聘请为中华会馆的英文教师。他在那里教授几十个学生学习英文。在这里，他又将自己投入到了忘情的工作中，病痛对他的折磨虽然仍在继续，但他还是每日坚持上课，风雨无阻。

命运各色苦痛他已经一一尝尽了，痛苦也就成了寻常味。

第八章
消·万事到头皆是空

变幻的国

再美好的国度，对于苏曼殊来说也是异乡，他的魂，在每一个日日夜夜里都缠绕在祖国。当有一日祖国轻轻召唤，他定会毅然归去。

苏曼殊始终无法逃避实实在在存在于脑中的疾病。他的身体越来越糟糕，按道理他是应该在当地养病的。然而在 1911 年，苏曼殊 28 岁的时候，他再度忍着病痛回到了中国，来到上海与朋友们团聚。到了 8 月份的时候，他才离开上海回到海外。而就在那个时候，中国发生了一件翻天覆地的大事。

那是在黄冈起义失败之后的第五个月，也就是 1911 年的 10 月 10 日，这是一个不平凡的日子，在许多年后，这个日子被载入历史的教科书上，随同这个日子被记载的，还有几十个名字，以及一个新的时代。

那天夜里，武昌城中响了一夜的炮火。对于这场战争，在当时的中华大地上，是无人不知、无人不晓的。到了第二天的清晨，在武昌的城头上就挂起了一面胜利的旗帜。这面旗帜是属于革命党的，是属于千百位为了新时代而前赴后继的革命党人的。旗帜上沾满了革命者的鲜血，那是在废墟上面开放的花朵，是在经过了种种考验，而辛辛苦苦被诞生下来的希望！那个旗帜的出现，预示着一个时代的结束，与一个新的世界的到来！

其实每个人都知道，这一天是迟早都会来的。清政府早就是一个岌岌可危的大厦，只需要一个推动的力量，就会顷刻倒塌！曾经被几代人维持构建起来的大清王朝，完全是被他们自己葬送了江山。这个王朝早就已经坏掉了，已经腐朽不堪了。

在武昌起义成功之后，大清就如同倾倒的多米诺骨牌一样，瞬间崩塌。到了第二天，全国各地的革命组织都纷纷起义。

1912 年，中华民国成立了。

当苏曼殊得知这一消息的时候，他还在爪哇教书。他由衷为这些革命党人感到高兴。他知道，那些领导者中，许多都是他的同学、朋友！当新政权建立之后，首先要做的必然是休养生息。经过战乱后的中国正是百废待兴，正需要各方面的人才。苏曼殊知道，为国效力的时刻到了。在这样的时候，他怎能留在异国他乡，怎能不回到国家奉献出自己的一份力量呢？

苏曼殊正心潮澎湃地打算回国的时候，却发现自己面临着一个大难题：他没有钱。他本来是有钱的，在这教书虽然赚得不多，好歹路费总是有的。可问题是，在这之前，他创作了小说《断鸿零雁记》。为了顺利出版这本小说，他几乎花光了所有的积蓄。现在想回国，他根本凑不到路费。他先是典当了书籍和燕尾服，发现钱还是不够，于是他写信给国内的朋友，希望能得到朋友们的资助，但是信投出去后却始终没有得到回音。苏曼殊不知道他们在忙什么，如果收到了信，他们一定会回应他的，没有得到回音只有一个可能，那就是他们实在太忙，无暇顾及。

于是苏曼殊决定暂时留在爪哇，先观望一段时间。中华民国虽然建立了起来，但是毕竟到处还有许多不同的声音，未来会怎样，这世界会变成什么样子，他实在是不敢妄下断言。当然，他内心里还是希望这些人真的能把这个国家建设成当初他们期望的模样。因为这毕竟是他们奋斗多年的理想啊！

事实果然如苏曼殊所料，这些人虽然成功进行了革命，但他们的许多想法还不成熟，所以这场革命虽然胜利了，斗争却并没有停止。

不论江山如何变幻，这些与苏曼殊的关系其实并不大。苏曼殊之所以关心这场革命，更多的是因为他关心在这场革命中勇往直前的朋友们。因为思念朋友们，苏曼殊在2月份就回到了祖国。他先是去了香港，与自己在苏家的一位从兄苏维翰见面。苏维翰感念弟弟生活困苦，赠送给了弟弟500元，并与弟弟留影纪念，之后苏曼殊才带着从兄的赠银离开。

到了3月时，苏曼殊来到上海，因为国家新建，所以正需要苏曼殊这样的有学识的人才。《太平洋画报》聘请苏曼殊为报纸主笔，苏曼殊欣然应下。那之后，他在报纸上发表了许多杂文，包括《南洋话》、《冯春航谈》等，另外，他将自己创作的小说《断鸿零雁记》也放在了报纸上连载。可惜小说还未连载完的时候，报纸就停刊了。

那时候，他还画了一幅《荒城饮马图》，他托人将画带到香港，希望友人可以代他将此画在赵声的墓前焚烧。赵声乃是苏曼殊当初在南京时认识的朋友，那时候，赵声十分喜欢他作的画，苏曼殊也答应为他作一幅画。后来苏曼殊离开了南京，去了日本，再度回国的时候，就得知赵声在黄花岗之役失败后吐血而死。苏曼殊心中十分难过，他唯一能做的，就是将他的画焚烧在赵声坟前，希望赵声九泉有知，能够得到这幅画作。

为了排解心中的难过，苏曼殊再次来到日本去找河合仙。河合仙的身体十分硬朗，至少比苏曼殊是硬朗多了。这个女子一生多舛，但在最后却得了善终。河合仙活着看到了苏家的败落，看到了苏曼殊的成长，想起天上的妹妹若子，她觉得自己总算是对得起若子了。当然，她并不知道此时的苏曼殊已经身患绝症，活不了多久了。

苏曼殊来到日本，他带着河合仙来到横滨，又来到当初那个小村庄，仿佛把过去的岁月重新走了一遍那样。河合仙开心地跟他来到横滨附近的动物园，对苏曼殊说："当初呀，我就在这里，拉着你小小的手，看这些狮子呀，老虎呀，豹子呀，你才只有 4 岁，看到这些新奇的动物，别提有多高兴了，你就那么紧紧拉着我的手，到处跑呀，跳呀……"河合仙说着，仿佛眼前再度浮现了那个天真开朗的小男孩子，那个孩子亲切地喊着："妈妈，快来看这个。妈妈，快来看那个。"

河合仙感觉视线模糊了，她用手一擦，原来眼里已经满是泪水了，她哽咽着，这是高兴的哭泣。"一转眼，你都长这么大了。我再也抱不动你啦！"苏曼殊心中涌起一阵悲伤，他拉住河合仙的手，说："妈妈，你不用再抱我啦，我现在已经不会走一走就累了，但我还是希望你能带我多看看这个世界呢！"河合仙却笑着摇摇头说："老了，老了，走不动了。"

他们来到一个石头旁，那块石头表面平整，很多人都会坐在上面歇息。河合仙对苏曼殊说："当初，那么小的你，就躺在我的怀里，沉沉地睡着了，我害怕你染上风寒，就脱下衣服为你挡风。你睡着的样子呀，别提有多可爱了！我真希望永远都能看到你那么可爱的样子啊！可惜不行的，我不能那么自私，你必须要长大的，你看，现在长大了，多好！只是没想到你会做了和尚，不过当和尚也好，省了许多烦恼啦！"

　　人老了就难免变得唠叨，一路上，都是苏曼殊在听，河合仙在说。而他就那么默默地陪伴在她的身边，享受着这样的母子亲情。是的，往日的一切都回不去了，苏曼殊已经不能回到从前，不能回到那无忧无虑的小时候。他的生命已经是这个样子了，现在他的唯一愿望，就是希望自己爱的人们都能够获得幸福。河合仙已经得到了，庄湘也过得不错，那些他亲爱的朋友们也都正是意气风发，大家都很好，这就够了。

　　苏曼殊，他只要将自己的悲伤永远隐藏在心中，待他离世后，随着他的灵魂带走也就好了。一个云游的僧人，在他生命的终点，也不过是死亡罢了。他的灵魂，会在另一个世界没有痛苦地行走。

殊途

　　辗转，辗转，他始终都走在途中。茫茫人生，他已经没有渴望的去处，只是随着命运的风，一处处流连。

　　苏曼殊在日本逗留了一个多月，之后他再度回到上海。在上海，他读了一本翻译本的《茶花女轶事》，认为这书翻译得太糟糕，跟原文出入很大。他打算将这书重新翻译一下，将这书的原本模样呈献给国内的读者。但是这项工作还未开始实施，就因为其他事情而未能实现。

　　他在上海停留了一段时间后，从兄苏维春从青岛赶来与他会面。当年他们都是一起上学的同学，在苏家的时候，他与这些兄弟的感情还不错。不管他对苏家的情感如何，不管他对自己的父亲作何感想，至少这些兄弟们都是无辜的。所以有从兄来拜访，他也十分乐意会见。在与从兄的攀谈中，苏曼殊得知苏家对自己始终很有微词，不过他早就不在意这些了，因为他毕竟已经是一个出家人了。

不久后，苏曼殊又与刘季平和陆灵素夫妇见了面。说起刘季平与陆灵素之间的情缘，还有苏曼殊的一份功劳。当初刘季平在日本避难的时候，苏曼殊正好与陆灵素在一起工作。他觉得这个女子是一个十分优秀的人，又觉得她与刘季平十分相配，所以就有意无意地撮合这段姻缘。他时常对陆灵素讲述自己的好友刘季平的各种事情，让她对刘季平在未见面的时候就产生了好感，同时又在给刘季平的信中讲述了陆灵素的各种好处。后来就变成了刘季平与陆灵素直接通信。后来刘季平回国后，第一件事就是与陆灵素相约，她与他心目中勾勒的形象简直是一模一样，而陆灵素对刘季平也是一见倾心，两个人就这样结成了一对恩爱夫妇。而看到朋友幸福地娶妻成家，苏曼殊也打心里为刘季平高兴。

苏曼殊感念与刘季平夫妇之间的深厚友谊，当下绘制了《黄叶楼图》送给他们。在当时，苏曼殊的画作已经是十分名贵的东西了，能够得到他的一张画那可谓是莫大的荣幸。只不过苏曼殊的画多数都是送出去的，他很少卖画，他通常卖的只是翻译的作品。或许在他的心里，始终为他的绘画作品留有了一片清白的田地，他不希望自己的画作被铜臭玷污了吧。

在告别了刘季平夫妇之后，苏曼殊的身体状况越来越差。越是觉得将死的时候，苏曼殊就越是想要看望养母河合仙。所以他在回到中国后不久，就又去了趟日本，与河合仙团聚。几个月后，他才离开日本，回到上海。

他在上海停留了几个月后，又来到安庆，在安徽的高等学校任教。到了第二年，他辗转于上海和苏州等多个城市间，这一年里他时常与朋友们四处游玩。此时他的心已经宁静了许多，并且受朋友之邀编撰了《汉英词典》和《英汉词典》。现在，我们学习英语时，总是必须手捧这两本词典，殊不知，编撰出这样的词典，需要怎样的毅力和为学子们服务的决心。

　　一直到 12 月，他的脑病还未发作，就又患上了肠疾。那时候国内的医学还不够发达，医生嘱咐他最好能去日本养病。就这样，苏曼殊再次踏上了前往日本的旅途。

　　纵观苏曼殊的一生，他似乎多数时间都是在路上的。他很少在哪个地方做过多的停留，有时候在一个地方停留久了，他就总想换到另一个地方去。他走的次数最多的航程大概就要数中日两国之间的渡轮了。

　　在日本期间，苏曼殊并没有停止他的创作，这个时期的他热衷于写小说。他在日本时发表了小说《天涯红泪记》，这部小说出版在东京的《国民杂志》上面。他虽然身在日本，但心仍然系着中国的朋友们。由于国内国际形势的紧张，日本人与中国人之间的关系也变得微妙起来。那时候，苏曼殊真真切切感受到了日本人对中国人的敌意。其中有一件事，让他感到了作为一个在日中国人的不该受的耻辱。

　　那是在东京，苏曼殊的病刚刚养好了些，他正在公园里散步。其时风景宜人，他坐在公园里的长椅上，望着远空。他很喜欢看向碧空，看着天上的浮云。他总希望自己能如那云一般自在。而今，他过着四处漂泊的日子，想来云也是如此的。从前他是羡慕云的自由，如今他看着天却在想，这云四处飘着，不知从何处来，也不知往何处去，它们一定很迷茫，这样漫无目的地存在，虽然为蓝天增添了一点柔情，但对它们自己而言，恐怕也是充满悲苦的吧。

其实人也不过是这样，悲苦都是自己的，关键的是你能为他人带来什么，那才是你在这人世上存在的价值。苏曼殊想，他这一生，作过许多画，多数都送给了朋友。他也教过很多学生，多多少少也在他们的求学生涯中帮助了他们，后来，他又翻译了国外的著作，还参与了辞典的编撰。不管他是一个多么悲情的人，但他的生命总算没有被辜负，总算是过了一个有意义的人生。他想，这就够了。对于一个命不久矣的人来说，已经足够了。

他心中是那样淡然超脱，可惜世俗却会用十分卑劣的眼光去看他。比如坐在他身边的这个日本人，也不知道这日本人是怎么了，在身上摸摸索索的，最后摸出了一只虱子。他忽然之间就暴躁起来，跳起来怒骂苏曼殊。在苏曼殊听清他说的是什么话时，他是被震惊到了。

他竟然说这虱子是从苏曼殊的身上爬到自己身上的！苏曼殊觉得又可气又可笑，他问："你说这虱子是从我身上爬过去的，你如何证明呢？"那日本怒道："这只虱子是黑色的！只有你们中国人的身上才会有这么肮脏的虱子！"苏曼殊心中的怒火噌地一下被点燃！原来在日本人的眼中，中国人就是这个样子的！从前，关于国外人对中国人的歧视，他也只是听人说过，只不过他平时遇到的日本人都十分友好，所以并没有在意。这一次，他是真真切切感同身受了！

苏曼殊冷笑着看着那日本人，他知道，与这样的疯子讲话只会是无穷尽的争吵，最后不过是让自己变得失去理智而已。他从来都不会和这样的疯子争吵。所以他立刻离开了那里，离开了那个公园。身后，那日本疯子仍然不停地指着他的脊梁辱骂着，而他则愤然快步离开，直到听不见那犬吠一样的声音。

这是第一次，苏曼殊为自己身上的日本血统感到难受，同时，他也为自己身上的那一半中国血统感到自豪！他决定，从今往后，他再也不跟日本扯上半点关系！他是华夏的子弟，是中华民族的后人！他想起了当初留学的时候，那一张张欢笑的面孔。他们是那样可爱，那样朝气蓬勃，现在，他们正在华夏大地上建设着一个崭新的世界。他为他们感到骄傲，为自己有这样的同胞感到骄傲！

徒劳的挣扎

祖国让人怀念，它是另一位母亲，是家。

因为发生了这样让人不愉快的事情，苏曼殊决定离开日本，回到自己的祖国。他回国的时候，正赶上袁世凯筹备称帝的时期。当时袁世凯已经露出了自己的本性，这个做着皇帝梦的悲哀的人，甚至已经命人赶制出了黄袍，打算在登基大典那天穿在身上。而所有人都知道，这不过是历史的倒退，是封建社会的回光返照。

为了阻止袁世凯称帝，居正在山东成立了护国军，打算对袁世凯进行讨伐。苏曼殊知道这件事后，直接赶到了青岛与居正见面。只可惜他的身体状况太过糟糕，无法为讨伐行动做些什么。在盘桓数日之后，他回到了上海。那期间里，他仍旧没有停止自己的创作，他在陈独秀的《新青年》上发表了小说《碎簪记》，后来，又撰写了《人鬼记》，大概是因为他的身体状况实在太糟糕，这篇《人鬼记》并没有写完。

之后苏曼殊搬去了西湖，后来又再度回到上海，在最后一次去日本与养母见面之后，不久他就因为病危而住进了霞飞路的医院。他是入秋的时候住院的，到了冬天时，因为病情的加重，他又被转入海宁医院。当时他的情况已经十分不好，每天要泻上五六次，大夫也无力回天，只能让他在生命最后的日子里过得舒服些。

这个时候的苏曼殊，有时候清醒，有时候糊涂。时常有朋友来看他，清醒时，他还能与这些朋友正常交谈，他仍旧十分关心现在中国的局势，关心朋友们的工作进展。大家告诉他，一切都好，他只要安心养病就好。而他只是轻轻笑笑。他也知道，所谓的安心养病，不过是一心等死而已。待朋友离去后，他就独自躺在病床上看窗外的天。他发现自己从小到大总是在看天，究竟是为什么，他自己也说不出，莫非是在碧空之上，有他的生母的灵魂在时刻注视着他吗？

恍惚间，他感到自己仿佛变成了一个小婴儿，这个小婴儿只能躺在床上，除了笑和哭，和不断摇动他的手臂，他无法再做其他的动作。他大声哭叫，希望可以引起人的注意，这时，一张慈爱的脸出现在他的面前，一个温柔的女人轻轻将他抱起。这个女人是谁呢？这张脸有些陌生，又有些熟悉，她长得与河合仙很像，但又并不是河合仙。他听见这个女人称呼自己为妈妈，又听见她叫自己为孩子。难道这个人就是自己的亲生母亲吗？他伸手去够，却发现自己的手臂太短，根本够不到她的脸。

女人见他不哭了，就把他重新放到床上，自己去忙别的。苏曼殊想呼叫，却又说不出话来。过了一会儿，他发现自己忽然可以下地走路了，他开心地向前走着，而身后，他听见一个女人在对他说着加油。他回过身，看到了一个与河合仙一模一样，却比河合仙要年轻很多的女人。这个女人笑着过来抱起他，他不解地看着这个女人。

忽然，周围的一切又变了，他发现自己正站在一艘轮船上，对面，是河合仙哭泣的脸，身旁是一个冷冰冰的女人。这个女人是谁呢？好像是苏家的人，是苏杰生的大老婆吧。苏曼殊茫然地立在那里，心想，自己这究竟是在哪儿呢？是在哪儿呢？这些都是他童年的经历吗？那么他是来到了自己的记忆深处吗？还是说他的灵魂已经穿越了时空，回到了几十年前呢？

恍惚着，苏曼殊睁开眼睛，他看到了自己的洁白的病床，以及窗外仍旧碧蓝的天空。原来这不过是一场梦吗？不知道死后的人会不会做梦呢？如果一个人死后会永远生活在梦中，那也未尝不是一件好事，至少，他可以想做什么就做什么了。如果重来一场，他真希望自己可以成为一朵云，或者是一棵树，或者只是一个木鱼也好。不论如何，他都不想再做人了。做人实在太累，太累，他做不起的。

苏曼殊病危的消息在他的朋友中彻底传开了，一时间，来看望他的人络绎不绝。苏曼殊第一次感到原来自己的人缘还是不错的。来看望他的，除了当初在日本留学时的青年会的朋友，还有后来在他最苦闷的时候结识的那些青楼女子。当然，一些寺庙的僧人也都赶来看他。他们都希望这个年轻的生命能在世上多停留一段日子。这个人的一生太苦了，为什么病魔还要来折磨他呢？

其实是死是活，苏曼殊已经不在意了。活着对他来说究竟有什么好处呢？在他最应该享受父母呵护的时候，他得到的是庶母的虐待；在他最应该好好恋爱的时候，他得到的是女友的死讯；在他拥有了一群好朋友的时候，他发现他的朋友们都在热衷革命无暇理会他。到后来，当他的身边终于充满了一群爱他、关心他的人的时候，他却发现自己已经不能敞开心扉去开怀大笑了。如果经历的并不是这样的命运，不知道他还会不会是现在这样的性格呢？

在广慈医院，苏曼殊度过了一个难熬的冬天。冬天正是飘雪的季节，往常的这个时候，他早就邀来三两个友人，一起去北方或者去日本看雪了。现在，他只能是待在病床上，一举一动都需要护士的照顾，这真是够让人难受的。冬天过去，春天到来，苏曼殊眼看着窗外的柳枝变绿，他本以为自己会死在那个寒冷的季节里，没想到他竟然熬了过去，竟然还熬到了这个春意盎然的日子。这就更让他难受了，这种日子，他是最喜欢出去踏青的啊！

苏曼殊忽然发现，原来自己是一个很热爱生活的人啊！没想到他对这尘世有这么多的依恋，这么多的不舍呢！他又想起自己过去的东南亚之行，想起庄湘老师为他描绘的西欧画卷。是了，他还没去过欧洲，还没去看过那些他未曾见过的风景啊！拜伦的故乡、雪莱的故乡，他真想亲自过去看一眼啊！原来他还有这么多的事情没有做，还有这么多的愿望可以实现。生命为什么要这么短暂呢？他真希望自己能尽快好起来，就算不会痊愈，至少，也能让他支撑起自己的身体，让他能够再多看看这个色彩斑斓的世界，多看看这个他曾经一度想要逃离的红尘！

可惜他的愿望无法实现了。他只有继续躺在病床上，接受着来自护士们的照顾。他走到病房门口尚且困难，又何来四处旅行呢？太痛苦，太痛苦了。他甚至不愿意再有朋友来看望他，因为朋友们的健康，他们的活力，只会让他更加为自己的现状感到悲哀。悲伤啊，实在是太悲伤了！莫非是佛祖埋怨他皈依的心不够虔诚，所以惩罚他吗？命运总是跟他过不去，他真不知道自己上辈子是怎么得罪了这个坏东西。

在经过一次又一次的努力之后，苏曼殊终于意识到，自己的挣扎不过是徒劳。他已经不能离开这间病房，离开这家医院了。死亡只是迟早的事情。原来只有在临死前的时候，人才会明白，什么是不甘，原来只有在一切都结束的时候，才会了解，什么叫后悔。罢了！罢了！

索性，此生无憾，足矣！

了却一段红尘孤旅

苏曼殊熬过了冷酷的寒冬，又看到了春花微笑。生命的每一份真，之于一个行将就木的人都是无比珍贵。

在朋友看望苏曼殊的时候，他还笑着说："说不定我能熬到中秋节呢，到那时候你们一定要给我送两块月饼啊。"朋友本想说他现在的境况是不能吃月饼的，但想想他的生命可能根本维系不到那个时候，就将话咽了回去，只是笑着说，一定，一定。朋友并没有料错，苏曼殊的确没能熬到中秋。就在1918年的5月2日，苏曼殊在广慈医院咽下了他最后的一口气。据当时照顾他的护士说，他在临死前说的最后一句话是："一切有情，都无挂碍！"

后来朋友们回想起这句话，又联想苏曼殊的一生，他们发现，他的生命里的确是一切有情的。尽管这个人一直抱着出家的愿望，而且还真的出家了，但是他心中的情感从未减少过，他努力地爱着每一个朋友，努力爱着每一个身边的人，甚至是那些不认识的人。

苏曼殊逝世这件事很快就出现在了当时的各个报纸上，又通过报纸传入了许多人的家中。其实他在活着的时候，是郁郁而不得志的。那时候他创作了许多诗作，可惜那些诗作过于伤春悲秋，不符合那个时代，所以一直不被主流看好。当时他曾经写信给朋友，讲诉心中的憋闷。后来朋友们在整理他的遗物时，只发现了一些用过的胭脂香囊。至于他的诗稿，据说都存放在了远在日本的母亲河合仙的手中。后来，这些手稿全部在关东大地震中震毁，彻底失去了被人阅读的机会。

尽管他的文学成就得不到承认，但他的逝世在当时仍然引起不小的影响。因为他是很多人最亲最真的朋友啊！可怜的苏曼殊，他半生飘零，甚至在死后，也没有钱入葬。他的生前好友刘季平为了能够让他安心下葬，带着妻子陆灵素到处奔波，替他筹集经费。

就这样，苏曼殊的生命总算是圆满地画上了一个句号。说起他的一生，有人感到他毫无作为，有人认为他有情有义，而不论别人怎么看，他都听不到，也感受不到了。他不必再忍受来自各个方面的争议，不必再为了朋友的事情奔波，也不必为了人世间的悲剧而苦恼了。结束了，一切都结束了，万事到头都是空啊。

后来，当刘季平经过西湖旁的白云禅院时，经常会想起那个可爱的僧人，就在那里打过坐。当时他总是故意去捣乱，去打扰苏曼殊。反正他知道，苏曼殊六根压根就没静，还打个什么坐，坐个什么禅啊？就算苏曼殊喜欢用僧人的身份为自己加上一个保护的壳，刘季平还是更喜欢钻到那个壳里面去，去看看里面那个可怜的孩子究竟是在哭，还是在偷着笑。

如今，再看去，白云禅院还在，人却再也回不来了。"真是寂寞啊……"刘季平轻声感慨。像他这样的人，其实是不容易被寂寞吞噬的，但是苏曼殊离开之后，他真真切切感受到了一种被抛弃的感觉。他望着当初苏曼殊经常打坐的地方，自言自语地说："你怎么就这么走了呢，你还欠了我那么多的钱，你是不打算还了，是吗？你还欠了我那么多张画，看来你也是不打算还了啊，你可真是够混账的。"刘季平静立了一会儿，他又说："其实我也够混账的，如果我早点发现你的问题，也许还能多劝劝你，让你不至于那么不顾身体。"

回想苏曼殊去世前的那几年，刘季平发现其实这个社会对他是很不公平的。苏曼殊是这样一个人，他虽然有才华，但是他的才华对这个时代没有什么用，他其实很会写文章，但他的文章并不符合当下主流。所以不论他的朋友们多么喜欢他，对他的作品却总是无法认同。那时候，正是新文化新思想的热潮盛行，他的那些作品根本就得不到认可。这也是造成他后来越来越抑郁，病情越来越重的原因。

在苏曼殊逝世后，南社的朋友们再度为他筹集经费。他们认为对苏曼殊遗骨的处理太过草率，希望给他安葬在一个好些的地方。他们发起了一个会议，主要讨论对苏曼殊遗骨安葬的问题。那场会议上去了很多人，包括苏曼殊的生前好友陈独秀，包括他敬爱的国学老师章太炎。虽然会上筹到的钱并不多，但是南社的朋友们并没有放弃。他们花了整整六年的时间，终于筹集够了经费。他们把苏曼殊的遗骨安置在了杭州西湖孤山北麓西泠桥南边的一块土地上。

大家都知道苏曼殊很喜欢西湖的景色，把他安葬在这里，让他每日对着西湖风景，也算给了他一个最后的交代。巧的是，就在西泠桥的北面，便是名妓苏小小的墓地。苏曼殊生前与许多青楼女子都有着深厚的交情，不知道苏小小对此是否知晓，午夜梦回的时候，她是否来到苏曼殊的身边，为他演奏一曲古筝呢？

南社的朋友们在做完了这件事后，各自心头才终于把这块悬着的石头放下。大家在心中都隐隐地觉得有些对不住苏曼殊。苏曼殊这样具有惊世之才的人，在当时受到的多是冷遇，多是争议，这对一个本就个性敏感的人来说，无疑只会加重他的心事。

　　那个时候，以胡适为代表的新文学的倡导者们认为苏曼殊的作品是在传达旧社会的思想，对他多有批判。其实文学也是经常伴随着时代性的，在那个时代里，他的作品的确是不符合潮流，会被批判也是情有可原。更何况，那个年代还充满了各种新旧思想的冲击和斗争。苏曼殊不过是被牵连其中的。他只是想要写出自己心中的故事而已，对他们的争斗一点也不感兴趣。但正所谓人不惹红尘，红尘自惹人。就算他不在乎，也会有人在乎。他轻易就被人划分了阵营，还是被划入那个必须要被打倒的阵营。

　　苏曼殊生错了时代，若是他晚生几十年，他的作品得到的待遇肯定不会是当时那样的情况。

　　说来也讽刺，在苏曼殊去世的几年后，文坛上忽然又开始欣赏起他的作品来。甚至在当时掀起了一阵曼殊热。也不知道从谁开始，人们忽然从废纸堆里找到了苏曼殊的作品，忽然发现他的文学造诣真是惊为天人。忽然很多人都开始热衷于阅读他的作品了。甚至一时间，还出现了许多文学研究者，专门研究苏曼殊的著作。

　　柳无忌在编撰《曼殊大师纪念集》的时候说："曼殊虽死，曼殊却在精神上未死，在文坛上不朽。因为他的作品流传着，受到千万读者的爱好、赞美、欣赏，不知打动着多少有心人的心窍。在此一二十年中，各种曼殊的集子陆续出版，就是北新本亦是一版再版，销行数万本之多，差不多打破了一切普通书籍的销售纪录，誉为出版界的空前盛况。这颗文坛上的彗星已陨落有 25 年了，他是一个世纪末的鬼才，一个时代将逝去的回光返照，我们不能不纪念他。"

对于这样的赞誉，不知道苏曼殊在天有灵，是否能知道呢？如果这赞誉早来 25 年，是不是苏曼殊就不会死得那么早，那么快？也许他命里注定了他永远要为人作嫁衣。他的作品并没有在他生前为他带来多少利益，倒是在他死后，成全了一批用他的作品来出版的商家们。这也算是前人种树后人乘凉吧。只不过这前人过得太苦、太惨。

再后来，柳无忌又撰写了许多文章，来分析和研究苏曼殊的作品。他把对苏曼殊的研究分为三个阶段：第一阶段是苏曼殊去世后到 1940 年，那段期间主要是收集各种资料。第二阶段是 1960 年到 1975 年，这段时期对苏曼殊的研究已经发展到了英美等国家。第三个阶段则是从 1980 年开始的。

可惜柳无忌生得晚了，若是他能生早一些，也许就能成为苏曼殊最知心的知己。在柳无忌盛年的时候，苏曼殊早已经逝世很久。大概柳无忌自己也对此十分遗憾吧，所以才会一直致力于对苏曼殊作品的研究。正所谓"君生我未生，我生君已去了……"